중국
의회정치의
지방인민대표대회의 등장·역할·선거
발전

아연 중국연구총서 02
중국 의회정치의 발전 지방인민대표대회의 등장·역할·선거

2006년 6월 21일 제1판 1쇄 발행

지은이　조영남
펴낸이　정민용
펴낸곳　폴리테이아
출판등록　2002년 2월 19일 제 300-2004-63호
주　소　서울시 종로구 홍파동 42-1 신한빌딩 2층
　　　　전화 02-722-9960(영업), 02-739-9929(편집), 팩스 02-733-9910
표지디자인　송재회
표지사진　박현숙

ISBN 89-955215-9-7　04340
　　　89-955215-7-0　(세트)

▪ 책값은 뒤표지에 표시되어 있습니다.
▪ 잘못된 책은 바꿔드립니다.

중국
의회정치의
발전

지방인민대표대회의 등장·역할·선거

조영남 지음

폴리테이아

차 례

서문 | 7

제1장 서론
1. 중국 지방의회의 역할 강화 | 11
2. 분석 방법 | 15
3. 분석 대상과 자료 | 27
4. 책의 구성과 주요 내용 | 29

제2장 중국 의회의 발전 과정과 특징
1. 중국 의회제도 개관 | 35
2. 중국 의회의 역할 수행 I: 행정단위별 차이 | 37
3. 중국 의회의 역할 수행 II: 지역별 차이 | 50
4. 요약과 정치적 함의 | 60

제3장 지방의회의 입법 활동
1. 입법 자율성 확대: 의회와 공산당 사이의 관계 변화 | 65
2. 부서 이기주의 방지: 의회와 정부 사이의 관계 변화 | 69
3. 입법 과정의 제도화 | 73
4. '중국 특색의 입법정치': 입법 사례 분석 | 80
5. 요약과 평가 | 94

제4장 지방의회의 감독 활동
1. 지방의회의 감독 활동: 내용과 효과 | 99
2. 지방의회의 감독 전략 | 110
3. 요약과 평가 | 119

제5장 지방의회와 사회단체
    1. 중국의 국가-사회 관계에 대한 기존 논의 | 127
    2. 지방의회와 사회단체의 호혜적 상호관계 | 134
    3. 사회단체의 의회 입법정치 참여 | 141
    4. 사회단체의 의회 감독 참여 | 152
    5. 요약과 평가 | 158

제6장 지방의회 대표선거
    1. 지방의회 대표선거의 특징 | 164
    2. 지방의회 대표선거 과정과 유권자의 선거 참여 | 166
    3. 지방의회 대표선거의 성격 변화 요인 분석 | 182
    4. 요약과 평가 | 187

제7장 결론
    1. 중국 지방의회의 발전 | 191
    2. 중국 의회발전과 정치발전 | 195

참고 문헌 | 204
찾아보기 | 212

서문

 이 책의 목적은 개혁기 중국 지방의회의 발전 과정과 의회가 수행하는 역할을 분석하는 것이다. 마오쩌둥(毛澤東) 시기(1949~1976)는 말할 것도 없고 개혁기 초반까지도 중국 의회는 공산당과 정부가 결정한 사항을 단순히 추인하는 거수기에 불과했다. 그래서 중국에서는 '의회정치'라는 말이 존재할 수 없었고, 정치라고 하면 으레 공산당이 국가정책을 결정하고 정부가 그것을 집행하는 공산당과 정부의 통치행위를 가리켰다.

 그러나 개혁개방정책이 본격적으로 추진되면서 상황이 변화하기 시작했다. 흔히 말하듯이 "시장경제는 법치경제"로, 시장경제가 도입되면서 중국에도 법률체제 수립과 그것의 엄격한 집행이 요구되었다. 그동안 유명무실했던 의회의 입법 역할이 강화될 수 있었던 것은 이 때문이었다. 여기에 더해 정부 관료주의와 부정부패의 만연은 국가 감독제도의 정비를 요구했고, 의회의 대정부 감독 역할 강화는 이에 대한 하나의 방안으로 추진되었다. 이와 같은 과정을 거쳐 지방의회의 입법 및 감독 역할은 강화되었고, 그 결과 의회는 중국 정치에서 공산당, 정부와 함께 중요한 정치세력이 되었다. 이 연구는 바로 이와 같은 지방의회의 등장 과정과 실제 정치 과정에서 의회가 수행하는 역할을 분석한 것이다.

 필자가 지방의회의 발전 과정과 역할을 분석하려고 하는 것은, 지방의회 그 자체를 중시해서라기보다는, 이에 대한 분석을 통해 변화된 중국 정치를 더 잘 이해할 수 있을 것이라는 판단 때문이다. 우선, 중국 의회의 역할 강화는 지난 20여 년 동안 추진된 정치개혁의 가장 중요한 성과 중 하나이다. 따라서 중국의 정치개혁을 이해하기 위해서는 의회발전에 대한 분석이 필수 불가결하다. 또한, 중국 의회의 발전 과정과 역할에 대한 분석은 중국의 실제 정치 과정을 이해하는 데에도 많은 도움을 줄 수 있다. 신생조직 의회가 기성세력인 공산당과 정부의 견제에 맞서 독자적인 권한을 확보하고 조직 능력을 강화해 나가는 과정은 현실 정치의 생생한 사례가 될 수 있다는 것이다. 마지막으로, 중국 정치의 민주화 가능성을 살펴보기 위해서도 의회발전에 대한 분석이 필요하다. 국민의 대표기관인 의회는 선거와 함께 현대 민주주의의 핵심 요소로 간주되며, 이는 중국에도 해당된다. 즉, 중국 정치가 민주화되기 위해서는 자유경쟁선거의 도입과 함께 의회의 역할 강화가 필요하다는 것이다.

필자가 중국 의회제도를 연구한 지도 벌써 10년이 넘었다. 서울대학교 정치학과 박사과정에 입학하면서 중국 의회제도에 대한 연구를 시작했고, 전국인민대표대회를 분석한 박사학위 논문(1999년)은 그 첫 번째 연구 결과였다. 이 논문은 2000년 『중국 정치개혁과 전국인대 : 개혁기 구조와 역할의 변화』라는 이름으로 나남출판에서 출간되었다. 이후 필자는 중앙의회뿐만 아니라 지방의회도 분석함으로써 중국 의회제도에 대한 종합적이고 체계적인 연구를 완성한다는 목표로 지난 6년 동안 지방의회에 대한 조사와 연구를 계속 진행해 왔다. 이 책은 지방의회에 대한 필자의 첫 번째 연구 결과이며, 동시에 중국 의회제도에 대한 두 번째 연구 결과이다. 지방의회에 대한 두 번째 연구 결과는 조만간 영어책으로 출간될 예정이다.

한편 이 책에 실린 논문들은 서론과 결론을 제외하고 필자가 학술지나 다른 책에서 이미 발표했거나 앞으로 발표할 예정인 것이다. 필자는 몇 년 전부터 지방의회에 대한 한 권의 연구서를 염두에 두면서 개별 논문을 작성했다. 이제 원래 계획했던 개별 논문이 모두 완성됨으로써 이를 하나의 책으로 정리할 수 있게 된 것이다. 그래서 이 책에 실린 논문 중에서 일부 논문은 수정했지만, 대다수 논문은 내용을 거의 바꾸지 않았다.

이 연구를 진행하면서 많은 분들에게 도움을 받았다. 우선, 이 연구를 위해 인터뷰에 응해 주신 수많은 중국 의회, 정부, 사회단체 관계자 분들께 감사드린다. 중국에서 의회나 선거 문제는 아직까지도 정치적으로 민감한 연구 주제이다. 그래서 관련 자료를 수집하고 관계자들을 인터뷰하는 과정에서 적지 않은 어려움을 겪었다. 이런 상황에서 수많은 분들이 인터뷰 요청에 응해 주셨고, 이분들의 협조가 있었기 때문에 이 연구를 수행할 수 있었다. 다만 이분들의 이름을 하나하나 밝힐 수 없는 것이 유감이다.

또한, 중국 현지 조사를 위해 여러 기관의 관계자 분들이 수고해 주셨다. 톈진시(天津市) 난카이(南開)대학교 주광레이(朱光磊) 교수는 필자가 2001년 2월부터 2002년 1월까지 난카이대학교에 방문 학자로 머물렀던 1년 동안 주변 지역의 지방의회와 선거제도를 조사할 수 있도록 많은 도움을 주었다. 같은 대학교의 양룽(楊龍) 교수도 필자의 인터뷰에 도움을 주었다. 상하이시(上海市) 사회과학원의 선귀밍(沈國明) 교수와 쉬밍치(徐明棋) 교수, 외사처 리이하이(李軼海) 처장과 자오녠궈(趙念國) 선생은 상하이시 지역을 조사할 수 있도록 여러 가지 준비를 해 주었다. 광둥성(廣東省) 인민정부 외사판공실의 푸랑(傳朗) 부주임과 정홍메이(鄭紅梅) 선생의 도움으로 광둥성 현지 조사를 진행할 수 있었다. 이분들께 진심으로 감사드린다.

지난 6년 동안 필자가 중국 지방의회 연구를 진행하면서 여러 기관으로부터 재정적인 도움을 받았다. 서울대학교의 신임교수연구지원금과 학제간연구기금, 한국학술진흥재단의 신진교수연구지원금과 기초학문육성지원금, 그리고 성곡학술문화재단의 연구 지원금이 그것이다. 이러한 재정 지원이 없었다면 연구는 매우 어려웠을 것이다. 이에 이들 기관과 단체에 감사드린다. 또한, 이 연구를 '아연 중국연구총서'의 한 권으로 발간할 수 있도록 지원해 주신 고려대학교 아세아문제연구소의 최장집 교수께 감사드린다. 난삽하고 복잡한 원고를 꼼꼼히 읽고 고쳐 주신 폴리테이아 박후란 선생께도 진심으로 감사드린다. 마지막으로, 다음에는 초등학교 학생들도 읽을 수 있는 쉽고 재미있는 중국 책을 쓰기 위해 노력할 것을 약속하며, 아들 대건이와 아내에게 미안하고, 감사한 마음을 전한다.

2006년 6월
조 영 남

제1장

서론

1. 중국 지방의회의 역할 강화

2001년 2월 중국 랴오닝성(遼寧省)의 선양시(瀋陽市)에서는 의회정치 발전사에서 매우 중요한 사건이 발생했다. 선양시 인민대표대회(人民代表大會, 이하 인대) 연례 회의(例會)에서 대표들이 선양시 중급인민법원(中級人民法院)의 1년 사업에 대한 〈업무보고〉(工作報告)를 부결시킨 것이다. 이전에도 현급(縣級) 지방의회에서 정부나 법원의 특정 사안에 대한 보고가 부결된 적은 있었으나 선양시처럼 부성급(副省級) 행정단위에서 공산당 위원회가 사전에 비준한 〈업무보고〉가 부결된 경우는 처음이었다. 특히 의회 연례 회의 개최 전 공산당원인 의회 대표가 참여하는 당원 회의에서 "두 가지 엄수"(兩個必保), 즉 "공산당이 추천한 후보는 반드시 당선시키고, 공산당이 비준한 정부 및 법원·검찰원 업무보고는 반드시 통과시킬 것"을 결의했는데도 결과는 부결로 나왔던 것이다. 연례 회의 이후 중급인민법원 지도부는 이에 책임을 지고 총사퇴했고, 사태 수습을 위해 중앙에서 파견한 신임 법원장(대리)의 지도 아래 의회 대표들이 지적한 사항에 대한 전면적인 개선 작업에 들어갔다. 6개월 동안의 시정 노력을 거쳐 법원은 업무보고를 다시 준비했고, 2001년 8월 9일 개최된 선양시 인대 임시 회의에서 〈업무보고〉가 89.3%의 찬성률로 통과되었다. 이것이 "중국 민주정치의 기념비적인 사건"으로 평가받는 '선양사건'의 내용이다.[1]

---

1) 瀋陽市人大常委會, 『地方人大代表工作實踐與探索』(北京: 中國民主法制出版社, 2002), pp. 231-241.

2000년 광둥성에서도 이와 유사한 일이 연속 발생했다. 2000년 1월에는 광둥성 인대 연례 회의에서 일단의 대표들은 환경오염 문제를 제대로 처리하지 못한 광둥성 인민정부 환경국장에 질문권(質詢權)을 행사했고 만족스럽지 못한 답변을 얻자 파면을 요구했다. 이 일로 부시장이 사과하고 환경국장이 경질되었다. 이후 2월 광둥성 인대 상무위원회(常務委員會, 상위회)는 공산당이 추천한 2명의 정부 국장 비준안을 부결시켰고, 7월에는 광둥성 안의 중대 사항에 대해서는 의회가 최종 결정한다는 법규를 통과시켰다. 광저우시(廣州市) 인대도 4월 연례 회의에서 일부 정부 부서의 문제점에 대해 8회에 걸쳐 질문권을 행사하며 강도 높게 비판했고, 정부가 제출한 수도 요금 인상안도 철회시켰다. 이 같은 광둥성 지방의회의 활동은 이후에도 몇 년 동안 계속되었다. 중국에서는 이를 '광둥 현상'이라고 부른다.[2]

위에서 살펴본 두 일화 즉, 선양사건과 광둥 현상은 개혁기에 중국 지방의회의 강화된 역할을 상징적으로 보여 주는 사례이다. 그러나 이는 개혁기에 들어 전국에서 발생했던 의회발전과 관련된 사건의 일부에 불과하다. 지난 연구들이 밝히고 있듯이, 전국인민대표대회(全國人民代表大會, 이하 전국인대)와 지방인민대표대회(地方人民代表大會, 이하 지방인대)의 역할 강화는 개혁기에 중국 정치개혁 중에서 가장 중요한 성과 중의 하나이다. 마오쩌둥 시기는 말할 것도 없고 1980년대 초중반까지 중국에서 의회는 공산당과 정부가 사전에 결정한 사항을 단순히 추인하는 고무도장(橡皮圖章, rubber stamp)에 불과했다. 그러나 1980년대 후반기에 들어 상황이 변화하기 시작했다. 즉, 의회는 입법 및 감독 영역에서 의미 있는 역할을 수행하면서 공산당·정부와 함께 중요한 권력기관으로 등장했던 것이다.

이 책은 개혁기 중국 지방의회의 발전 과정과 역할을 분석하는 것이다. 구체적으로 필자는 다음 네 가지 사항을 검토하려고 한다.

먼저, 중국 의회의 발전 과정과 그 특징을 분석할 것이다. 중국은 13억 인구

---

[2] 吳習, "人大工作的廣東現象," 『人民與權力』 2002年 10期, p. 39 ; 尹中卿 主編, 『人大研究文萃(第四卷)』(北京 : 中國法制出版社, 2004), pp. 613-620.

와 광활한 영토를 가진 대국(大國)으로, 행정단위별·지역별로 정치, 경제, 사회, 문화 등 다양한 영역에 걸쳐 매우 커다란 편차를 보인다. 중국은 행정적으로 중앙·성급(省級)·현급·향급(鄕級) 등 네 단계[만약 성급과 현급의 중간에 있는 지급(地級)을 추가하면 다섯 단계]로 구성되어 있고, 각 행정단위마다 정부 및 의회가 수행하는 주요 임무가 다르다. 또한 중국은 연해 지역과 내륙 지역, 한족 지역과 소수민족 지역 등 여러 지역으로 구분되고, 지역마다 경제발전 수준에서 큰 차이를 보인다. 예를 들어, 중국에서 경제가 가장 발전한 상하이시의 1인당 국민소득 (GDP)은 구이저우성(貴州省)보다 13배가 많다. 중국 지방의회의 발전도 이와 같이 행정단위별·지역별로 일정한 차이를 보인다. 따라서 우리가 중국의 의회발전을 이해하기 위해서는 이처럼 각기 다른 모습을 보이고 있는 의회의 역할 강화 현상을 검토해야 한다.

둘째, 이 책은 의회의 입법 및 감독 역할에 초점을 맞추어 실제 정치 과정에서 중국 지방의회가 담당하는 역할과 그 수행 정도를 분석할 것이다. 우리가 중국 의회의 발전을 논하려면 먼저 의회가 실제 정치 과정에서 수행하는 구체적인 역할과 그 정도를 세밀히 검토해야 한다. 만약 지방의회가 의회로서의 역할을 제대로 수행하지 못한다면 우리는 의회의 발전을 말할 수 없을 것이다. 다른 국가의 의회와 마찬가지로 중국 의회도 입법, 감독, 대의(representation), 체제 유지(regime-maintenance) 등의 역할을 수행한다.[3] 그런데 공산당 일당지배체제라는 중국 정치체제의 특성으로 인해 현재 의회는 국민의 의견을 수렴하여 주요 정책 결정에 반영하는 대의 역할을 제대로 수행하지 못한다. 아직까지 중국에서 국민의 의견을 대표하는 기관은 공산당이기 때문이다. 그러나 의회의 다른 주요 기능인 입법과 감독에서는 그렇지 않다. 즉, 지방의회는 입법과 감독 영역에서 실제로 의미 있는 역할을 수행하고 있으며, 이 점에서 우리는 중국 의회의 발전을 주장할 수 있다.

---

[3] 조영남, 『중국 정치개혁과 전국인대』(서울: 나남출판, 2000), pp. 49, 265-447 ; Kevin J. O'Brien, *Reform Without Liberalization : China's National People's Congress and the Politics of Institutional Change*(New York : Cambridge University Press, 1990), pp. 157-175.

셋째, 이 책은 지방의회와 사회단체 사이의 관계를 분석할 것이다. 중국은 시장제도와 개인 소유제도를 도입함으로써 사회 이익 분화와 경쟁이 확대되었다. 이를 반영하여 사회에서는 특정 집단이나 계층의 이익을 대변하는 사회단체가 급증했고, 이들 단체들의 활동 또한 점차 활발해졌다. 동시에 사회단체의 급증과 활동 강화는 기존의 국가-사회 관계에 많은 변화를 초래했다.4) 지방의회와 사회단체 사이의 관계도 마찬가지이다. 중국에서 법률이 국가의 통치행위와 사회집단 사이의 이익 조정에서 그 중요성이 점차 증대함에 따라, 각 사회단체는 의회 활동에 참여하여 원천적으로 각 집단의 이익을 지키려는 노력을 강화했다. 의회도 또한 정부에 비해 상대적으로 부족한 인적·조직적 능력을 보완하기 위해 사회단체의 의회 활동 참여를 적극 장려하고 다양한 제도적 장치를 통해 이들의 참여를 보장하려고 노력했다. 그 결과 개혁기 중국에는 공산당/정부-사회단체와는 다른 의회-사회단체의 관계가 형성되었고, 이것이 의회의 입법 및 감독 활동에 일정한 영향을 미치고 있다. 따라서 개혁기 중국 지방의회의 발전과 역할 수행을 이해하기 위해서는 의회와 사회단체의 관계를

---

4) 중국 국가-사회 관계의 변화에 대한 연구로는 다음을 참조할 수 있다. Gordon White, Jude Howell and Shang Xiaoyuan, *In Search of Civil Society : Market Reform and Social Change in Contemporary China*(Oxford : Clarendon Press, 1996) ; Timothy Brook and B. Michael Frolic eds., *Civil Society in China*(Armonk : M.E. Sharpe, 1997) ; Baogang He, *The Democratic Implications of Civil Society in China*(London : Macmillan Press, 1997) ; Margaret M. Pearson, *China's New Business Elite : The Political Consequences of Economic Reform*(Berkeley : University of California Press, 1997) ; David Wank, *Commodifying Communism : Business, Trust, and Politics in a Chinese City*(Cambridge : Cambridge University Press, 1999) ; Bruce J. Dickson, *Red Capitalists in China : The Party, Private Entrepreneurs, and Prospects for Political Change*(Cambridge : Cambridge University Press, 2003) ; Jude Howell ed., *Governance in China*(Lanham : Bowman & Littlefield Publishers, 2004) ; Elizabeth C. Economy, *The River Runs Black : The Environmental Challenges to China's Future*(Ithaca : Cornell University Press, 2004) ; Scott Kennedy, *The Business of Lobbying in China*(Cambridge : Harvard University Press, 2005) ; Marry Elizabeth Gallagher, *Contagious Capitalism : Globalization and the Politics of Labor in China*(Princeton : Princeton University Press, 2005).

분석해야 한다.

마지막으로, 지방의회선거에서의 유권자 정치 참여를 분석할 것이다. 개혁기에 중국에서 실시되고 있는 선거 중에서 유권자가 직접 참여하는 것은 크게 세 가지이다. 첫째는 1980년대 후반기부터 농촌 지역에서 실시되고 있는 촌민위원회(村民委員會) 선거이고, 둘째는 1990년대 후반기부터 일부 지역에서 시험 실시되고 있는 향장(鄕長) 및 진장(鎭長) 직접선거이며, 셋째는 향급 및 현급 지방인대 대표선거이다. 이 중에서 촌민위원회 선거는 국가기관이 아니라 대중자치조직에 대한 선거이며, 도시 지역은 제외되고 있다는 한계가 있다. 기층 단위 지방정부 수장 직선제는 현재까지 극히 일부 지역에서만 시험되고 있는 선거라는 면에서 한계가 있다. 따라서 현재까지 중국에서 전국적으로 일반 유권자를 대상으로 실시되고 있는 직접선거로는 향급 및 현급 지방의회선거가 유일하다. 이 책은 현급 지방의회선거에 초점을 맞추어 개혁기 변화된 중국의 선거제도와 선거 과정, 그리고 유권자의 투표 참여를 분석할 것이다. 의회는 정당이나 정부 등의 국가기관과 다르게 국민의 선거를 통해 구성되는 국민의 대표기관이다. 정도의 차이는 있지만 중국 의회도 기본적으로 이와 같은 의회의 기본 특성을 공유한다. 따라서 개혁기 중국 지방의회의 발전과 역할 수행을 이해하기 위해서는 의회선거에 대한 분석이 필수적이다.

2. 분석 방법

(1) 기존 연구의 분석 방법

그동안 의회 연구에서는 다양한 분석 방법이 사용되었다.[5] 기능주의적 접

---

5) 이하의 내용은 조영남, 『중국 정치개혁과 전국인대』, pp. 30-37 참조.

근법(functionalist approach)과 구조주의적(structuralist) 접근법은 그중에서 가장 대표적인 것이다. 기능주의적 접근법은 주로 의회의 입법 기능에 초점을 맞추어 의회 활동을 분석한다. 또한 이때에는 의회와 함께 입법에 참여하는 정부나 군대 등 다른 국가기관과 정당을 중시한다. 구조주의적 접근법은 입법 기능이 아니라 의회 그 자체를 주요 분석 대상으로 상정한다. 또한 이 접근법은 의회가 수행하는 입법 이외에 정통성 부여, 정치 엘리트 충원 등의 기능에도 주의를 기울인다.6) 제3세계 의회 연구도 주로 구조-기능주의적 접근법에 기초하여 이루어졌다.7)

그런데 구조-기능주의적 접근법은 의회제도가 어느 정도 확립된 국가의 의회를 분석할 때에는 유용하지만, 중국처럼 의회제도가 변화 중에 있는 경우를 분석할 때에는 한계가 있다. 이 접근법은 특정한 의회제도가 왜 성립되었는지, 또한 그것이 어떤 요인에 의해 어떻게 변화하고 있는지를 제대로 설명할 수 없기 때문이다. 예를 들어, 중국 헌법은 전국인대에게 입법권과 감독권을 부여하고, 전국인대는 그동안 입법 기능과 함께 감독 기능을 강화하기 위해 많은 노력을 기울였다. 그런데 실제 결과를 보면 전국인대의 입법 기능은 매우 강화된 것에 비해 감독 기능은 그렇지 못했다(선택적 역할 강화).8) 기존의 구조-기능주의는 이를 제대로 설명할 수 없다.

또한 구조-기능주의적 접근법은 공식적으로는 잘 드러나지 않지만 실제 의회제도 운영과 관련해서 매우 중요한 다양한 비공식적 관계를 분석하는 데 취약하다. 예를 들어, 중국의 경우, 의회와 정부 사이의 관계에서 '국가 권력기관 대 집행기관'이라는 법률 규정보다는 이들 두 국가기관이 정치체제에서 차지하는 실제 권력관계가 더욱 중요하다(법적 관계와 실제 권력관계 사이의 괴리 현상).

---

6) Nelson W. Polsby, "Legislature," Fred I. Grenstein and Nelson W. Polsby eds., *Handbook of Political Science : Governmental Institutions and Processes*, Vol. 5(Reading : Addison-Wesley Publishing Company, 1975), pp. 258-259.
7) Michael L. Mezey, "The Functions of Legislatures in the Third World," Gerhard Loewenberg et al. eds., *Handbook of Legislative Research*(Cambridge : Harvard University Press, 1983), pp. 733-744.
8) 조영남, 『중국 정치개혁과 전국인대』, pp. 451-456.

이와 같은 구조-기능주의적 접근법의 한계로 인해 케빈 오브라이언(Kevin J. O'Brien)은 전국인대의 역사적 변화 과정과 주요 기능을 분석하기 위해 이를 변형한 '통합 역사-구조적 접근법'(integrated historical-structural approach)을 사용했다.9)

전국인대를 연구한 머리 태너(Murray S. Tanner)는 정책 결정(decision-making) 모델을 사용하여 입법정치를 분석했다. 그에 따르면, 전국인대의 입법 기능이 강화되면서 정책 결정에서 입법정치가 갖는 의미가 매우 중요해졌다. 그런데 중국의 입법정치를 분석하는 기존의 명령(command) 모델이나 파벌정치(leadership struggle) 모델은 설명력이 떨어지고, 관료정치(bureaucratic politics) 모델도 부분적으로만 타당하다. 중국 입법정치에서 각 조직의 목표가 불명확하고, 정책 결정 과정과 조직 사이의 관계가 빠르게 변화하고 있으며, 정책 제안의 흐름이 전보다 훨씬 자유로워졌기 때문이다. 그래서 그는 대안으로 쓰레기통(garbage can) 모델을 제시했다.10)

그런데 정책 결정 모델은 의회의 입법정치를 분석하는 데에는 어느 정도 타당할지 몰라도 감독 등 의회의 다른 기능을 분석하는 데에는 한계가 있다. 지방의회의 경우, 특히 현급 지방의회는 입법이 아니라 감독 활동을 매우 활발히 전개하고 있는데, 태너의 접근법으로는 이와 같은 지방의회의 발전 과정을 종합적으로 분석할 수 없다.

한편 밍 시아(Ming Xia)는 네트워크 접근법(network approach)을 사용하여 성급 지방의회의 발전 과정을 분석했다. 시아는 공산당·정부·의회의 관계를 갈등-협조, 자율-배태(embeddedness)의 상반 관계로 보는 것에 반대하고, 대신 이 모든 것이 공존하는 네트워크 관계로 보았다. 동시에 지방의회는 공산당과 정부가 이미 차지하고 있는 정치체제에서 생존을 도모하기 위해 각종 제도적 연계를 강화하는 네트워크 전략을 구사했으며, 이를 통해 중앙과 지방 사이의 정보

---

9) O'Brien, *Reform Without Liberalization*, pp. 8-11.
10) Murray Scot Tanner, *The Politics of Lawmaking in China : Institutions, Processes, and Democratic Prospects*(Oxford : Clarendon Press, 1999), pp. 12-40.

매개자(information broker) 또는 정보교환 센터가 됨으로써 기존 정치체제에 조직적으로 통합될 수 있었다. 또한 성급 지방의회의 지도부는 공산당 및 정부와의 관계에서 단순히 협조하고 배태되는 전략이 아니라 협조를 동반한 경쟁, 즉, '모허(糢合) 전략'을 구사함으로써 공산당과 정부를 조직 발전의 방해물로 변화시키지 않으면서 동시에 의회권력을 확대시킬 수 있었다.[11]

시아의 네트워크 접근법은 의회의 생존 전략을 분석하는 데 일정한 강점을 가지고 있다. 그러나 문제점 또한 적지 않다. 우선 이 관점은 주로 의회 지도자의 전략을 중심으로 의회발전을 분석함으로써 의회가 입법과 감독 역할을 수행하기 위해 기울인 다양한 조직 차원의 노력―예를 들어, 입법 과정과 감독 과정의 제도화―을 경시하는 문제가 있다. 또한, 네트워크 접근법은 주로 의회와 공산당/정부 사이의 관계에 주목함으로써 1990년대 이후 나타나고 있는 다양한 사회단체의 의회 활동 참여 현상을 제대로 분석할 수 없다. 사회단체의 의회 활동 참여는 사회단체의 필요성과 이를 제도 안으로 수용하려는 의회의 노력, 그리고 공산당의 허용이 어우러져서 가능했던 것이다. 그 밖에도 이 관점은 중국이 개혁개방정책을 추진하면서 제기된 새로운 과제와 이것이 의회의 역할 강화와 어떻게 연결되는가를 분석하는 데에도 적절하지 않다.

마지막으로, 안 천(An Chen)은 견제와 균형(checks and balances)의 관점에서 지방의회의 발전 과정을 분석했다. 천에 따르면, 개혁기 중국에서는 정치개혁과 관련하여 중앙과 일반 국민의 이익이 일치하고 이들이 지방 당정 간부와 대립하는 현상이 나타났다. 당정 간부들의 권력 남용과 부패, 지방정부의 관료주의 문제는 이를 잘 보여 준다. 그래서 중앙 지도부는 공산당 간부와 정부 관료를

---

[11] Ming Xia, "Informational Efficiency, Organizational Development and the Institutional Linkages of the Provincial People's Congresses in China," *Journal of Legislative Studies*, Vol. 3, No. 3(Autumn 1997), pp. 10-38 ; Ming Xia, "Political Contestation and the Emergence of the Provincial People's Congresses as Power Players in Chinese Politics : A Network Explanation," *Journal of Contemporary China*, Vol. 9, No. 24(2000), pp. 185-214 ; Ming Xia, *The Dual Developmental State : Development Strategy and Institutional Arrangements for China's Transition*(Aldershot : Ashgate, 2000), pp. 144-172.

감독하고 통제하기 위해 지방의회의 역할을 강화시켰고, 그 결과 지방정치에서는 공산당·정부·의회 삼자 사이에 견제와 균형 체제가 형성되었다고 한다.12)

이 관점은 1980년대 초 지방의회의 역할 강화와 관련된 중앙 지도부의 생각을 이해하는 데에 일정한 도움을 준다. 그러나 이것이 중국 현실과 얼마나 부합하는가에 대해서는 회의적이다. 단적으로, 공산당 중앙이 1980년대에 제기했던 당정분리정책은 이후 제대로 집행되지 않았고, 그 결과 의회는 말할 것도 없고 공산당과 정부 사이에도 견제와 균형 체제가 수립되지 않았다. 오히려 1990년대 들어서는 당정융합이 강화된 것이 현실이다. 또한, 의회의 역할이 아무리 강화되었어도 이들이 공산당 간부를 감독하고 통제할 수 있는 수준은 결코 아니다. 이 밖에도 이 관점은 지방의회의 역할 강화와 관련한 시민의 선거 참여를 과대평가하는 경향이 있다.

(2) 이 연구의 분석 관점

이 책은 다음 세 가지 관점 즉, 경로 의존(path dependence), 실제 권력관계, 시장화와 법제화의 관점(legalization approach)에 입각하여 개혁기 중국 지방의회의 발전 과정과 역할 수행을 분석하려고 한다. 경론 의존 관점은 지방의회 발전의 역사적 조건과 그 과정을 이해하는 데에 필요하다. 권력관계 관점은 의회의 역할 강화와 관련된 정치적 조건을 이해하는 데에 필요하다. 마지막으로 시장화와 법제화 관점은 의회의 역할 강화 내용(입법과 감독)을 이해하는 데에 필요하다.

개혁기 지방의회의 발전 과정을 이해할 때, 우리는 중국 의회가 처한 초기 조건과 경로 의존에 주의를 기울여야 한다. 제도와 경제발전 사이의 관계를 분석한 더글러스 노스(Douglass C. North)에 의하면, 제도는 정치적·경제적·사회적

---

12) An Chen, *Restructuring Political Power in China : Alliance & Opposition, 1978~1998*(Boulder : Lynn Rienner Publishers, 1999), pp. 1-21.

상호작용을 조직하기 위해 인간이 고안한 제약이다. 여기에는 제재·터부·관습·전통·행동 규범 등의 비공식 제약과 헌법·법률·소유권 등의 공식 제약이 모두 포함된다. 또한 제도는 과거와 현재, 그리고 미래를 연결하면서 서서히 진화한다.13)

이상의 주장에서 노스가 강조하고자 하는 것은 두 가지라고 생각된다. 하나는 현재의 제도는 과거에 이루어진 다양한 제도의 결과이며, 장래 우리가 선택할 제도도 현재의 제도에 의해 제약받는다는 사실이다. 그래서 제도의 변화를 추적하지 않고서는 현재의 선택을 이해할 수 없다. 다른 하나는 비록 점령이나 혁명에 의해 비연속적인 제도 변화가 일어날 수 있지만, 기본적으로 일단 형성된 제도는 점진적으로 변화하며, 경제적 효용 등에 대한 고려에 의해 이미 형성된 제도가 쉽게 폐기되거나 다른 제도로 대체되지는 않는다는 사실이다. 이것이 바로 노스가 말하는 제도발전의 경로 의존이다.14)

노스가 말한 경로 의존은 중국 의회제도의 발전 과정을 이해하는 데 시사하는 바가 크다. 우선, 사회주의 혁명기와 1949년 건국 이후 형성된 초기 의회제도의 경험이 제도적 원형이 되어 현재까지도 의회제도에 영향을 미치고 있다. 중국 안의 공식 이론에 의하면, 중국 의회제도, 즉 인민대표대회제도는 공산당 일당지배를 전제로 한 민주집중제(民主集中制)와 의행합일제(議行合一制)를 조직 원리로 한다. 여기서 민주집중제는 세 가지를 가리킨다. 첫째, 의회는 국민의 민주선거로 구성되며, 국민에 대해 책임지고 국민의 감독을 받는다. 둘째, 국가기관은 의회에 의해 구성되며 의회에 대해 책임을 지고 의회의 감독을 받는다.

---

13) Douglass C. North, "Institutions," *Journal of Economic Perspective*, Vol. 5, No. 1(Winter 1991), p. 97.
14) Douglass C. North, *Institutional Changes and Economic Performance*(Cambridge : Cambridge University Press, 1990), pp. 92-104 ; North, "Institutions," pp. 97-112. 경로 의존의 관점에서 기술발전을 분석한 선구적인 연구로는 Paul A. David, "Clio and the Economics of QWERTY," *American Economic Review*, Vol. 75, No. 2(May 1985), pp. 332-337 ; W. Brian Arthur, "Competing Technologies, Increasing Returns, and Lock-in by Historical Events," *Economic Journal*, Vol. 99, No. 394(March 1989), pp. 116-131을 참조.

셋째, 중앙-지방 관계에서 지방은 중앙의 통일적 지도 아래 주동성과 적극성을 발휘한다.15)

그런데 민주집중제는 실제로는 국가기구의 조직 원리가 아니라 사업 방식(工作作風)의 원리, 즉 토론은 민주적으로 하되 일단 결정된 사항은 집중적으로 집행한다는 원리, 또는 대중의 자발성(민주)과 지도의 효율성(집중)을 결합한다는 군중노선(群衆路線)의 원리로 이해되고 실행되었다.16) 이렇게 되면서 민주집중제는 공산당에 대한 국가기구의 종속과 복종을 정당화하는 원리가 되었던 것이다(공산당에 대한 의회의 종속). 또한, 파리코뮌과 소련 소비에트의 경험에 근거하여 대의기구와 행정기구는 하나로 통합하여 운영한다는 의행합일제에 의해, 정부와 의회 사이의 관계에서 의회의 독자적인 조직과 운영은 사실상 인정되지 않았다(정부에 대한 의회의 종속).

이런 조직 원리로 구성된 의회제도는 1954년부터 1957년까지 약 3년 동안의 비교적 건전한 발전기를 지나 반우파투쟁(1957~1958)과 대약진운동(1958~1959)을 거치면서 활동이 크게 위축되었고, 문화대혁명(1966~1976) 기간에는 활동이 완전히 정지되었다.17) 이렇게 됨으로써 마오쩌둥 시기 중국에서는 의회제도가 하나의 독립된 국가기구로 발전할 수 없었고, 동시에 장래의 의회발전에 필요한 의회 운영 경험도 축적하지 못했다.

1979년 중국에서 의회제도가 다시 부활되었을 때, 전국인대와 지방인대는 건국 초기의 제도적 원형에 기초하여 발전을 모색해야 했다. 그것이 사회주의 중국이 경험했던 유일한 의회제도였기 때문이다. 그래서 공산당 일당지배를 전제로 한 민주집중제와 의행합일제가 의회제도의 조직 원리로 다시 인정되었고,

---

15) 蔡定劍, 『中國人民代表大會制度』(北京: 法律出版社, 1998), pp. 87-88 ; 袁瑞良, 『人民代表大會制度形成發展史』(北京: 人民出版社, 1994), pp. 445-453.
16) 蔡定劍, 『中國人民代表大會制度』, pp. 85-87.
17) 조영남, 『중국 정치개혁과 전국인대』, pp. 53-94 ; O'Brien, *Reform Without Liberalization*, pp. 12-73 ; 蔡定劍, 『中國人民代表大會制度』, pp. 47-77 ; 袁瑞良, 『人民代表大會制度形成發展史』, pp. 323-538 ; 尹世洪・朱開楊 主編, 『人民代表大會制度發展史』(南昌: 江西人民出版社, 2002), pp. 92-194 ; 劉政・程湘淸, 『人民代表大會制度的理論和實踐』(北京: 中國民主法制出版社, 2003), pp. 1-27.

일부 경제 입법에 필요한 기술을 서구 경험에서 차용하는 것을 제외한 서구식 의회제도 도입은 거부되었다.[18] 1980년대 이후 개혁개방정책이 심화되면서 사회경제구조가 큰 변화를 겪었고, 이에 따라 계획경제에 기초해 수립된 정치체제를 개혁해야 한다는 압력이 가중되었어도 초기 의회제도의 제도적 원형은 여전히 유지되었다. 이런 상황을 놓고 볼 때, 1980년대의 전국인대 개혁 과정을 분석한 오브라이언이 전국인대의 개혁을 '자유화 없는 개혁'(reform without liberalization)으로 평가한 것은 어쩌면 당연한 것이었다.[19]

이처럼 초기 의회제도의 제도적 원형이 지속적인 영향을 미치고 있고 참고할 만한 경험이 부족한 상황에서, 전국인대와 지방인대는 임무 수행에 필요한 조직 능력과 권한을 확보하여 하나의 독립된 국가기구로 생존하기 위해 다양한 노력을 경주해야만 했다. 여기에는 의회의 구성과 운영, 입법과 감독 역할 수행, 의회 대표와 유권자 사이의 관계를 포함한 의회제도 전반에 대한 각종 규정과 제도를 마련하는 것이 포함된다.

또한 개혁 초기에 이런 시도는 전국인대나 특정 성급 지방인대의 지도 아래 조직적이고 체계적으로 이루어진 것이 아니라, 각 지방인대가 상황과 조건에 맞추어 시행착오를 거쳐 스스로 새로운 모델을 만들어 가는 방식으로 이루어졌다. 이후 경험이 축적되고 그 축적된 경험을 전국인대와 지방인대가 또한 상하급 지방인대가 서로 교류함으로써 새로운 방식이 확대되었고, 전국인대와 성급 지방인대는 그것을 법률제정 등을 통해 확정함으로써 제도화하는 과정을 밟아 나갔다. 다단계 법안심의와 법안통일심의(統一審議) 등의 입법제도, 법률집행감독(執法檢査)과 직무평가(評議) 등의 감독 방식이 일부 지방인대에서 먼저 시도되고, 나중에 전국으로 확대되어 제도화된 것은 이를 잘 보여 준다. 그 결과 전국인대

---

[18] 현재 일부 중국 의회 관계자 및 연구자들은 의행합일제가 의회제도의 조직 원리가 아니라고 주장한다. 의행합일제를 의회 조직 원리라고 보는 것은, 소련에서 1930년대 이후 소비에트와 정부가 분리되어 운영되었다는 사실을 무시한 것이며, 실행에서도 의회와 정부의 기능적 분화를 막음으로써 의회발전을 저해하는 주장이라는 것이다. 蔡定劍,『中國人民代表大會制度』, pp. 89-94 ; 劉政·程湘淸,『人民代表大會制度的理論和實踐』, pp. 108-115.
[19] O'Brien, *Reform Without Liberalization*.

와 지방인대 사이에, 행정단위별로 구분된 상하급 지방인대 사이에, 마지막으로 동일한 행정단위에 속한 지방인대 사이에 의회제도의 운영과 활동에서 다양한 편차가 발생했던 것이다. 따라서 우리가 의회정치의 발전 과정을 분석할 때에는 이 같은 초기 조건과 경로 의존에 주의해야 한다.

제3세계 국가의 의회를 분석한 기존 연구가 밝히고 있듯이, 우리가 특정 국가의 의회를 분석할 때에는 의회 그 자체뿐만 아니라 주변 정치체제와 의회 사이의 상호 관련성도 검토해야 한다. 왜냐하면 의회가 수행하는 구체적인 역할은 의회 그 자체보다는 그것이 속한 정치체제에 의해 결정되는 경우가 많기 때문이다.[20] 중국도 예외는 아니다. 즉, 현재 지방의회가 수행하고 있는 역할을 제대로 이해하기 위해서는 지방의회가 처해 있는 정치적 조건을 분석해야 한다는 것이다. 중국의 경우는 이것이 특히 중요하다. 중국 정치체제는 공산당 일당지배체제(당-국가체제)이며, 공산당과 여러 국가기관 및 사회단체 사이에는 공산당을 정점으로 하는 계서제적인 권력관계가 형성되어 있기 때문이다.

공산당 일당지배체제라는 중국 정치체제의 특성으로 인해 공산당 대 국가기관, 국가기관 대 국가기관의 법적 관계(공식 관계)와 실제 권력관계는 크게 괴리되는 현상이 나타난다.[21] 중국 헌법에 의하면, 의회와 공산당의 관계는 '국가권력기관 대 정당'의 관계로, 공산당도 국가가 정한 헌법과 법률의 테두리 안에서 활동해야 하며, 이런 면에서 공산당도 의회의 법률감독을 받아야 한다. 그런데 다른 한편으로 의회와 공산당의 관계는 '국가기관 대 영도핵심'(領導核心), 또는 '국가기관 대 유일한 집권당'(執政黨)의 관계이다. 이 규정에 의해 양자의 법적 관계는 실제 정치 과정에서 큰 의미가 없고, 의회는 공산당 지도 아래 활동하고

---

[20] Jean Blondel, *Comparative Legislature*(Englewood Cliffs : Prentice-Hall, 1973), p. 26 ; Marvin G. Weinbaum, "Classification and Change in Legislative System : With Particular Application to Iran, Turkey, and Afghanistan," G. R. Boynton and Chong Lim Kim eds., *Legislative Systems in Developing Countries*(Durham : Duke University Press, 1975), p. 35 ; Martin C. Needler, "Conclusion : The Legislature in a Democratic Latin America," David Close ed., *Legislatures and the New Democracies in Latin America*(Boulder : Lynne Rienner Publisher, 1995), p. 158.
[21] 이하의 내용은 조영남, 『중국 정치개혁과 전국인대』, pp. 219-263 참조.

공산당의 통제와 지시를 받는 국가기관일 뿐이다.

의회와 정부 사이의 관계에서도 법적 관계와 실제 권력관계가 괴리되는 현상이 나타난다. 중국 헌법에 따르면, 의회와 정부 사이의 관계는 '국가 권력기관 대 집행기관', '감독기관 대 피감독기관'의 관계이다. 그러나 실제 관계는 그렇지 않다. 우선, 의회와 정부는 공산당의 지도 아래 자신의 역할을 수행하는 국가기관으로 양자는 '상호 보완관계'에 있다. 더 나아가 국가기관 지도자의 공산당 서열에 의해 결정되는 정치적 지위에서는 일반적으로 정부가 의회보다 우위에 있다.22) 다시 말해 권력관계에서는 정부가 의회보다 우위에 있다는 것이다. 그 결과 의회는 정부의 방해나 저항으로 헌법이 부여한 입법권과 감독권을 제대로 행사하지 못하는 경우가 발생한다.

그래서 중국의 지방의회는 이 같은 정치적 조건에서 주어진 역할 수행에 필요한 조직 능력을 향상시키고, 공산당과 정부의 간섭으로부터 분명한 자신의 권한을 확보하기 위해 적절한 생존 전략을 구사해야만 했다. 여기에 더해 앞에서 살펴본 제도적 원형의 제약과 의회 운영 경험의 부족, 그리고 의회 활동에 필요한 법적·제도적 장치의 미비라는 활동 조건은 의회 지도자에게 더욱 정교한 생존 전략을 요구했다. 개혁기 중국의 지방의회가 공산당과 정부에 대해 자율성(autonomy)을 추구하는 전략이 아니라 그에 연계되는 '배태 전략',23) '지지 획득 및 협조 전략',24) 그리고 다양한 네트워크 형성을 통해 공산당 및 정부에 대응하는 '협조를 동반한 경쟁 전략(모허 전략)'을 구사한 것은 이 때문이다.25) 따

---

22) 蔡定劍, 『中國人民代表大會制度』, pp. 37-38.
23) Kevin J. O'Brien, "Chinese People's Congresses and Legislative Embeddedness : Understanding Early Organizational Development," *Comparative Political Studies*, Vol. 27, No. 1(April 1994), pp. 80-109 ; Kevin J. O'Brien and Laura M. Luehrmann, "Institutionalizing Chinese Legislatures : Trade-offs between Autonomy and Capacity," *Legislative Studies Quarterly*, Vol. 23, No. 1(February 1998), pp. 91-108.
24) Young Nam Cho, "From 'Rubber Stamps' to 'Iron Stamps' : The Emergence of Chinese Local People's Congresses as Supervisory Powerhouse," *China Quarterly* 171(September 2002), pp. 724-740.
25) Xia, "Informational Efficiency," pp. 10-38 ; Xia, "Political Contestation," pp. 185-214. 참고로 중국 의회의 발전 과정에서 의회와 공산당/정부의 관계를 보는 이들의 관점에는

라서 우리가 중국 의회발전을 분석할 때에는 공산당·정부·의회 사이의 실제 권력관계에 주의를 기울여야 한다.

마지막으로, 중국 지방의회의 발전 과정에서 의회의 특정 역할이 강화된 배경을 이해하기 위해서는 시장화와 법제화의 관점이 필요하다. 개혁기 정치 지도자들은 여러 가지 이유로 그동안 유명무실했던 의회제도에 주목했다. 문화대혁명의 쓰라린 경험을 통해 중국 지도자들은 인치(人治)의 폐해를 잘 알게 되었고, 이를 방지하기 위해서는 국가제도와 법률체제의 정비가 필요하다고 판단했다. 이를 위해서는 의회제도의 부활이 필요했다. 또한 문화대혁명 이후 국민들 사이에 퍼져 있는 공산당과 사회주의에 대한 불신과 회의를 불식시키기 위해서도 의회제도와 선거제도를 개혁해야 했다. 특히 일부 반체제 인사들이 중국 정치체제를 공산당 독재체제라고 비판했는데, 이런 비판에 맞서 '사회주의적 민주주의'를 옹호하기 위해서도 의회의 역할 강화와 좀 더 민주적인 선거제도 도입이 필요했다.26) 그 밖에도 펑전(彭眞)이나 완리(萬里) 등 전국인대 지도자가 자신의 권력 기반을 강화하기 위해 전국인대와 지방인대의 발전을 시도했다.27)

그런데 개혁기에 들어 의회 역할이 강화된 더욱 중요한 요인은, 시장제도의 도입(시장화)과 이에 대응하기 위해 공산당이 추진한 법제화정책이다. 중국에서 흔히 말하듯이 "시장경제는 법치경제이다." 계획경제에서는 생산 수단의 대다수를 소유한 국가가 주된 경제 행위자였고, 제품의 생산과 유통은 국가의 계획과 명령을 통해 이루어졌다. 그러나 시장경제에서는 사적 소유제에 기초한 기

차이가 있다. 오브라이언은 이들 관계에서 공산당/정부에 대한 의회의 자발적인 협조와 연계를 강조한 반면, 시아는 협조와 함께 경쟁 및 대립을 부각시키고 있다. 조영남은 이들의 관계를 기본적으로 협조와 지지의 관계로 보고 있지만, 시간이 가면서 의회가 공산당과 정부에 대해 차별적인 전략, 즉 전자에 대해서는 지지 획득 전략을, 후자에 대해서는 협조와 함께 경쟁 전략을 구사하고 있다고 주장한다.

26) 조영남,『중국 정치개혁과 전국인대』, pp. 69-80 ; O'Brien, *Reform Without Liberalization*, pp. 126-127 ; 蔡定劍,『中國人民代表大會制度』, pp. 76-77.

27) Pitman B. Potter, "Curbing the Party : Peng Zhen and Chinese Legal Culture," *Problems of Post-Communism*, Vol. 45, No. 3(May/June 1998), pp. 17-28 ; Pitman B. Potter, *From Leninist Discipline to Socialist Legalism*(Stanford : Stanford University Press, 2003).

업과 개인이 주된 경제 행위자이며, 제품의 생산과 유통은 시장에 의해 이루어진다. 또한 시장경제에서는 사적 소유권을 보호하고 기업과 개인의 경제활동을 규제하는 주된 수단이 국가의 명령이 아니라 법률이다. 따라서 중국이 시장경제를 도입하면서 이에 필요한 각종 법률을 시급히 제정해야 했다.28) 또한 해외 자본의 직접 투자를 유치하기 위해서도 법률제정이 시급했다. 법률을 통해 외국 투자자에게 투자의 안정성을 보장해야 했고, 동시에 이들의 경제활동을 관리(통제)해야 했다.29) 그동안 고무도장에 불과했던 전국인대와 성급 지방인대의 입법 역할이 1980년대에 들어 강화된 것은 바로 이런 이유 때문이었다. 그 뒤 1992년 중국공산당 제14차 전국대표대회(이하 당대회)에서 '사회주의 시장경제 건설'이 공식 방침으로 결정되고 이에 필요한 종합적이고 완전한 법률체제를 수립해야 한다는 과제가 제기됨으로써, 전국인대와 성급 지방인대의 입법 산출은 크게 증가했고 입법 자율성 또한 크게 신장되었다.

한편 공산당은 개혁개방정책 실시와 함께 이에 대한 대응으로 1980년대부터 지금까지 통치 방식의 합리화를 지속적으로 추진해 왔다. 법제화는 그것의 핵심 내용이다. 여기서 법제화는 '법률제정(立法)·법률집행(執法)·법률수호(守法)의 엄밀한 체계'를 수립하는 것을 의미한다.30) 그런데 공산당이 추진하는 법제화는 의회의 입법 및 감독 역할 강화를 필수 전제 조건으로 한다. 의회의 입법 역할이 강화되지 않고서는 법률체제를 수립할 수 없고, 의회의 감독 역할이 강화되지 않고서는 정부의 자의적인 법률집행과 법원의 불공정한 법률수호를 막

---

28) 全國人大常委會辦公廳硏究室 編,『人民代表大會成立40周年紀念文集』(北京: 中國民主法制出版社, 1995), p. 103.
29) Tao-tai Hsia and Wendy I. Zeldin, "Recent Legal Development in the People's Republic of China," *Harvard International Law Journal*, Vol. 28, No. 2(Spring 1987), p. 256 ; Mary Elizabeth Gallagher, *Contagious Capitalism*, pp. 98-132.
30) 중국 헌법에서 규정하고 있는 사회주의 법제는 구체적으로 다음 내용을 포함한다. 첫째, 법률·행정조례·지방조례는 모두 헌법에 저촉되어서는 안 된다. 둘째, 모든 국가기관과 무장세력(군대와 경찰), 각 정당과 사회단체, 각 사업 단위 조직은 헌법과 법률을 준수해야 하고, 헌법과 법률을 위반하는 모든 행위는 반드시 징계한다. 셋째, 모든 조직과 개인은 헌법과 법률을 초월하는 특권을 가질 수 없다. 蔡定劍,『中國憲法精解』(北京: 中國民主法制出版社, 1996), p. 113.

을 수 없기 때문이다. 1997년 공산당 제15차 당대회에서 '의법치국'(依法治國, 법에 의한 통치)과 '사회주의법치 건설'이 공산당 방침으로 결정되고, 1999년 헌법 수정을 통해 이것이 전문(前文)에 삽입되면서 국가 방침으로 확정되었다.31) 이렇게 되면서 의법치국에서 핵심적인 역할을 담당하는 의회의 정치적 지위와 실제 역할은 더욱 강화될 수 있었다. 이처럼 시장화와 법제화는 의회의 역할 강화로 이어졌던 것이다.

3. 분석 대상과 자료

이 책은 일부 행정단위와 지역을 선택하여 지방의회의 발전 과정과 역할을 분석하려고 한다. 우선 행정단위로는, 중국의 네 단계 행정단위 중에서 성급과 현급을 분석 대상으로 선택했다. 성급 지방의회는 헌법이 부여하는 입법, 감독, 중대 사항 결정, 인사 등 네 가지 권한을 모두 행사하면서 해당 지역 전체를 대상으로 하는 조례를 제정하고 국가기관을 감독한다. 또한 성급 지방의회는 의회 활동과 관련하여 관할 지역 안의 하급 지방의회에 대해 필요한 활동을 지원하고 동시에 이들의 활동을 관리 및 감독하는 역할을 맡고 있다. 이런 면에서 성급 지방의회는 해당 지역에 있는 모든 지방의회의 총사령부 역할을 수행한다고 할 수 있다. 한편 현급 지방의회는 감독·중대 사항 결정·인사 등 모두 세 가지 권한을 보유하고, 성급 지방의회의 지도 아래 주로 해당 지역 국가기관에 대한 감독을 수행한다. 동시에 현급 지방의회는 향급 지방의회와는 달리 일상적인 의회 활동에 필요한 조직과 인원을 갖추고 있다. 따라서 중국 지방의회의 발전 과정과 역할을 분석할 때에는 성급 및 현급 지방의회를 대상으로 하는 것

---

31) 1997년 이후 중국에서는 '법제'와 '의법치국'의 약어인 '법치'를 같이 쓰고 있으며, 최근에는 후자를 쓰는 경향이 증가하고 있다. 다만 중국에서 사용하는 법치가 자유주의적 의미의 법치와는 다르다는 것을 강조하기 위해 '사회주의'라는 수식어를 붙인다.

이 타당하다.

또한, 지역과 관련해서 이 연구는 상하이시와 광둥성을 사례로 선택했고, 필요할 경우 톈진시를 포함한 다른 지역을 참고했다. 상하이시와 광둥성은 중국의 개혁개방을 선도하는 연해 지역의 중심이며, 중국에서 경제가 가장 발전하고 국민소득 수준이 가장 높은 지역이기도 하다. 그래서 이 지역에서는 개혁개방정책을 추진하는 데 필요한 법률제도를 정비하기 위해 일찍부터 의회의 입법 역할이 강화되었다. 예를 들어, 상하이시 인대는 전국인대가 경제 관련 법률을 아직 제정하지 않은 상황에서 지역의 경제발전에 필요한 다양한 조례를 제정함으로써 전국인대와 다른 지방의회가 참고할 수 있는 입법 사례를 제공했다. 광둥성 인대도 입법과 감독 면에서 선도적인 의회였다. 1980년 중앙정부가 지정한 4개의 경제특구 중에서 3개가 광둥성에 위치해 있으며, 선전시(深圳市)는 그중에서도 가장 대표적인 '개혁개방의 창구'였다. 이에 따라 이 지역에서는 경제개혁에 필요한 다양한 최신 조례가 제정될 수 있었다. 특히 1993년 광둥성과 선전시가 의법치국 시범 지역(試驗田)으로 지정되면서 의회 역할은 더욱 강화될 수 있었다.

마지막으로, 이 책은 현지 조사를 통해 얻은 문헌 자료와 면접 조사 자료에 기초하여 작성되었음을 밝힌다. 필자는 2000년 초부터 2005년 말까지 약 6년 동안 중국 지방의회를 연구하기 위해 현지 조사를 꾸준히 진행해 왔다. 2000년 7월에는 톈진시 소속의 현급 지방인대와 허베이성(河北省) 한단시(邯鄲市) 인대를 방문하여 의회 관계자를 면접 조사했고, 2001년 2월부터 2002년 1월까지 약 1년 동안 톈진시 난카이대학교에 방문 학자로 머물면서 주변 지역 지방의회에 대한 조사 연구를 계속했다. 상하이시는 2001년 8월을 시작으로 2004년 2월까지 모두 네 차례 방문하여 의회 지도자와 사회단체 관계자에 대한 면접 조사를 실시했다. 마지막으로 2004년 8월에는 광둥성 인대와 사회단체 관계자에 대한 면접 조사를 실시했다.[32] 그 밖에도 1997년부터 지금까지 베이징시(北京市)와 상

---

[32] 상하이시와 광둥성에서 필자가 방문한 사회단체는 노동조합(總工會), 여성단체(婦女聯合會, 婦聯), 기업가단체(工商業聯合會, 工商聯), 소비자단체(消費者協會)이다.

하이시의 주요 대학교 및 국책연구소에서 중국 의회제도와 선거를 연구하는 중국 학자들을 방문하여 필요한 정보와 자료를 얻었다. 한편, 문헌 자료는 1997년부터 지금까지 중국국가도서관과 상하이시도서관, 광둥성도서관 등 중국의 주요 도서관, 전국인대 산하의 중국민주법제출판사 등 주요 출판사를 직접 방문하여 필요한 자료를 수집했다.

4. 책의 구성과 주요 내용

이 책은 서론(1장)을 포함하여 모두 7장으로 구성되어 있다. 각 장의 연구주제와 주요 내용을 살펴보면 다음과 같다.

제2장에서는 중국 의회의 발전 과정과 그 특징을 분석한다. 여기서는 중국 의회가 행정단위별·지역별로 각기 어떤 발전 과정을 겪었으며, 그 과정에서 나타나는 특징이 무엇인가를 검토한다. 이 같은 분석을 통해 필자는 다음과 같은 사실을 주장하려고 한다. 우선, 중국의 전국인대와 각급 지방인대는 행정단위별로 수행하는 주요 역할이 다르고, 의회의 역할 강화도 이들이 수행하는 주요 역할을 중심으로 이루어졌다. 전국인대는 입법이 주된 역할인 반면 현급 지방인대는 감독이 주된 역할이다. 성급 지방인대는 입법이 주된 역할이라는 점에서는 전국인대와 유사하지만, 전국인대와는 달리 감독 활동도 활발히 전개하고 있다. 또한, 각 지역의 경제발전 수준과 의회의 역할 강화 사이에는 제한적인 의미에서만 관련이 있다. 마지막으로, 의회가 수행하는 역할이 행정단위별·지역별로 이렇게 다른 것은 법적·제도적 요인, 현실적인 필요, 그리고 각각의 의회가 처한 실제 권력관계 때문이다. 한편, 의회의 발전 과정과 특징을 이해하기 위해서는 동일한 행정단위에 속한 지방의회 사이의 발전 상황도 비교·분석해야 한다. 그런데 필자가 다른 논문에서 톈진시 소속의 18개 현급 지방인대를 대상으로 이를 분석했기 때문에 이 책에서는 이 문제를 다루지 않는다.[33]

제3장에서는 상하이시 및 광둥성 인대를 사례로 지방의회가 수행하는 입법

역할을 집중 분석한다. 1990년대 이후 성급 지방인대의 입법 자율성은 크게 신장되었다. 그래서 지방의회는 공산당의 사전 허락 없이 대부분의 조례를 자신의 직권 아래 제정할 수 있다. 또한 지방의회는 정부가 입법 과정을 주도하면서 발생했던 문제를 해결하기 위해 다양한 입법제도를 도입했고, 동시에 주요 사회단체의 입법 참여를 확대하는 정책을 실시했다. 그 결과 중국의 입법정치는 정부와 의회, 사회단체가 함께 참여하여 타협하고 경쟁하는 복잡한 정책 결정 과정으로 변화했다. 의회는 그 속에서 입법 주체 사이의 갈등을 해소 및 조정하고 다양한 목소리를 법규에 반영하는 역할을 수행한다.

제4장에서는 현급 지방인대를 대상으로 지방의회가 수행하는 감독(법률집행 감독과 직무평가)과 실제 감독 효과, 그리고 감독을 수행하기 위해 지방의회가 사용하고 있는 다양한 전략을 분석한다. 지방의회는 낮은 정치적 지위, 법적·제도적 장치의 미비, 조직 능력의 부족이라는 한계에도 불구하고, 1980년대 초부터 다양한 감독 방식을 도입하여 대(對)정부 감독을 수행함으로써 지금은 의미 있는 감독기관이 되었다. 즉, 지방의회는 정부의 관료주의 문제를 해결하고 지방정부가 법률과 중앙정책을 좀 더 충실하게 집행하도록 촉구하는 데 일정한 역할을 한다는 것이다. 그러나 지금까지의 상황을 놓고 볼 때 지방의회의 대정부 감독은 공산당이 지방정부와 공직자를 통제하는 법률적·제도적 수단이라는 성격이 강하다. 이런 면에서 지방의회의 대정부 감독은 한계를 갖고 있다. 한편 지방의회는 정부뿐만 아니라 법원을 대상으로도 직무평가와 개별안건감독(個案監督)을 통해 강도 높은 감독 활동을 전개하고 있다. 그런데 이에 대해서는 필자가 다른 논문에서 분석했기 때문에, 이 책에서는 다시 검토하지 않는다.34)

제5장은 지방의회와 사회단체 사이의 관계를 분석하는 것이다. 지금까지 중국의 국가-사회 관계에 대한 연구는 주로 시장화의 관점(marketization ap-

---

33) Young Nam Cho, "Political Leadership and the Development of Chinese Local People's Congresses : Evidence from Tianjin"(Unpublished manuscript, 2004).
34) Young Nam Cho, "Symbiotic Neighbor or Extra-Court Judge? The Supervision over Courts by Chinese Local People's Congresses," *China Quarterly*, No. 176(December 2003), pp. 1068-1083.

proach)에서 공산당/정부와 주요 사회단체 사이의 관계를 분석했다. 이 책에서는 이런 기존의 관점과는 달리 시장화와 법제화의 관점에서 지방의회와 사회단체의 관계를 분석한다. 구체적으로 제5장에서는 국가-사회 관계에 대한 기존 연구의 문제점, 지방의회와 사회단체의 일반적인 관계, 그리고 사회단체의 의회 입법 및 감독 활동 참여를 분석한다. 이를 통해 필자는 변화된 중국의 국가-사회 관계를 분석하기 위해서는 기존의 관점에서 벗어나 새로운 관점에서 다양한 현상을 분석해야 한다고 주장한다.

본문의 마지막인 제6장에서는 현급 지방인대 대표선거를 분석한다. 중국의 의회선거에서 향급 및 현급 지방인대는 주민 직접선거로, 성급 지방인대와 전국인대는 하급 지방인대 대표의 간접선거로 선출된다. 이 중에서 국민의 정치 참여와 관련하여 의미가 있는 것은 현급 지방인대 대표선거이다. 이 장은 중국 선거제도에 대해 자세히 살펴보고, 유권자들이 어떤 과정을 통해 왜 선거에 참여하는가를 분석한다. 이를 통해 우리는 중국에서 선거가 지역에 따라 차이는 있지만 정권의 대외 선전 및 정치 동원 수단에서 유권자의 정치 참여 수단으로 변화하고 있다는 사실을 알 수 있을 것이다. 또한 이런 유권자 정치 참여의 변화는 사회구조적 조건 변화와 제도 변화에 의해 초래되었다. 한편, 지방인대 대표선거와 밀접히 연관되는 것이 대표와 유권자 사이의 관계이다. 이를 이해하기 위해서는 지방인대 대표들이 유권자를 위해 어떤 역할을 어느 정도로 수행하는가를 분석해야 한다. 그런데 필자가 다른 논문에서 이를 분석했기 때문에 이 책에서는 다루지 않는다.[35]

제7장 결론에서는 이상의 연구 내용을 요약하고, 중국 의회발전과 정치발전 사이의 관계를 분석한다.

마지막으로, 이 책에서 사용하고 있는 의회 관련 용어에 대해 간단히 설명하겠다. 중국에서는 의회를 인민대표대회, 약칭으로는 인대(人大)라고 부른다.

---

[35] Young Nam Cho, "Public Supervisors and Reflectors : Role Fulfillment of the Chinese People's Congress Deputies in the Market Socialist Era," *Development and Society*, Vol. 32, No. 2(December 2003), pp. 197-227.

이 중에서 중앙의회는 전국인민대표대회, 약칭으로는 전국인대, 지방의회는 각급(各級) 지방인민대표대회, 약칭으로는 각급 지방인대라고 부른다. 지방의회의 경우 행정단위별 의회를 지칭할 경우에는 성급 지방인민대표대회(지방인대), 현급 지방인민대표대회(지방인대) 식으로 부르며, 특정 지역의 지방의회를 가리킬 때에는 상하이시 인민대표대회(인대), 광둥성 인민대표대회(인대) 식으로 부른다. 그런데 인대는 의회 '조직'을 가리키지만 동시에 의회의 '회의'를 가리키기도 한다. 이런 혼란을 피하기 위해 중국에서는 의회의 회의를 인대회(人代會)라고 부른다.

한편, 전국인대와 지방인대에는 폐회 기간 동안 의회의 권한과 역할을 대신하는 상설지도조직을 두고 있는데, 이를 상무위원회(standing committee), 약칭으로는 상위회라고 부른다. 또한 중국 의회에는 한국 의회의 상임위원회(standing committee)에 해당하는 상설조직을 두고 있는데, 이를 전문위원회(專門委員會, special committee), 약칭으로는 전문위라고 부른다. 중국에서 상임위원회가 아니라 전문위원회라는 용어를 사용하는 이유는, 의회의 지도조직인 상무위원회와의 혼동을 피하기 위해서이다.

이상의 명칭은 중국에서 보편적으로 사용되는 것으로, 우리도 가급적 이런 용법을 준수하는 것이 좋다. 이런 면에서 한국에서 전국인대의 약칭으로 전국인대가 아니라 전인대(全人大)를 사용하는 것은 적절하지 않다. 이런 식으로라면 지방의회를 지인대(地人大)라고 불러야 하는데, 중국에서 '전인대', '지인대'라고 하면 누구도 알아듣지 못한다. 이 책에서는 일반적인 경우에는 지방의회와 지방인대를 함께 사용할 것이고, 특정 지역의 지방의회를 지칭할 때에는 인대라는 명칭을 사용하여 '상하이시 인대', '광둥성 인대' 식으로 쓸 것이다.

제2장

중국 의회의 발전 과정과 특징

이 장은 중국 의회의 발전 과정과 그 특징을 분석한다. 구체적으로 여기서는 의회의 발전 과정에서 나타나는 불균등 발전 현상과 그것을 초래한 원인을 분석할 것이다. 이를 위해 우선, 중앙과 지방의 행정단위(급별; 성급·현급·향급)에 따라, 또한 연해 지역과 내륙 지역 등 경제발전에서 차이가 나는 지역에 따라 중국 의회가 어떤 역할을 어떻게 다르게 수행하는지를 분석할 것이다. 또한, 만약 중국 의회가 행정단위별 및 지역별로 수행하는 역할과 그 역할 수행 정도에서 차이가 난다면 그 차이를 초래한 주요 원인이 무엇인가를 검토할 것이다.

이상의 분석을 통해 이 연구는 중국 의회의 발전 과정과 특징뿐만 아니라 궁극적으로는 중국 정치개혁의 전반적인 과정과 특징을 이해하려는 목적을 갖고 있다. 많은 선행 연구들이 지적했듯이 중국 정치개혁의 가장 큰 성과 중의 하나가 바로 의회발전이다. 개혁기에 들어 전국인대와 각급 지방인대는 공산당과 정부가 사전에 결정한 사항을 단순히 비준하는 '고무도장'에서 벗어나 입법과 감독 영역에서 매우 중요한 역할을 수행하는 국가기관의 하나로 변화했다. 따라서 의회의 발전 과정과 특징에 대한 분석을 통해 우리는 중국의 정치개혁 과정과 특징에 대한 이해를 높일 수 있을 것이다.

중국 의회의 발전 과정을 분석하는 방법에는 두 가지가 있을 수 있다. 하나는 같은 행정단위 안에 있는 하급 지방의회의 활동을 분석하는 방법이다. 예를 들어, 저장성(浙江省) 안에 있는 88개의 현급 지방인대가 어떤 활동을 어떻게 전개하는지 분석하는 것이다. 같은 행정단위 안에 있는 지방의회는 기본적으로 동일한 법적·정치적 조건에서 놓여 있다고 할 수 있다. 만약 우리가 이들 의회 활동에 대한 분석을 통해 이들 사이에 존재하는 역할 수행 차이와 그 차이를 초래한 원인을 밝혀 낼 수 있다면, 의회발전에 영향을 미치는 주요 요소와 그것의 작동 기제를 이해할 수 있을 것이다. 필자는 톈진시를 대상으로 이 연구를 초보적으로 수행한 적이 있다.[1]

다른 하나는 서로 다른 급의 행정단위에 속한 의회의 활동과, 경제발전에서 서로 차이가 나는 지역에 위치한 의회 활동을 분석하는 것이다. 여기서는 행정단위별로, 즉 전국인대, 성급(성·자치구·직할시) 및 현급(현·시·구) 지방인대가 어떤 역할을 어떻게 다르게 수행하는지, 그리고 그러한 역할 수행의 차이를 초래한 원인이 무엇인지를 검토하는 것이다. 또한 지역별로, 즉 연해 지역과 내륙 지역 등 경제가 발전한 지역과 그렇지 않은 지역의 의회가 어떤 역할을 어떻게 수행하고 있는지를 분석하는 것이다. 이상의 두 가지 연구방법 중에서 이 연구는 후자를 선택하여 중국 의회의 발전 과정과 특징을 분석하려고 한다.

한편 중국 의회는 다른 국가의 의회와 마찬가지로 입법·감독·대의·체제 유지 등 네 가지 역할을 수행한다. 이 중에서 이 연구는 입법과 감독 역할에 초점을 맞출 것이다. 특정 지역 주민이나 계층(집단)의 이익을 위해 의원들이 정책과 법률을 제정하는 대의 역할은 자유민주주의 국가의 의회에서는 매우 중요하다. 그런데 중국 의회는 인사권 행사와 마찬가지로 아직 이 영역에서 그렇게 활발한 활동을 전개하고 있지 못하다. 왜냐하면 중국에서는 의회가 아니라 공산당이 국민의 이익을 대표하고 그것을 정책에 반영하는 역할을 수행하기 때문이다. 체제 유지 역할은 정기적인 회의 개최, 사회 모든 계층을 포괄하는 대표 선출 등 주로 상징적인 활동을 통해 수행되는 것이다. 사회주의 국가의 의회에게는 체제 유지 역할이 매우 중요하다. 이를 통해 사회주의 국가에도 국민의 대의기관이 있다는 사실을 안팎으로 선전할 수 있기 때문이다. 그렇지만 이것이 실제 정치 과정에서 큰 의미를 갖는 것은 아니며, 그래서 이 연구에서는 이에 대한 검토를 제외하려고 한다.

이 연구에서는 첫째, 중국 의회는 행정단위별로 중심 역할이 비교적 분명하게 차이가 난다는 사실을 주장할 것이다. 즉, 전국인대는 주로 입법이, 현급 지

---

[1] Cho, "Political Leadership and the Development of Chinese Local People's Congresses".

방인대는 감독이 중심이고, 각각 그것을 중심으로 역할이 강화되었다. 그 중간에 있는 성급 지방인대는 입법에 중점을 두고 있지만 전국인대와는 달리 감독도 어느 정도 활발히 전개하고 있다. 한편 경제발전과 의회의 역할 수행 사이에는 제한적인 의미에서만 관련이 있다. 즉, 입법의 경우 경제가 발전한 지역의 의회가 그렇지 못한 지역의 의회에 비해 매우 활발한 활동을 전개하지만, 감독의 경우는 반드시 그렇지 않다는 것이다. 둘째, 중국 의회의 역할 수행이 행정단위별 및 지역별로 차이가 나는 것은 크게 세 가지 요인, 즉 법적·제도적 원인, 현실적인 필요, 그리고 각 기관의 실제 권력관계 때문이다. 이 중에서 가장 중요한 요인은 세 번째이다.

마지막으로 이 연구는 아직 시론(試論)적 성격이 강하다는 사실을 미리 밝힌다. 중국 의회가 행정단위별·지역별로 어떤 역할을 어떻게 수행하는가를 제대로 분석하기 위해서는 좀 더 광범위한 조사와 분석이 필요하다. 특히 경제발전과 의회의 역할 수행 사이의 관계를 분석할 때에는 더욱 그렇다. 그런데 현재 이 연구는 이러한 요구 조건을 충족시키지 못하고 있고, 그래서 이 연구의 결론은 잠정적이고 가설적인 의미만 가질 뿐이다.

1. 중국 의회제도 개관

중국 의회는 크게 중앙의회인 전국인대와 지방의회인 지방인대로 구분된다. 지방인대는 다시 행정단위별로 성급(2002년 12월 31일 현재 31개), 현급(2,860개), 향급(향·진)(44,822개) 지방인대로 나뉜다. 일부 지역에는 성급 및 현급 사이에 중간 행정단위인 지급(332개)이 있다.2) 이처럼 중국 의회제도는 기본적으로 4급체제(중앙·성급·현급·향급)이며, 일부 지방은 5급체제(중앙·성급·지급·현급·향급)로 구

---

2) 中華人民共和國民政部 編, 『中華人民共和國行政區劃簡冊2003』(北京: 中國地圖出版社, 2003), p. 1.

성되어 있다.

전국인대와 지방인대의 구조 및 기능과 관련해서는 전국인대 상무위원회와 지방인대 상무위원회가 본회의를 대체하는 '이중구조(dual structure) 현상'을 이해하는 것이 중요하다.3) 전국인대와 지방인대는 매년 한 차례, 2월에서 5월 사이에 1주일(성급·현급 지방인대)에서 보름(전국인대) 정도의 회기로 우리의 정기국회에 해당하는 연례 회의를 개최한다. 그런데 본회의가 1년에 한 번, 그것도 매우 짧은 회기로 개최되기 때문에 전국인대나 지방인대의 본회의는 사실상 큰 의미가 없다. 또한 전국인대와 지방인대의 본회의를 구성하는 대표는 기본적으로 아마추어 대표(兼職代表)이기 때문에 의회 활동에 필요한 전문 능력과 시간이 부족하다.

그래서 전국인대와 현급 이상의 지방인대에는 상무위원회가 설치되어 있고, 이 상무위원회가 본회의를 대신해서 일상 활동을 주도한다. 예를 들어, 전국인대 상무위원회는 약 3,000명의 전국인대 대표 중에서 선출된 약 150명의 위원들로 구성되는데, 이들은 모두 실무 능력과 전문 지식을 갖추고 있다. 또한 전국인대 산하에는 민족위원회, 법률위원회, 내무사법위원회(內務司法委員會, 내사위) 등 모두 9개의 전문위원회가 조직되어 전국인대 상무위원회의 지도 아래 일상 활동을 전개한다. 마지막으로, 전국인대 상무위원회의 권한(직권)은 전국인대의 권한과 비교할 때 일상적이고 실제적인 특징이 있다. 예를 들어, 정부 및 기타 국가기관에 대한 감독권은 전국인대가 아니라 전국인대 상무위원회가 행사한다. 성급 지방인대와 현급 지방인대의 구성과 기능도 이것과 큰 차이가 없다.4)

중국 헌법에 의하면 전국인대와 성급 지방인대는 입법권, 중대 사항 결정권, 인사 임면권, 감독권 등 모두 네 가지 권한을 행사한다. 현급 및 향급 지방

---

3) 조영남, 『중국 정치개혁과 전국인대』, pp. 137-144.
4) 전국인대 및 지방인대의 조직과 운영에 대해서는 조영남, 『중국 정치개혁과 전국인대』; 蔡定劍, 『中國人民代表大會制度』, pp. 222-268 참조. 한편 향급 지방인대는 이런 상설조직이 없고, 대신 주석(主席) 1명과 서너 명의 부주석으로 구성된 주석단(主席團)이 약간 명의 행정 보조원의 도움을 받아 일상 업무를 처리한다.

인대는 이 중에서 입법권을 제외한 나머지 세 가지 권한을 갖고 있다. 이것은 중국 의회도 다른 국가의 의회처럼 입법·감독·대의·체제 유지 등 네 가지 역할을 수행한다는 사실을 보여 준다. 물론 역할 수행 정도 면에서 중국 의회와 다른 자유민주주의 국가의 의회 사이에는 큰 차이가 존재한다. 즉, 중국 의회는 공산당 일당지배체제 아래에서 의회가 수행해야 하는 역할의 일부만을 제한적으로 수행하는 '초기 단계'(nascent) 의회,5) '최소'(minimal) 의회이며,6) 다당제와 직접선거가 도입되기 전까지 명실상부한 국민의 대표기관으로서의 역할을 수행할 수 없을 것이다.

2. 중국 의회의 역할 수행 I: 행정단위별 차이

중국 의회는 행정단위별로 수행하는 역할이 비교적 분명하게 차이가 난다. 구체적으로 전국인대는 입법을 중심으로, 현급 지방인대는 감독을 중심으로 일상 활동을 전개하며, 그래서 각각 입법과 감독을 중심으로 역할이 강화되었다. 성급 지방인대는 입법에 집중한다는 점에서는 전국인대와 유사하다. 그렇지만 이들은 전국인대와는 달리 감독도 비교적 활발히 전개하고 있으며, 동시에 각 관할구역에 있는 하급 의회의 활동 강화를 위해 정책을 마련하고 후원하는 역할을 수행한다. 이런 면에서 성급 지방인대는 전국인대와 현급 지방인대의 중간에 위치한다고 할 수 있다.

---

5) J. Blondel, *Comparative Legislatures*(Englewood Cliffs : Prentice-Hall, 1973), p. 137.
6) Michael L. Mezey, *Comparative Legislatures*(Durham : Duke University Press, 1979), pp. 36, 281.

〈표 2-1〉 전국인대와 지방인대가 제정 및 수정한 법률과 지방성법규(결의와 결정 포함) 현황

기간		법률(건)	지방성법규(건)
제5기 (1978~1982)	제1차(1978) 제2차(1979) 제3차(1980) 제4차(1981) 제5차(1982) 소계	14 13 12 17 56/11.2(연평균)	4 104 152 147 407/81.4(연평균)
제6기 (1983~1987)	제1차(1983) 제2차(1984) 제3차(1985) 제4차(1986) 제5차(1987) 소계	15 11 11 15 13 65/13(연평균)	95 117 83 142 193 630/126(연평균)
제7기 (1988~1992)	제1차(1988) 제2차(1989) 제3차(1990) 제4차(1991) 제5차(1992) 소계	22 11 20 16 17 86/17.2(연평균)	239 308 363 277 355 1,542/308.4(연평균)
제8기 (1993~1997)	제1차(1993) 제2차(1994) 제3차(1995) 제4차(1996) 제5차(1997) 소계	33 19 24 22 23 121/24.2(연평균)	436 841 854 783 1,468 4,382/876.4(연평균)
제9기 (1998~2002)	제1차(1998) 제2차(1999) 제3차(2000) 제4차(2001) 제5차(2002) 소계	20 24 16 23 29 112/22.4(연평균)	714 730 430 NA NA 1,874/624.7(연평균)
총계		440	8,781

주: 중국에서 지방성법규 제정권을 갖는 지방의회는 다음과 같다. 첫째, 성급 지방인대(31개). 둘째, 성급 지방정부 소재지(省會)의 지방인대(27개). 셋째, 국무원이 비준한 '비교적 큰 시'의 지방인대(18개). 넷째, 광동성의 선전, 산터우(汕頭), 주하이(珠海), 푸젠성(福建省)의 샤먼(厦門) 등 전국인대가 입법권을 준 지역의 지방인대(4개). 다섯째, 자치구·자치주·자치현 등 소수민족 자치 지역의 지방인대(87개). 이 표는 성급 지방인대를 포함한 전체 지방인대가 제정 및 수정한 지방성법규 통계이다.

자료: 법률은 全國人大常委會秘書處秘書組 編, 『中華人民共和國法律總目(2003年版)』(北京: 中國民主法制出版社, 2003), pp. 31-88; 지방성법규 중 제5~7기는 蔡定劍, "地方人大立法的發展成就和問題," 『人大工作通迅』 1994年 4期, pp. 19-21, 25; 田紀雲, "全國人大常務委員會工作報告," 『人大工作通迅』 1998年 6·7期, pp. 18-21; 지방성법규 중 제8~9기의 일부는 〈上海人大新息窓〉의 '地方性法規', http://www.spcsc.sh.cn/flfg.tlml (검색일 2001년 4월 21~25일).

지난 20여 년 동안의 전국인대 활동을 뒤돌아볼 때, "가장 특출한 성과"를 거둔 영역은 입법이다.7) 입법 산출과 입법 자율성 증가라는 두 가지 점에서 보았을 때 전국인대의 입법 역할은 분명히 강화되었다. 첫째, 개혁기에 전국인대가 제정한 법률(법률 관련 결정 포함)이 급격하게 증가했다. 전국인대와 국무원(國務院)이 1949년 9월부터 1978년 말까지 약 30년 동안 제정한 법률과 법률 관련 결정은 모두 134건이었다. 이 중에서 전국인대만이 제정할 수 있는 법률은 단지 15건—만약 세 차례(1954년, 1975년, 1978년) 제정된 헌법을 포함시키면 모두 18건—에 불과하고, 문화대혁명 10년 동안에는 단 한 건의 법률만이 제정되었다.8) 더욱 중요한 것은, 당시 중국은 법률이 아니라 공산당/정부의 정책과 명령에 의해 통치되던 시기로 대부분의 정책 결정은 전국인대가 아니라 공산당과 정부가 주도했다는 사실이다. 이에 비해 〈표 2-1〉에서 알 수 있는 것처럼 1979년부터 2002년까지 약 23년 동안 전국인대가 제정한 법률 및 법률 관련 결정은 모두 440건이나 된다. 이처럼 개혁기에 들어 전국인대의 입법 활동이 활발하다는 것은 전국인대의 입법 역할이 강화되었다는 사실을 보여 준다.

둘째, 전국인대의 입법 자율성, 즉 공산당의 간섭 없이 전국인대가 독자적인 판단 아래에서 법률을 제정할 수 있는 권한이 크게 신장했다. 입법 자율성의 증대는 전국인대의 입법 역할이 실제로 얼마나 강화되었나를 판단하는 매우 중요한 기준이 된다. 입법 산출이 아무리 증가했어도 만약 그것이 공산당과 정부가 주도권을 쥐고 있는 상태에서 전국인대가 단지 기술적·절차적 역할만 수행한 결과라고 한다면, 우리는 전국인대의 입법 역할이 강화되었다고 주장할 수 없기 때문이다.

전국인대의 입법 자율성은 1980년대 말부터 증대되었고, 1991년에 발표한 일명 중앙8호문건 즉, "입법 업무 지도 강화에 대한 중공 중앙의 약간의 의견"(中共中央關于加强立法工作領導的若干意見)이라는 공산당 중앙의 내부 문건에 의해 공식화되었다. 이에 따르면, 전국인대는 헌법이나 정치 관련 법률, 중요한 경제·행

---

7) 蔡定劍·王晨光 主編, 『人民代表大會二十年發展與改革』(北京 : 中國檢察出版社, 2001), p. 47.
8) 全國人大常委會秘書處秘書組 編, 『中華人民共和國法律總目(2003年版)』, pp. 89-105.

정 관련 법률을 제외한 나머지 법률을 제정할 때에는 공산당 중앙에 보고할 필요 없이 독자적인 판단 아래 법률을 제정할 수 있다.9) 이것은 전국인대가 모든 법률에 대해 사전에 공산당 중앙에 보고하고 입법을 추진해야 했던 1980년대 말 이전의 관행에 비추어 볼 때 획기적인 것이었다. 그래서 전국인대 지도부는 공산당 중앙이 이 "의견"을 통해 "전국인대가 헌법에 근거하여 효과적으로 입법권을 행사하는 것을 충분히 존중하고 지지"했다고 높이 평가했다.10)

한편 전국인대의 감독은 전보다는 강화되었지만 입법과 비교했을 때, 또한 지방인대의 감독과 비교했을 때 그렇게 만족스러운 것은 아니다. 의회의 대정부 감독에서 가장 중요한 영역이며 동시에 수단인 예산안 심의를 살펴보자. 전국인대는 정부 예산감독을 강화하기 위해 1990년대 중반 이후 많은 노력을 기울였다. 1998년 12월에는 이를 전담하는 전국인대 상무위원회 예산공작위원회(豫算工作委員會)를 신설했고, 1999년 12월에는 예산편성 및 심사와 관련하여 〈전국인대 상무위원회의 중앙 예산심사감독을 강화하기 위한 결정〉을 통과시켰다. 그렇지만 현재까지 전국인대의 재정감독이 그렇게 힘 있게 전개되고 있다고 말할 수 없다. 예를 들어, 예산편성 및 집행을 전문적으로 감독하는 예산공작위원회에는 겨우 5~6명의 인원이 있을 뿐이다.11) 또한 예산안 심사는 구체적인 항목과 계수가 아니라 예산편성의 기본 원칙에 대한 추상적인 차원의 심사에 국

---

9) 조영남, 『중국 정치개혁과 전국인대』, pp. 271-271 ; Tanner, *The Politics of Lawmaking in China*, pp. 398-400.
10) 彭沖, 『民主法制論』(北京 : 中國民主法制出版社, 1993), p. 174.
11) 전국인대 상무위원회 고위 공직자와의 인터뷰 : 2001년 4월 5일, 톈진시. 참고로 미국 의회의 경우에는 상황이 다르다. 우선, 미국 의회에는 정부의 예산심사를 지원하는 일반회계처(General Accounting Office)가 있다. 여기에는 약 5,000명의 직원이 있는데, 이들 중에서 직접적으로 의회를 위해 일하는 인원은 약 1,600명 정도이다. 이들은 매년 의회의 요구에 따라 800건 이상의 보고와, 1,500건 이상의 회계 및 조사 업무를 수행한다. 이외에도 미국 의회에는 1974년 〈의회 예산 및 지출 거부 통제법〉(Congressional Budget and Impoundment Control Act)에 의해 신설된 의회 예산국(Congressional Budget Office)이 있다. 여기에는 약 200명의 경제 전문가, 회계사, 예산 전문가가 소속되어 의회의 예산심사를 지원한다. 박찬욱, "미국과 영국 의회의 정책집행감독 활동," 『한국정치학회보』 제29집 제3호(1995), p. 478 ; David J. Volgar, *The Politics of Congress*(6th edition)(Madison : Brown & Benchmark Publishers, 1993), pp. 40-41.

한된다. 그 밖에 예산안 심사 방식도 세목별 심사가 아닌 일괄 심사 방식으로 진행됨으로써 전국인대는 예산안의 구체적인 액수를 조정할 수 없는 등 여러 가지 문제가 지금도 계속되고 있다.12)

지방인대의 활동과 관련하여, 1980년대 초부터 중국 의회 지도자와 일선 활동가들은 감독이 지방인대의 가장 중요하며 일상적인 활동임을 지적해 왔다.13) 제4장과 필자의 다른 연구에서 지적했듯이, 개혁기에 들어 지방의회는 감독에 많은 시간과 노력을 투자했고, 실제로 이 영역에서 적지 않은 성과를 거두었다.14) 특히 현급 지방인대는 몇 가지 이유 때문에 감독에 더욱 집중했다. 우선, 이들은 성급 지방인대와 달리 입법권이 없기 때문에 감독에 집중했다. 또한, 현급 지방인대 대표는 성급 지방인대 및 전국인대 대표와 달리 유권자의 직접선거로 선출되기에 대정부 감독과 관련해서 지역 주민들의 요구에 좀 더 민감할 수밖에 없다. 마지막으로, 이들은 향급 지방인대와는 달리 독자적이고 일상적으로 감독 활동을 전개할 수 있는 상설조직(지방인대 상무위원회와 전문위원회)을 갖추고 있다.

의회가 국가기관을 감독할 때에는 다양한 방법을 사용한다. 우선, 헌법과 법률이 부여한 감독 수단(法定手段)이 있다. 매년 개최되는 연례 회의와 두 달에 한 번 개최되는 지방인대 상무위원회 회의에서 의회는 정부 업무보고를 청취 및 심의한다. 또한 의회는 필요할 경우 특정 문제와 관련하여 정부 부서에 문제를 제기하고 해명을 듣는 질문권을 행사하거나 특정문제조사위원회를 구성하여 그 문제를 깊이 있게 조사하고, 그 결과에 입각해 필요한 조치를 취하기도 한다. 그 밖에도 지방인대 대표들은 연례 회의 개최 전에 집단적으로, 또는 단독으로 시찰 활동을 전개한다.

---

12) 조영남, 『중국 정치개혁과 전국인대』, pp. 339-404.
13) 全國人大常委會辦公廳研究室 編, 『地方人大是怎樣行使職權的』(北京 : 中國民主法制出版社, 1992), p. 284 ; 全國人大常委會辦公廳研究室 編, 『我國當前法律實施的問題和對策』(北京 : 中國民主法制出版社, 1997), pp. 7-8 ; 廣東省人大制度研究會 外 主編, 『依法治省的探討』(北京 : 中國民主法制出版社, 1997), p. 146.
14) Cho, "Symbiotic Neighbor or Extra-Court Judge?," pp. 1068-1083.

그런데 법정감독 수단은 주로 개회 중 비교적 까다로운 절차를 거쳐야만 사용할 수 있기 때문에 시간 및 절차에서 한계가 있고, 실제 감독 효과 면에서도 문제가 있다. 이 때문에 의회는 감독을 강화하기 위해 1980년대 초부터 법률에 규정되어 있지 않은 다양한 방법을 개발했다. 예를 들어, 국가기관의 법률 및 정책집행 상황을 조사하고 문제점을 찾아내어 시정하도록 조치를 취하는 법률집행감독이 있다. 이것은 일부 의회가 1980년대 초반 개발하여 1990년대 들어서는 전국적으로 사용된 방법이다. 의회가 국가기관과 그 구성원을 대상으로 직무수행 정도를 조사하고 평가하는 직무평가도 역시 1980년대 초반 일부 지역의 의회가 사용하기 시작하여 1990년대에는 전국적으로 확산된 방법이다. 여기에는 지방인대 상무위원회 위원이 주요 고위 공직자를 대상으로 전개하는 인사직무평가(述職評議)와 일반 대표들이 특정 부서를 대상으로 전개하는 대표직무평가(代表評議, 民主評議) 두 가지 방법이 있다. 전자의 경우, 평가 위원들이 평가회의에서 투표를 하기도 하며, 그 결과에 따라 고위 공직자를 파면하는 경우도 있다. 그래서 직무평가는 법률집행감독보다 감독 효과 면에서 훨씬 뛰어난 것으로 평가받고 있다.

이 밖에도 정부 각 부서가 자기 부서와 관련이 있는 법률을 구체적으로 분류 및 할당하고 그것의 집행에 책임을 지는 법률집행책임제(部門執法責任制), 의회가 특정 정부 부서의 문제점을 지적하여 정해진 기간 안에 문제를 해결할 것을 요구하고 만약 그렇지 않을 경우 관련 책임자를 처벌하는 법률감독서(法律監督書) 제도, 정부 법률집행부서 및 법원·검찰의 잘못된 판결과 법률집행을 추궁하여 책임을 묻는 오심책임추궁제(錯案責任追究制), 사법 감독의 한 형태로 법원의 개별 판결을 감독하는 개별안건감독 등이 있다.15)

성급 지방인대는 전국인대처럼 입법 산출과 입법 자율성 두 가지 면에서 보았을 때 입법 역할이 매우 강화되었고 말할 수 있다. 구체적으로 〈표 2-1〉이

---

15) 程湘淸 外, 『國家權力機關的監督制度和監督工作』(北京 : 中國民主法制出版社, 1999), pp. 44-46 ; 楊逢春 主編, 『在省級人大工作崗位上』(北京 : 中國民主法制出版社, 1997), pp. 378-379.

보여 주는 것처럼 성급 지방인대의 입법 산출은 급격하게 증가했다.16) 특히 제8기 전국인대 시기(1993~1997) 동안, 입법권을 행사하는 전국의 지방의회는 매년 평균 876건의 지방성법규(결의 및 결정 포함)를 제정하거나 수정했다. 그 결과 2003년 전국에는 약 8,000건이 넘는 지방성법규가 있다. 만약 전국인대가 제정한 440건의 법률(및 결정)과 국무원이 제정한 약 800건의 행정법규를 여기에 더하면, 중국에는 9,000건이 넘는 각종 법률 및 법규가 존재하는 것이다.

〈표 2-2〉 상하이시 1980~2000년 지방성법규 및 행정규장 통계표

연도	총수(건)	지방성법규		행정규장		법규/규장 비율(%)
		수(건)	비율(%)	수(건)	비율(%)	
1980~1989	451	50	11.08	401	88.92	12.47
1990~1996	408	84	20.58	324	79.42	25.93
1996~2000	183	69	37.71	114	62.29	60.53
총계	1,042	203	19.48	839	80.52	24.20

주: 지방성법규는 상하이시 인대가, 행정규장은 상하이시 정부가 제정한 것이다.
자료: 應松年·袁曙弘. 主編, 『走向法治政府: 依法行政理論硏究與實證調査』(北京: 法律出版社, 2001), p. 506.

성급 지방인대와 정부가 각각 제정하는 지방성법규(地方性法規)와 행정규장(行政規章)의 증가 규모를 비교해 보아도 의회의 입법 역할이 강화되었음을 알 수 있다. 상하이시를 예로 들면, 〈표 2-2〉가 보여 주는 것처럼, 1980년대 이후 지금까지 의회가 제정하는 법규는 지속적으로 증가하고 있는 반면 정부가 제정하는 행정규장은 감소하고 있다. 이것은 중국에도 '의법치국'이 실시되면서 기존의 행정 편의주의적 관행, 즉 정부가 의회의 법규제정을 통해 문제를 처리하지 않고 사안이 있을 때마다 자신에게 유리한 행정규장을 제정하여 집행하는 관행이 시정되어 가고 있음을 보여 준다. 이렇게 되면서 입법과 관련된 제반 정치

---

16) 〈표 2-1〉의 주에서도 밝혔듯이, 성급 지방인대 외에도 다른 몇 가지 범주의 지방의회도 입법권을 행사한다. 따라서 〈표 2-1〉의 지방성법규를 모두 성급 지방인대가 제정한 것은 아니다. 그렇지만 지방성법규의 가장 중요한 제정 주체는 성급 지방인대(전체 지방성법규의 70% 이상 제정)이며, 따라서 〈표 2-1〉의 통계는 성급 지방인대의 입법 산출 경향을 보여 준다는 점은 변함이 없다.

과정에서 의회의 역할은 점차로 증가하고 반면 정부의 역할은 축소되고 있다. 단 정부가 제정하는 행정규장이 여전히 다수(1996-2000년 기간 동안 전체 183건의 지방 성법규 및 행정규장 중 의회가 제정한 법규는 69건으로 전체의 37.71%)를 차지한다는 점에서 지방입법에서 정부의 중요성은 무시할 수 없다.

성급 지방인대의 입법 자율성 증가도 전국인대와 대동소이하다. 즉, 1990년대 들어서 의회는 중요하거나 정치적으로 민감한 법규를 제정할 때 공산당에 보고하는 것을 제외하고 일반적인 법규는 자신들의 판단과 권한 아래에서 법규를 제정할 수 있게 된 것이다. 예를 들어, 상하이시 인대의 경우, 2000년부터 최근까지 의회가 입법 과정에서 공산당에 사전 비준을 요청한 개별 법안은 한 건도 없었다고 한다. 특히 황쥐(黃菊) 당 서기 재임 기간 동안 상하이시 인대의 입법 자율성은 비교적 철저히 보장되었다고 평가되고 있다.17)

한편 성급 지방인대는 전국인대와는 달리 감독도 적극적으로 전개했고 일부 지역의 경우에는 입법뿐만 아니라 감독에서도 적지 않은 성과를 거두었다. 첫째, 성급 지방인대는 전국인대와는 달리 인사직무평가나 대표직무평가, 개별 안건감독 등 법률에는 없지만 뛰어난 감독 효과를 자랑하는 새로운 감독 수단을 채택했다. 예를 들어, 2002년 전국 31개 성급 지방인대 중에서 톈진시와 티베트 자치구(西藏自治區)를 제외한 29개 의회가 대표직무평가제도를 도입했다. 둘째, 일부 성급 지방인대는 전국인대와는 달리 질문권과 특정문제조사위원회 구성 등 비교적 강력한 법정감독 수단을 사용하여 감독 활동을 전개했다. 1996년 쓰촨성(四川省) 인대가 쓰촨성 고등법원을 대상으로, 1999년 허난성(河南省) 인대가 정부를 대상으로 질문권을 행사한 것은 대표적인 예이다.18) 셋째, 일부 성급 지방인대는 자신이 새로운 감독 방법을 채택할 뿐만 아니라 좌담회 개최, 관련 법규제정 등의 방식을 통해 관할 안에 있는 하급 의회가 감독 활동을 적극적으로 전개하도록 격려하고 지원했다. 저장성 및 산시성(陝西省) 인대는 현급 지방인대가 인사직무평가감독을 도입하도록 적극 격려했고, 그 결과 1995년 저장성의

---

17) 상하이시 인대 고위 관계자와의 인터뷰 : 2003년 8월 8일과 13일, 상하이시.
18) 蔡定劍·王晨光, 『人民代表大會二十年發展與改革』, pp. 270-271.

경우는 약 90%의 현급 지방인대가, 산시성의 경우는 100%의 현급 지방인대가 인사직무평가감독을 도입했다.19)

이상에서 살펴보았듯이, 중국 의회는 행정단위에 따라 역할 수행 면에서 비교적 분명한 차이를 보이고 있다. 그렇다면 왜 이러한 차이가 발생하는가? 필자는 크게 세 가지 원인을 들고 싶다. 즉, 법적·제도적 원인, 현실적인 필요, 그리고 실제권력 관계가 그것이다. 이 중에서 가장 중요한 것은 세 번째이다.

먼저, 법적·제도적 원인을 살펴보자. 중국 의회제도에 따르면 현급 지방인대는 입법권이 없다. 그래서 이들은 감독에 집중할 수밖에 없고, 이 때문에 이들의 역할 강화는 주로 감독 영역에서 이루어졌다. 이 주장은 타당하지만 한계 또한 분명하다. 즉, 이 관점은, 전국인대와 성급 지방인대는 입법권뿐만 아니라 감독권도 가지고 있는데, 왜 감독은 입법에 비해 그렇게 강화되지 않았는가를 제대로 설명할 수 없다. 또한 이 관점에서는, 중국의 모든 의회가 동일하게 감독권을 갖고 있는데, 왜 유독 현급 지방인대만이 감독권을 제대로 행사하고 있는가를 설명하지 못한다.

이에 비해 중국의 현실적인 필요 때문에 전국인대와 성급 지방인대의 입법 역할이 강화되었다는 주장이 더 설득력이 있어 보인다. 이 설명에 따르면, 중국이 소유제도의 다양화, 시장제도의 도입, 경제적 대외개방, 분권화를 핵심 내용으로 하는 개혁개방정책을 실시하면서 이에 필요한 법률체제를 신속하게 수립해야 했고, 이 때문에 입법권을 가진 전국인대와 성급 지방인대는 감독이 아닌 입법에 전념하게 되었다. 그 결과 전국인대와 성급 지방인대는 감독에 비해 입법 역할이 강화되었다는 것이 이 설명의 핵심 주장이다. 이 설명도 한계는 있다. 즉, 이 주장은 지금까지 전국인대와 성급 지방인대가 감독을 강화하기 위해 많은 노력을 경주했지만 감독은 크게 강화되지 않았다는 사실을 제대로 설명할 수 없다. 앞에서도 말했듯이, 전국인대는 지금까지 예산편성 및 집행에 대한 감독을 강화하려고 여러 가지 시도를 했다. 그렇지만 지금까지 이 영역에서 뚜렷한 성과를 내지 못하고 있다.

---

19) 程湘清 外, 『國家權力機關的監督制度和監督工作』, p. 213.

중국 정치체제에서 공산당과 다른 국가기관이 맺고 있는 실제 권력관계, 즉 '당정 관계' 때문에 이러한 현상이 발생한다는 주장이 설득력을 갖는 것은 이와 같은 이유 때문이다.20) 현재 공산당·의회·정부 사이의 법적 관계와 실제 권력 관계 사이에는 심한 괴리가 존재한다. 법적으로 전국인대는 중국의 '최고권력기관'이고, 지방인대는 해당 지역의 '국가 권력기관'이다. 이에 비해 정부는 의회의 집행기관에 불과하다. 법적으로 보면 공산당도 헌법 및 법률의 테두리 안에서 활동하면서 의회의 법률감독을 받아야 하는 정치조직이다. 이처럼 법적인 측면에서 보면 전국인대와 지방인대는 입법뿐만 아니라 감독에서도 자신에게 주어진 권한을 행사할 수 있고, 그 결과 행정단위별로 역할 수행 면에서 차이가 나는 현상은 나타나지 않아야 한다.

그러나 실제는 그렇지 않다. 우선, 공산당은 공산당이 간부를 관리한다는 원칙(黨管幹部原則)에 따라 국가기관과 사회단체의 고위직 인사에 대한 추천권(사실상의 결정권)을 행사한다. 이 때문에 전국인대와 지방인대의 인사와 관련된 감독은 제약을 받을 수밖에 없다. 정책 결정권도 마찬가지이다. 즉, 공산당은 주요 정책에 대한 결정권을 보유한 사회주의 사업의 '지도'(領導) 중심이고, 의회와 정부는 각기 자신의 영역에서 이것을 집행하는 국가기관일 뿐이다. 이 때문에 공산당과 의회 사이의 실제 권력관계에서 의회는 절대적인 열세에 있다.

한편 각 국가기관의 실제 정치적 지위는 법적 지위와는 달리 그들 지도부가 공산당 안에서 어떤 지위를 차지하느냐에 따라 결정된다. 이런 면에서 보면 전

---

20) 주광레이에 따르면, '당정 관계'는 중국의 가장 기본적인 정치 관계이고, 중국의 각종 정치 관계와 중요한 정치 현상은 일정 정도 당정 관계의 요소를 포함하고 있다. 따라서 우리가 중국의 정치체제와 정치 과정을 이해하려면 반드시 당정 관계를 이해해야 한다. 朱光磊, 『當代中國政府過政』(天津 : 天津人民出版社, 1997), pp. 71-74. 시핑 정(Shiping Zheng)도 이와 유사하게 공산당과 국가의 갈등과 대립의 관점, 즉 당정 관계에서 중국의 국가 건설을 분석하고 있다. 이에 따르면 1949년 이후 지금까지 중국의 국가 건설에서 최대 걸림돌은 바로 공산당 자신이며, 공산당은 현재 혼란에 빠져 있는 데다 국가는 아직 13억 중국인을 잘 조직할 능력을 갖추고 있지 못해 중국은 위기에 처해 있다고 한다. Shiping Zheng, *Party vs. State in Post-1949 China : The Institutional Dilemma*(Cambridge : Cambridge University Press, 1997), pp. 3-22.

국인대가 아닌 국무원이, 지방인대가 아닌 지방정부가 실제 권력 면에서 우월한 위치를 차지하고 있다.21) 정부 지도부의 당내 지위가 의회 지도부의 당내 지위보다 높기 때문이다. 중국에서 "국가에서는 의회가 정부를 감독하지만, 당에서는 정부가 의회를 감독한다."라는 말이 있는 것은 이 때문이다.

물론 그동안 공산당은 의회가 정부보다 정치적 지위가 낮아 발생하는 문제점을 해결하기 위해 여러 가지 노력을 기울였다. 지방인대 주임(主任, 의회 의장)이 지방 공산당 위원회의 상무위원이 아닌 경우에도 공산당 상무위원회 회의에 참석하여 발언할 수 있도록 한 배석제도(列席制度)의 도입은 중요한 의미를 갖는 조치였다. 또한 2002년 11월 공산당 제16차 당대회를 전후해 실시한 성급 지도부 인선에서, 전국 31개 성(자치주·직할시) 중 23개 지역(전체의 74.1%, 이전에는 전체의 32.2%)에서 당 서기가 성급 지방인대 주임을 겸임하게 한 것도 의회의 정치적 지위를 제고하기 위한 노력이라고 할 수 있다.22) 이런 면에서 보면 의회의 정치적 지위가 전보다 향상된 것은 사실이다. 그렇지만 이런 국부적인 노력에 의해 실제 권력관계에서 공산당이 정점에 있고, 그 뒤에 정부가, 그리고 마지막에 의회가 위치하는 이전의 구도가 바뀐 것은 아니다.

이런 이유 때문에 전국인대와 성급 지방인대의 감독은 심한 제약을 받는다. 왜냐하면 입법과는 달리 의회의 대정부 감독은 정부, 경우에 따라서는 공산당의 권한을 통제하는 것이고, 이때에는 이들 사이의 법적 관계가 아니라 실제 권력관계가 문제가 되기 때문이다. 이렇게 되면 권력관계에서 약자인 의회는 대정부 감독을 제대로 전개할 수 없다. 예를 들어, 전국인대가 감독 결과에 근거해서 국무원 부서 책임자(부장·주임)를 파면한다는 것은 현재로서는 상상하기 어렵다. 이것은 의회가 공산당의 인사권에 도전하는 것으로 비쳐질 수 있기 때

---

21) 조영남, 『중국 정치개혁과 전국인대』, pp. 248-261.
22) 連玉明 主編, 『中國國政報告-體驗"兩會"問題中國新語態』(北京: 中國時代經濟出版社, 2003), pp. 15-16. 그런데 공산당 서기가 인대 주임을 겸임하게 한 다른 한 측면에는 공산당이 의회를 좀 더 철저하게 통제하겠다는 뜻도 포함되어 있다. 지방의회의 역할이 강화되면서 일부 지방의회 대표들이 공산당이 추천한 정부 고위직 인사 후보나 업무보고를 부결시키는 경우가 종종 발생했기 때문이다.

문이다. 성급 행정단위에도 마찬가지이다. 이처럼 공산당·정부·의회 사이의 실제 권력관계로 인해 전국인대와 성급 지방인대의 감독 역할은 지금까지 크게 강화될 수 없었다.

감독과 관련하여 현급 지방인대는 전국인대나 성급 지방인대에 비해 유리한 위치에 있다. 우선, 이들은 중앙 및 성급 단위의 지지 속에서 좀 더 과감하게 감독에 나설 수 있고, 실제로 여러 곳에서 감독 후 심각한 문제가 발견된 정부 부서 책임자를 파면했다. 1989년 톈안먼(天安門)사건 이후, 공산당은 당 간부 및 정부 공직자의 부패 문제가 정권의 생존에 직접적인 영향을 미치는 중대한 문제라는 판단 아래 이를 해결하기 위해 여러 가지 방법을 동원했다. 그중 하나가 바로 의회를 통해 지방정부와 공무원을 감독하는 것이다. 이 때문에 지방정부는 자신의 의지나 선호와는 상관없이 공산당 중앙과 성급 공산당 위원회의 정책에 의해 의회의 감독을 수용할 수밖에 없었다. 이러한 추세는 1990년대 들어 의법치국이 실행되면서 더욱 강화되었다. 그 결과 현급 지방인대는 비록 동급 행정단위의 실제 권력관계에서 공산당 및 정부에 비해 열세에 있다는 점에서는 전국인대 및 성급 지방인대와 크게 다르지 않지만, 중앙 및 성급 행정단위 공산당의 강력한 지지 속에서 활동할 수 있다는 점에서는 큰 차이가 있다. 이러한 지지에 힘입어 현급 지방인대는 좀 더 과감하게 감독을 전개할 수 있었고, 그 결과 이들의 감독 역할이 강화되었다.

또한 우리가 중국 의회의 감독을 이해할 때에는 '의회 대 정부'의 대립과 함께 '중앙 대 지방'의 대립이 존재한다는 사실을 기억해야 한다. 중국 의회조직도 공산당이나 정부조직처럼 의회계통(人大系統)의 독자적인 이익을 위해 전국인대가 중심이 되어 상하급 의회가 서로 긴밀히 협조하면서 의회의 위상 제고와 역할 강화를 위해 끊임없이 노력한다. 이런 면에서 중앙에서 지방에 이르기까지 상하급 의회 사이에는 강한 연대가, 의회와 정부 사이에는 일정한 갈등과 대립이 존재한다. 그러나 이와 동시에 '중앙'의 일원인 전국인대는 공산당 중앙 및 국무원과 함께 공산당 정권 유지와 중앙 권력의 유지·확대라는 동일한 이해를 가지고 있다. 이 때문에 전국인대는 종종 의회의 수장이 아니라 중앙의 일원으로서 지방 문제에 공동 대응한다. 전국인대가 공산당 중앙과 함께 부패 방지를 위해 의회의 감독 활동 강화를 후원하는 것은 대표적인 예이다.

각급 지방의회도 이와 유사하다. 의회는 특정 지역 또는 '지방'의 일원으로 해당 지역의 공산당 위원회 및 정부와 동일한 이해를 가지고 있으며, 자기 지역의 이익을 확대하기 위해 중앙과 타 지역(지방)에 공동 대응한다. 자기 지역의 의견을 무시하고 중앙이 추천한 성장(省長)과 부성장 등 국가기관 책임자를 일부 성급 지방인대가 연례 회의에서 낙선시킨 경우,23) 특정 지역 출신의 전국인대 대표들이 지역 당정 지도자들과 함께 지역 경제발전에 필요한 조례를 제정하기 위해 공동으로 중앙에 지방 입법권을 요청한 경우는 대표적인 예이다.24)

이런 면에서 보면 지방에 만연한 부패 문제를 막고 행정의 효율화를 도모하기 위해 공산당 중앙, 전국인대, 국무원은 공동으로 의회의 감독 역할을 강화하는 정책을 실시할 수 있다. 즉, 전국인대뿐만 아니라 공산당 중앙과 국무원의 입장에서 보았을 때에도 지방의회가 지방정부를 감독하는 것이 자신에게 불리할 것이 없다는 것이다. 이 때문에 '중앙'의 지지 아래 현급 지방인대의 감독은 전국인대나 성급 지방인대의 감독보다 훨씬 강화될 수 있었다.

---

23) 한 통계에 따르면, 1988년 성급 지방인대가 정부 및 법원·검찰원 책임자를 선출할 때, 18개 성(자치주·직할시)에서 공산당 중앙이 추천한 712명의 후보 중 49명이 50% 이상의 득표에 실패했다(4%의 부결률). 蔡定劍, 『中國人大制度』(北京: 中國社會科學文獻出版社, 1993), p. 304.

24) 1998년 3월에 개최된 제9기 전국인대 제1차 회의에서, 저장성 원저우시(溫州市) 출신의 전국인대 대표들은, 원저우시를 지방 입법권을 갖는 '비교적 큰 도시'로 지정해 줄 것을 요청하는 아홉 번째 건의안을 전국인대에 제출했다. 이렇게 한 이유는, 원저우시가 국무원이 지정하는 비교적 큰 도시가 되면 원저우시 인대는 독자적인 지방성법규 제정권을 갖게 되어 외자유치조례 등 지역 경제발전에 필요한 각종 조례를 제정할 수 있기 때문이다. 실제로 같은 저장성에 위치하면서 지방 입법권을 가지고 있는 항저우시(杭州市)와 닝보시(寧波市)는 지역 경제발전에 이를 적극적으로 활용하였다. "溫州渴望'變'大," 『中國經濟時報』 1998年3月6日.

3. 중국 의회의 역할 수행 II : 지역별 차이

경제발전이 정치발전(민주화)에 어떤 영향을 미치는가에 대한 연구는 정치학의 오래된 주제이면서 동시에 매우 중요한 주제이다. 이와 관련해서는 경제발전이 직접적으로 정치발전과 관련이 있다는 세이무어 립셋(Seymour M. Lipset)의 근대화론 이후 다양한 논의가 있었다. 특히 제3세계의 정치발전과 1980년대 후반 이후 사회주의 국가의 민주주의 이행과 관련하여 다양한 관점에서 많은 연구가 진행되었다.25)

경제발전과 정치발전 사이의 관계라는 관점에서 중국의 정치개혁을 분석한 연구도 있다. 경제발전과 촌민위원회 민주선거의 관련성을 분석한 연구가 바로 그것이다. 예를 들어, 경제가 발전한 지역일수록 촌민위원회가 민주적으로 구성 및 운영된다는 연구(Kevin O'Brien)가 있는가 하면, 경제발전과 촌민위원회 민주선거 사이에는 반비례 관계에 있다는 연구(Jean Oi, Susan Lawrence)도 있다. 또한 이와는 달리 촌민위원회는 경제가 중간 수준으로 발전한 지역에서 민주적으로 구성 및 운영된다는 주장(Tianjian Shi)도 제기되었다.26) 앞에서 말했듯

---

25) 이에 대해서는 Seymour M. Lipset, "Some Social Requisites of Democracy : Economic Development and Political Legitimacy," *American Political Science Review*, Vol. 53, No. 1(March 1959), pp. 69-105 ; Doh Chull Shin, "On the Third Wave of Democracy : A Synthesis and Evaluation of Recent Theory and Research," *World Politics*, Vol. 47, No. 1(October 1994), pp. 135-170 ; Adam Przeworski and Fernando Limongi, "Modernization : Theories and Facts," *World Politics*, Vol. 49, No. 2(January 1997), pp. 155-183 참조.

26) Kevin J. O'Brien, "Implementing Political Reform in China's Villages," *Australian Journal of Chinese Affairs*, No. 32(July 1994), pp. 33-60 : Susan Lawrence, "Village Representative Assemblies : Democracy, Chinese Style," *Australian Journal of Chinese Affairs*, No. 32(July 1994), pp. 61-68 ; Jean C. Oi, "Economic Development, Stability and Democratic Village Self-governance," Maurice Brosseau, Suzanne Pepper and Tang Shu-ki eds., *China Review 1996*(Hong Kong : Chinese University Press, 1996), pp. 125-144 ; Tianjian Shi, "Economic Development and Villagers' Elections in Rural China," *Journal of Contemporary China*, Vol. 8, No. 2(1999), pp. 425-442 ; Jean C. Oi and Scott Rozelle, "Elections and Power : The Locus of Decision-Making in Chinese

이 필자도 톈진시 지역을 사례로 경제발전과 지방의회의 역할 강화 사이의 관계에 대해 초보적으로 분석한 적이 있다.

그렇다면 경제발전과 중국 의회의 역할 수행 사이에는 어떤 연관이 있는가? 먼저 지적할 것은 현재 상황에서 이 문제를 정확히 분석하는 것은 쉽지 않다는 사실이다. 예를 들어, 의회의 감독 역할 수행 정도를 평가할 수 있는 객관적인 기준이 존재하지 않기 때문에 우리는 감독과 관련하여 의회의 역할 수행 정도를 정확히 평가할 수 없다. 입법의 경우, 입법 산출 통계는 의회의 입법 역할 수행 정도를 보여 주는 중요한 지표가 된다. 그렇지만 그것이 의회의 입법과 관련된 '질적 활동'까지 보여 주는 것은 아니다. 실제로 많은 지역의 의회는 법규를 제정할 때 상위 법률이나 다른 지역의 법규를 그대로 베껴 오는 경우가 있다. 따라서 이 연구에서 주장하는 내용은 어디까지나 초보적이고 가설적인 것이다.

결론적으로 말하면 경제발전과 의회의 역할 강화 사이에는 제한된 의미에서만 관계가 있다. 즉, 입법의 경우 경제가 발전한 지역의 의회가 그렇지 못한 지역의 의회에 비해 매우 활발한 활동을 전개하고 있고, 이런 면에서 경제발전은 의회의 입법 역할 강화에 기여했다고 말할 수 있다. 그러나 감독의 경우는 그렇지 않다. 즉, 경제가 발전한 지역에 위치한 의회가 반드시 감독에 더 적극적인 것은 아니다.

Village," *China Quarterly*, No. 162(June 2000), pp. 513-539.

〈표 2-3〉 성급 지방인대의 지방성법규(결의와 결정 포함) 제정 및 수정 현황

지역\연도	80	81	82	83	84	85	86	87	88	89	90	91	92	93	94	95	96	97	98	99	00	계
베이징(北京)	2	2	3	6	7	3	7	6	6	5	9	7	6	13	23	15	15	44	14	14	4	211
톈진(天津)	1	10	10	4	9	6	11	9	4	9	5	9	6	20	22	14	18	26	9	12	2	216
상하이(上海)	3	1	2	8	1	9	7	10	14	8	13	5	9	8	16	17	17	13	53	14	23	251
허베이(河北)	2	1	4	2	11	7	6	6	8	10	14	8	16	23	23	31	19	42	18	21	11	283
산시(山西)	6	4	3	3	5	5	7	9	11	11	7	6	6	10	16	24	23	37	17	16	10	236
네이멍구(內蒙古)	2	3	2	5	2	6	2	2	3	10	6	6	10	5	15	14	11	25	20	21	5	175
랴오닝(遼寧)	8	7	7	7	4	3	10	5	8	5	13	5	4	10	22	25	26	25	17	18	6	235
지린(吉林)	4	5	6	4	12	6	13	9	13	13	11	10	18	16	25	18	29	61	15	13	10	311
헤이룽장(黑龍江)	5	2	4	6	8	3	11	6	15	14	6	12	4	13	24	23	16	35	20	21	13	261
장쑤(江蘇)	5	4	5	5	9	3	6	6	9	6	8	9	9	12	21	15	12	52	8	17	9	230
저장(浙江)	2	11	5	3	3	9	3	8	8	12	8	6	5	11	15	19	12	30	10	9	9	198

지역\연도	80	81	82	83	84	85	86	87	88	89	90	91	92	93	94	95	96	97	98	99	00	계
안후이(安徽)	2	7	3	2	11	3	3	7	9	10	8	5	9	7	15	17	17	42	14	20	9	220
푸젠(福建)	3	5	4	2	11	14	4	7	9	5	10	12	12	15	24	18	21	19	19	8	8	230
장시(江西)	4	5	4	4	4	5	4	9	6	7	7	4	6	7	22	21	12	37	12	11	11	202
산둥(山東)	5	7	8	3	5	5	6	6	11	15	12	11	10	9	25	17	14	16	12	12	10	219
허난(河南)	4	6	5	6	10	7	9	4	7	7	12	4	3	12	25	19	15	39	14	16	10	234
후베이(湖北)	2	3	3	2	11	5	6	7	4	5	4	5	5	4	15	14	16	17	15	19	9	171
후난(湖南)	3	3	3	5	7	3	7	8	10	7	7	5	7	9	24	18	17	56	11	14	16	234
광둥(廣東)	4	8	7	4	5	6	11	6	5	4	8	10	24	25	19	47	41	32	15	308		
광시(廣西)	3	2	1	2	9	4	4	5	2	6	3	5	11	22	12	18	47	6	11	3	183	
하이난(海南)									5	4	5	4	2	12	15	18	21	18	19	22	7	149
쓰촨(四川)	3	4	2	5	8	2	7	6	12	5	11	12	11	10	12	27	23	51	12	18	8	249

지역\연도	80	81	82	83	84	85	86	87	88	89	90	91	92	93	94	95	96	97	98	99	00	계
구이저우(貴州)	4	5	1	4	7	4	9	10	12	9	6	5	6	4	14	14	17	13	6	12	6	168
윈난(雲南)	4	4	2	7	1	7	3	10	8	3	12	4	4	8	7	14	23	12	25	14	21	15	204
시짱(西藏)			3	4	3	2		2	3	2	4	9	1	4	3	12	8	3	23	5	7	7	105
산시(陝西)	1	5	4		7	3	2	3	6	8	6	10	6	6	20	12	14	22	14	12	11	172
간쑤(甘肅)	1	3	1	5	2	6	3	4	9	12	10	12	6	6	15	12	9	51	10	19	12	208
칭하이(青海)	6	2	4	4	4	1	2	4	6	4	6	6	13	7	10	9	11	9	9	13	7	137
닝샤(寧夏)	2	2	8	7	1	4	4	3	1	8	11	3	2	5	10	13	8	21	12	11	4	140
신장(新疆)	4	3	4	5	2	1	6	8	7	5	5	6	9	12	17	14	16	6	9	10	152	

주: 1. 1997년 직할시로 승격된 충칭시(重慶市)는 통계에서 제외했다.
    2. 이 표는 지방성법규 제정권을 갖고 있는 지방인대 중에서 성급 지방인대의 입법 활동만을 정리한 것이다. 동시에 이 표는 성급 지방인대가 제정한 지방성법규 수가 아니라 제정 및 수정한 법규, 법규와 관련한 각종 결의와 결정을 모두 포함한 것이다. 따라서 이 표는 성급 지방인대의 입법

활동 빈도수를 보여 주는 것이라고 할 수 있다.

자료: 〈上海人大新息窓〉의 "地方性法規," http://www.spcsc.sh.cn/flfg.tlml(검색일 2001년 4월 21~25일)

〈표 2-4〉 경제발전 수준과 성급 지방인대의 지방성법규 제정(수정) 현황

분류 및 순위		성(省) (자치구·직할시)	1인당 국내총생산(元)	평균	지방성법규(건)	평균
고소득 지역	1	상하이	37,382	18,525	251	235
	2	베이징	25,300		211	
	3	톈진	19,986		216	
	4	저장	14,550		198	
	5	광둥	13,612		308	
	6	장쑤	12,925		230	
	7	푸젠	12,375		230	
	8	랴오닝	12,070		235	
중상소득 지역	9	산둥	10,465	8,373	219	221
	10	헤이룽장	9,349		261	
	11	허베이	8,337		283	
	12	신장	7,898		152	
	13	후베이	7,813		171	
	14	지린	7,640		311	
	15	하이난	7,110		149	
중하소득 지역	16	네이멍구	6,458	5,566	175	200
	17	후난	6,054		234	
	18	허난	5,929		234	
	19	칭하이	5,732		137	
	20	산시	5,444		236	
	21	닝샤	5,338		140	
	22	쓰촨	5,250		249	
	23	안후이	5,221		220	
	24	장시	5,217		202	
	25	산시	5,015		172	
저소득 지역	26	윈난	4,872	4,152	204	174
	27	광시	4,697		183	
	28	간쑤	4,173		208	
	29	구이저우	2,865		168	
	30	시짱	NA		105	

주: 1. 1인당 국민총소득(GDP)은 2001년 통계이다.
    2. 1997년 직할시로 승격된 충칭시는 통계에서 제외했다.
    3. 지방성법규는 1980년부터 2000년까지 제정 및 수정된 통계이다.

자료: 1. 1인당 국내총생산(GDP) : 國家統計局 編, 『中國統計摘要 2002』(北京 : 中國統計出版社, 2002), p. 22.
2. 지방성법규 : 〈上海人大新息窓〉의 "地方性法規," http://www.spcsc.sh.cn/flfg.tlml(검색일 2001년 4월 21~25일).

〈그림 2-1〉 경제발전 수준과 성급 지방인대의 지방성법규 제정(수정) 관계

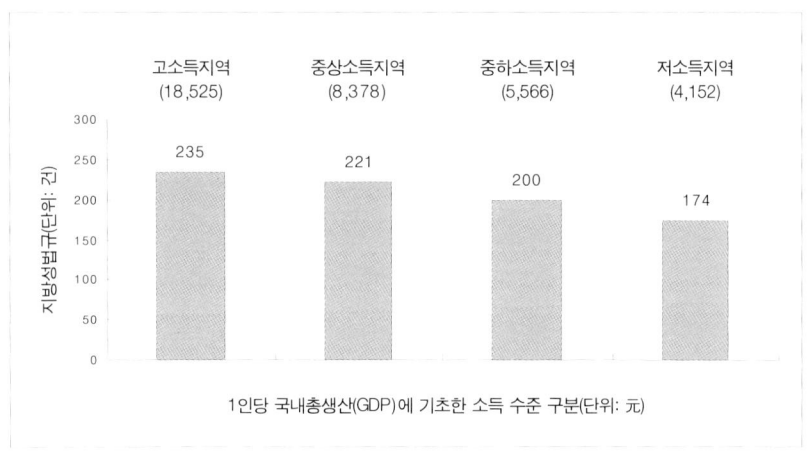

자료: 1. 1인당 국내총생산(GDP) : 國家統計局 編, 『中國統計摘要 2002』, p. 22
2. 지방성법규 : 〈上海人大新息窓〉의 "地方性法規," http://www.spcsc.sh.cn/flfg.tlml(검색일 2001년 4월 21~25일).

먼저, 입법 분야를 살펴보자. 〈표 2-4〉와 〈그림 2-1〉이 보여 주듯이, 입법 산출의 측면에서 보았을 때 경제가 발전한 지역의 의회는 그렇지 않은 지역의 의회보다 더 활발한 활동을 전개하고 있다. 구체적으로 1인당 국내총생산(GDP) 기준에서 '고소득 지역'으로 분류된 8개 성급 지방인대가 21년(1980~2000) 동안 제정 및 수정한 지방성법규(결의 및 결정 포함)는 평균 235건인 것에 비해, 같은 기간 동안 '중상소득 지역'의 7개 성급 지방인대는 221건, '중하소득 지역'의 10개 성급 지방인대는 200건, 마지막으로 '저소득 지역'의 5개 성급 지방인대는 174건의 지방성법규를 제정 및 수정했다. 이것은 경제가 발전한 지역의 성급 지방인대일수록 더 활발하게 입법 활동을 전개했음을 분명하게 보여 준다. 즉, 경제발전과 의회 입법 역할 강화 사이에는 긍정적인 상관관계가 있다는 것이다.

한편 입법의 질적 측면에서 보아도 경제발전과 의회 입법 역할 강화 사이에는 밀접한 관련이 있다. 일반적으로 의회는 '실시성법규'(實施性法規, 상위 법률을 해당 지역에 적용하기 위한 방법이나 절차 등을 규정한 법규)와 '창조성법규'(創造性法規, 상위 법률이 없는 상황에서 지역의 필요에 따라 독자적으로 제정한 법규)를 제정한다. 이 중에서 창조성법규가 많다는 것은 의회가 해당 지역의 현안을 해결하기 위해 적극적으로 입법 활동에 나섰다는 것을 의미한다. 이 때문에 각 지방의회는 자신들의 입법 성과를 자랑하기 위해 실시성법규보다 창조성법규가 많다는 사실을 자랑하는 경향이 있다. 예를 들어 헤이룽장성 인대는 전체 지방성법규 중 40% 정도가, 안후이성 인대는 65% 정도가 창조성법규라고 주장한다.27) 그렇지만 많은 경우 무엇이 얼마나 창조적인가를 확인하기 쉽지 않기 때문에 이런 주장을 그대로 믿을 수는 없다.

그런데 중국의 개혁개방정책을 주도한 지역, 즉 상하이시나 광둥성 인대는 분명 창조성법규 제정에서 선도적인 역할을 했다고 말할 수 있다. 상하이시의 경우 2003년 유효한 106건의 법규 중 창조성법규는 86건으로 전체의 약 78%를 차지한다. 내용적으로도 〈상하이시 경제기술개발구조례〉(1988), 〈상하이시 외국투자기업청산조례〉(1991), 〈상하이시 와이가오챠오(外高橋)보세구조례〉(1996) 등 경제 관련 조례, 〈상하이시 소수민족이익보호조례〉(1994), 〈상하이시 종교사무조례〉(1995), 〈상하이시 화교기부조례〉(1997) 등 소수민족·종교·화교 방면의 조례는 전국 최초로 제정된 것으로, 이후 전국인대 및 다른 지방의회가 관련 법률(법규)을 제정하는 데 중요한 참고 자료가 되었다.28)

광둥성 인대도 이와 유사하다. 1993년 광둥성이 전국 입법 활동의 시범 지역이 되어 달라는 당시 전국인대 상무위원회 위원장 차오스(喬石)의 요구에 따라

---

27) 徐運平, "白山黑水總關情 : 黑龍江省人大常委會立法工作回眸," 『人民日報』 2001年6月6日, http://zgrdxw.peopledaily.com.cn(검색일 2001년 6월 10일) ; "創新出活力 ; 隨 '地方人大工作巡禮'採訪組採訪安徽人大工作," 『人民日報』 2001年7月25日, http://zgrdxw.peopledaily.com.cn(검색일 2001년 8월 2일).
28) 상하이시 인대 고위 관계자와의 인터뷰 : 2003년 8월 8일과 13일, 상하이시 ; 許祖雄·朱言文 主編, 『民主法制與人大制度』(上海 : 復旦大學出版社, 1999), pp. 236-245, 260-265, 266-272.

광둥성 인대는 우선 빠른 속도로 법규를 제정했다. 실제로 1993년부터 1999년까지 7년 동안 152건의 법규가 제정되었는데, 이것은 이전 전체 시기 동안 제정된 법규보다 42건이 많은 것이다. 또한 창조성법규는 그렇게 많지 않지만—2003년 유효한 165건의 법규 중 창조성법규는 72건으로 전체의 44%—, 〈광둥성 회사조례〉(公司條例)(1993) 등 중요한 경제 관련 조례를 전국 최초로 제정함으로써 전국인대와 다른 지방의회가 관련 법률을 제정하는 데 많은 도움을 주었다.29)

입법과는 다르게 경제가 발전한 지역의 의회가 반드시 감독 활동을 활발히 전개하는 것은 아니다. 역으로 경제가 그렇게 발전하지 않은 지역의 의회도 감독에 적극적으로 나서기도 한다. 앞에서 말했듯이 의회의 감독 수행 정도를 평가할 수 있는 객관적인 기준은 없지만, 몇 가지 사실을 통해 각 지방의회 사이에 감독 수행 정도에서 차이가 난다는 것을 알 수 있다.

무엇보다 각 지방의회 사이에는 법에 규정되지 않은 새로운 감독 방법의 채택 정도에서 분명한 차이가 있다. 또한 새로운 감독 방법을 관할 지역의 하급 지방의회에 확대시키려는 정책이나 노력 면에서도 의회 사이에는 분명한 차이가 있다. 즉, 어떤 성급 지방의회는 적극적으로 새로운 감독 방법을 개발할 뿐만 아니라 그것을 해당 지역 하급 의회에 확대시키려고 노력하는 반면, 어떤 성급 지방의회는 자기 스스로도 그것을 채택하지 않을 뿐만 아니라 관할 지역에 그것을 확대시키는 데에도 소극적이다. 전자의 예로는 대표직무평가감독을 적극적으로 개발 및 확산시킨 산시성(山西省), 허난성, 후베이성, 랴오닝성 인대, 인사직무평가감독을 적극적으로 도입 및 확산시킨 저장성과 산시성(陝西省) 인대를 들 수 있다. 후자의 예로는 베이징시, 톈진시, 상하이시 등의 직할시 인대와 소수민족 자치주이면서 동시에 경제 낙후 지역인 티베트, 신장, 닝샤 인대 등을 들 수 있다.

---

29) "神聖勸力 : 紀念人大成立45周年暨地方人大常委會設立20年," 『人民之聲』 2000年 1期, pp. 32-40 ; 周瓊, "廣東省9屆人大5年回顧"『新快報』 2003年1月13日, http://www.rd.gd.cn(검색일 2003년 7월 29일).

그런데, 새로운 감독 방법의 개발과 보급에 적극적이었던 산시성, 허난성, 후베이성 인대는 결코 경제적으로 가장 발전한 지역에 있는 의회가 아니다. 이런 면에서 성급 지방인대의 감독 역할 강화와 경제발전 사이에는 밀접한 관련이 없다. 좀 더 구체적으로 이들 지방인대의 활동을 살펴보자. 산시성의 일부 지방의회는 1989년 기층법원(基層法院)을 대상으로 대표들이 대표직무평가감독을 실시했다. 이후 1991년 산시성 인대 상무위원회 공산당 당조(黨組)는 그 경험을 성 공산당 위원회에 보고했고, 이때 성 당위원회는 성 지방인대도 성 정부의 주요 부서를 대상으로 대표직무평가감독을 실시하라고 요구했다. 이렇게 되면서 1991년부터 산시성 모든 지역에 이 제도가 실시되었다.[30]

허난성과 후베이성은 이보다 앞섰다. 1985년에는 후베이성 장링현(江陵縣) 인대가, 1986년에는 허난성 우강구(舞鋼區) 인대가 전국에서 가장 앞서서 정부를 대상으로 한 대표직무평가감독을 실시했다. 1989년에는 허난성 정저우시(鄭州市) 인대가 이것을 발전시켰고, 1990년에는 허난성 인대가 이 제도를 모든 성으로 확산시켰다. 후베이성 인대도 1992년에 이 제도를 모든 성으로 확대시켰다. 이렇게 되면서 허난성과 후베이성은 대표직무평가감독과 관련해서는 전국적으로 선진 지역이 되었다.[31]

한편, 광둥성 인대는 경제가 발전한 지역에 위치한 의회로서 입법뿐만 아니라 감독에서도 선진적인 모습을 보이고 있다. 예를 들어, 광둥성 공산당 위원회는 1993년 선전을 의법치국 시범 지역으로 지정한 후 1996년에는 이것을 광둥성 전 지역으로 확대시켰다. 이를 위해 광둥성 인대는 1994년에는 법률집행책임제를 전면적으로 도입하는 등 직무평가감독(評議), 개별안건감독 등 새로운 감독 방법을 적극적으로 도입했다. 이와 같은 광둥성 인대의 정책으로 인해 1995

---

30) 全國人大內務司法委員會司法室 編, 『社會主義民主法制建設的有益探索』(北京 : 中國民主法制出版社, 1993), pp. 56-63, 64-79 ; 全國人大常委會辦公廳研究室 編, 『地方人大監督工作探索』(北京 : 中國民主法制出版社, 1997), pp. 152-162.
31) 全國人大內務司法委員會司法室, 『社會主義民主法制建設的有益探索』, pp. 94-102 ; 程湘清 外 國家權力機關的監督制度和監督工作』, pp. 256-263, 223-238, 264-273 ; 全國人大常委會辦公廳研究室, 『地方人大監督工作探索』, pp. 163-170, 235-241.

년 무렵에는 광둥성 지역의 현급 지방인대 가운데 1/3 정도가 감독 방법 중 가장 강력한 법률감독서제도를 채택할 수 있었다.32) 그런데, 광둥성 인대가 적극적으로 감독 활동을 전개한 데에는 다른 배경이 있었음을 주의해야 한다. 즉, 광둥성은 1990년대 초 당시 전국인대 상무위원회 위원장 차오스 등의 요구에 따라 입법을 포함한 의법치국정책의 선도 지역 역할을 수행함으로써 다른 지역에 앞서 다양한 감독 방법을 채택할 수 있었다는 것이다. 따라서 광둥성 인대의 감독 강화는 경제발전에 의한 것이라기보다는 특정한 정치적 조건의 형성에 따른 것으로 보아야 한다.

이상에서 보았듯이, 경제발전과 의회의 입법은 매우 밀접한 관련이 있지만, 감독은 그렇지 않다. 그렇다면 왜 이런 현상이 나타날까? 우선, 경제발전이 의회의 입법 역할 강화에 기여한 것은 비교적 쉽게 이해할 수 있다. 한마디로 말해 소유제도의 다양화, 시장제도의 도입, 경제적 대외개방 등 중국이 추진하고 있는 개혁개방정책은 법률체제의 수립과 운영을 필요로 한다. 예를 들어, 개혁기에 들어 정부의 명령이나 계획이 아니라 시장이 상품 생산과 유통의 주된 수단이 되면서 법률체제가 수립되지 않으면 시장 주체의 활동을 규제할 수 없게 되었다. 또한 법률로 보장하지 않으면 외국인도 투자에 적극적으로 나서지 않는다. 이 때문에 개혁개방정책이 확대 실시될수록 더욱 많은 법률과 더욱 완전한 법률체제가 필요하게 되었다. 경제가 발전한 연해 지역의 의회가 적극적으로 입법 활동을 전개하고, 그 결과로 입법 산출과 입법 자율성이 증대되면서 입법 역할이 강화된 것은 이 때문이다. 이에 비해 개혁개방정책의 추진이 늦은 지역, 즉 경제적 낙후 지역은 상대적으로 그렇게 많은 법률이 필요하지 않았고, 그래서 의회의 입법도 그렇게 활발하지 않았던 것이다.

감독은 입법과 여러 가지 면에서 다르고, 이로 인해 경제발전과 의회의 감독 역할 강화 사이에는 큰 관련성이 없다. 의회의 감독은 우선 경제발전과 직접적인 관계가 없다. 감독이 법치를 촉진하고 부패를 방지하는 데에는 일정한 기

---

32) 全國人大常委會辦公廳研究室, 『地方人大監督工作探索』, pp. 371-77 ; 程湘淸 外, 『國家權力機關的監督制度和監督工作』, pp. 302-312.

여를 할 수 있지만, 지역 경제발전을 촉진시키는 데에는 직접적인 역할을 하는 것은 아니기 때문이다. 또한, 감독은 입법과 달리 감독을 받는 국가기관의 활동을 통제하고 견제하는 것이기 때문에 의회와 정부, 나아가서는 의회와 공산당 사이에 갈등과 대립이 발생할 가능성이 항상 존재한다. 물론 입법에도 정부와 의회 사이에 갈등이 있을 수 있다. 그러나 그 갈등은 대개 기술적인 것이고, 갈등의 성격도 권력 대립이 아니라 사회집단(계층) 사이 및 국가 부서 사이의 이익을 조정하는 것이다. 설사 입법에서 정부 이익이 일부 축소되었어도 정부는 시행령 제정이나 자의적인 법규집행 등을 통해 얼마든지 축소된 이익을 보충할 수 있다. 그러나 앞에서 자세히 설명했듯이 감독의 경우에는 공산당·정부·의회 사이에 심각한 대립과 갈등이 발생할 가능성이 있고, 그래서 각 기관 사이의 실제 권력관계가 중요한 의미를 갖는다.

위와 같은 이유로 인해 감독 역할 강화에서는 의회가 위치한 지역의 경제발전 여부보다는 그 지역의 공산당 및 의회 지도자, 특히 공산당 지도자의 의지와 역할이 중요한 의미를 갖는다. 만약 의회 지도자가 대정부 감독 과정에서 발생할지도 모를 정치적 위험을 감수할 자세가 되어 있고, 공산당 지도자가 정부의 낮은 행정 효율성과 공직자 부패 문제를 해결하기 위해 의회의 대정부 감독을 적극적으로 지원한다면 해당 지역 의회의 감독은 강화될 수 있다. 만약 이런 조건이 충족되지 않으면 해당 지역의 경제가 아무리 발전해도 그 지역에 위치한 의회의 감독은 강화될 수 없다.[33]

실제로 산시성, 허난성, 후베이성, 저장성 등 의회의 감독이 강화된 지역에서는 항상 공산당 지도자가 적극적으로 그것을 지원한 것이 확인되고 있다. 예를 들어, 산시성 인대 관계자는 이 지역에 대표직무평가감독을 실시한 경험을 총괄하면서, "직무평가는 인대 혼자 한 것이 아니라 인대와 공산당 위원회가 함께 한 것이고, 이것이 바로 우리 성이 직무평가감독을 잘하게 된 가장 기본적인 경험을 설명해 준다."라고 말했다.[34] 다른 지역의 상황도 이와 유사하다.[35]

---

[33] Cho, "Political Leadership and the Development of Chinese Local People's Congresses".
[34] 全國人大內務司法委員會司法室, 『社會主義民主法制建設的有益探索』, p. 58.
[35] 저장성, 후베이성, 허난성 인대 경험은 각각 程湘清 外, 『國家權力機關的監督制度和監督工

4. 요약과 정치적 함의

이상의 분석을 간략히 정리하면, 우선, 중국 의회는 행정단위별로 역할 수행에서 분명한 차이가 난다. 전국인대는 입법을 중심으로 역할이 강화된 반면 현급 지방인대는 감독을 중심으로 역할이 강화되었다. 성급 지방인대는 입법을 중심으로 하면서도 감독에서도 일정한 성과를 거두었다. 한편, 경제발전과 의회의 역할 수행 사이에는 제한적인 의미에서만 관련이 있다. 즉, 경제발전은 의회의 입법 역할 강화와 긍정적이고 직접적인 관계가 있지만 감독 역할 강화와는 큰 관계가 없다. 대신 의회의 감독 역할 강화에서는 해당 지역 공산당과 의회 지도자의 정치적 의지와 역할이 더욱 중요하다. 마지막으로, 중국 의회의 역할이 행정단위별·지역별로 차이가 나는 것은 법적·제도적 원인, 현실적인 필요, 각 기관의 권력관계 때문이다. 이 중에서 세 번째 요소가 가장 중요하다. 즉, 현재 중국의 정치체제에서 공산당·정부·의회 사이의 법적 관계와 실제 권력관계 사이에는 심한 괴리가 존재하고, 의회가 실제 권력관계에서 하위에 위치하고 있기 때문에 이런 현상들이 나타나는 것이다.

한편 이 연구는 중국의 정치개혁과 관련하여 몇 가지 시사점을 제공한다. 우선, 이 연구는 중국의 정치개혁에서 가장 중요한 요소는 공산당과 국가기관 사이의 실제 권력관계, 즉 당정 관계임을 다시 한번 확인시켜 주었다. 지난 경험이 보여 주었듯이 당정분리가 있어야만 정부가 제 역할을 수행할 수 있고, 그래야만 개혁개방정책은 성공적으로 추진될 수 있다. 이는 정기분리(政企分開)가 있어야만 국유기업 개혁이 성공할 수 있는 것과 마찬가지이다. 이와 유사하게 의회가 좀 더 적극적으로 감독 및 대의 활동을 전개하여 진정한 국민의 대의기관이 되기 위해서는 공산당과 의회 사이의 권력관계가 재조정되어야 한다. 즉, 공산당이 갖고 있는 인사권과 정책 결정권 중 상당수를 의회에 이양함으로써 의회의 정치적 지위가 법적 지위에 부합되도록 해야 한다는 것이다.

作』, pp. 264-273, 256-263, 223-238 참조. 산시성 인대 경험은 全國人大內務司法委員會司法室, 『社會主義民主法制建設的有益探索』, pp. 80-93 참조.

만약 이것이 없으면 중국 의회는 공산당이 정부를 통제하는 법적 수단에 머물 것이다.

이처럼 중국의 정치개혁에서 당정 관계가 여전히 핵심 요소로 작용하기 때문에 많은 경우에 당정 지도자의 정치적 의지와 역할이 정치개혁의 추진과 성공에서 관건이 된다. 예를 들어, 의회의 감독 강화(의회정치 발전), 국민의 직접선거를 통한 공직자 선출(직접선거 확대), 공산당 이외의 다른 정당의 존재와 활동 인정(다당제 도입) 등 공산당과 정부의 권력을 견제하거나 축소하는 권력구조 개편에서는 당정 지도자의 의지와 활동이 개혁 추진과 성공에서 가장 중요한 요소가 된다. 이에 비해 이런 종류의 정치개혁에서는 경제발전 여부가 직접적이고 커다란 의미를 가질 수 없다. 이것은 제3세계의 민주주의 이행(democratic transition)에서 경제발전이나 중산층 형성 등 사회경제적 조건보다 집권세력과 반대세력의 정치적 선택과 협약(pact) 등 정치 행위자가 더욱 중요한 작용을 한다는 일부 연구의 관점과 같은 선상에 있는 것이다.36) 촌민위원회의 민주선거 과정에서 중간 간부의 역할을 강조한 티앤지앤 시도 기본적으로 이러한 관점에 있다고 할 수 있다.37)

이 연구는 또한 지금까지 중국의 정치개혁은 밑으로부터의 요구나 민주화 그 자체를 위해서가 아니라 경제발전의 필요 때문에 위로부터 추진되었다는 것을 다시 한번 보여 준다. 전국인대와 성급 지방인대는 입법에 집중한 반면 현급 지방인대는 감독에 집중한 것, 연해 지역에 위치한 의회가 입법에 적극적으로 나선 것 등은 이것과 관련이 있다. 즉, 공산당은 개혁개방정책을 추진하는 데 법률체제 수립이 필요했기 때문에, 또한 공직자 부패와 관료주의 문제를 해결

---

36) Guillermo O'Donnell and Philippe C. Schmitter, *Transitions from Authoritarian Rule: Tentative Conclusions about Uncertain Democracies*(Baltimore : Johns Hopkins University Press, 1986) ; Adam Przeworski, *Democracy and The Market : Political and Economic Reforms in Eastern Europe and Latin America*(Cambridge : Cambridge University Press, 1991) ; Shin, "On the Third Wave of Democracy," pp. 135-170 ; Przeworski and Limongi, "Modernization," pp. 155-183.

37) Tianjian Shi, "Village Committee Elections in China : Institutionalist Tactics for Democracy," *World Politics*, Vol. 51, No. 3(April 1999), pp. 385-412.

해야 했기 때문에 의회의 입법 및 감독 역할 강화에 주목했고 그래서 의회의 역할이 강화될 수 있었다는 것이다. 효율적인 행정체제 수립(행정 개혁), 유능한 통치 엘리트 충원(인사제도 개혁), 의법치국(사법 및 의회제도 개혁) 등 그동안 추진되었던 정치개혁도 중국에서는 경제발전을 위해 위로부터 추진되었다는 사실을 보여 준다.

물론 1990년대 들어와서 최소한 의회제도의 발전과 관련해서는 변화의 조짐이 보이는 것이 사실이다. 즉, 국민들의 요구와 의회 대표들의 노력에 의해 중국 의회 활동에서 전에 없던 새로운 현상들이 나타나고 있다는 것이다. 2000년 이후 광둥성 및 광저우시 인대가 정부에 대해 감독권과 인사권을 강력하게 행사함으로써 중국을 놀라게 했던 '광둥 현상'이나, 2001년 2월 랴오닝성 선양시 인대가 연례 회의에서 선양시 중급법원의 〈업무보고〉를 부결시킴으로써 법원 지도부의 전원 사퇴를 몰고 온 '선양사건'은 대표적인 예이다. 지방인대 대표 선거에서 지역 유권자들이 이전에는 수동적이고 미온적으로 참여했던 것에서 최근에는 자신의 의지를 관철시키기 위해 점차로 적극적으로 참여하기 시작한 것도 또한 중요한 예라고 할 수 있다(제6장 참조). 그렇지만 전체적으로 보면 이것은 아직 일부분에 불과하다. 대신 '위로부터의 개혁', '경제발전을 위한 정치개혁', '행정개혁 위주의 정치개혁'이 여전히 중국 정치개혁의 기본 특징이며, 이런 특징은 앞으로도 당분간 지속될 것이다.[38]

---

[38] 개혁기 중국의 정치개혁에 대해서는 조영남, 『후진타오시대의 중국정치』(서울: 나남출판, 2006)의 제1장 참조.

제3장

지방의회의 입법 활동

이 장은 개혁기 중국 지방의회의 입법정치를 분석하는 것이다. 중국의 개혁개방정책은 비교적 완전한 법률체제의 수립을 필요로 했다. 흔히 말하듯이 시장경제는 법치경제로, 계획경제에서는 국가의 계획과 명령이 경제 운영의 중심 역할을 수행했지만, 시장경제에서는 시장과 법률이 그 역할을 대신한다. 외국인 투자를 유치하고 관리하기 위해서도 법률제도 정비는 필수적이었다. 또한 의법치국정책을 확대 실시하기 위해서도, 개혁기에 심화되고 있는 사회적 갈등과 이익충돌을 조정하기 위해서도 법률체제 수립은 필요했다. 전국인대와 지방인대의 입법 역할이 강화된 것은 무엇보다 이상과 같은 사회경제적 조건의 변화 때문이었다. 실제로 중국 연구자들이 지적하듯이, 지난 20여 년 동안의 의회 활동 중에서 "가장 특출한 성과"를 거둔 영역은 입법이다.[1] 이는 전국인대와 성급 지방인대 모두에 해당된다.

이 글에서 필자는 두 가지 문제를 해결하려고 한다. 첫째는 개혁기 지방의회의 입법 과정에서 공산당·정부·의회 등의 주요 입법 주체가 서로 어떤 관계를 맺고 있고, 실제로 이들은 어떤 역할을 수행하는지를 해명하는 것이다. 둘째는 개혁기 중국의 입법제도는 어떻게 변화했고, 변화된 구체적인 내용은 무엇인가를 해명하는 것이다. 이를 위해 이 장에서는 먼저 개혁기 입법 과정에서 나타나는 공산당·정부·의회 사이의 관계 변화를 분석할 것이다. 다음으로 의회의 입법제도 변화를 분석할 것이다. 마지막으로, 입법 사례 분석을 통해 입법 과정에서 각 입법 주체들이 수행하는 실제 역할을 검토할 것이다.

---

1) 蔡定劍·王晨光, 『人民代表大會二十年發展與改革』, p. 47.

이와 같은 분석을 통해 필자는 두 가지 사항을 주장할 것이다. 첫째는 중국 정치에서 '입법정치'라는 새로운 정치 공간이 형성되었고, 여기에 다양한 정치 주체가 참여한다는 사실이다. 개혁기 중국 정치에서는 공산당과 정부를 중심으로 한 기존의 정치 공간 이외에도 의회가 중심이 된 입법정치라는 새로운 정치 공간이 형성되었다. 여기에 공산당과 정부 외에 의회와 사회단체가 새로운 정치 주체로 등장한 것이다. 이렇게 되면서 정치 지형은 더욱 확대되고 정치 주체는 다양해졌다. 이는 지방의회의 입법 과정에서 나타나는 다양한 세력의 참여와 이들 사이의 대립 및 협조 관계, 즉 '철의 삼각형'(iron triangle) 현상을 통해 확인할 수 있다. 둘째, 지방의회의 입법정치에서 의회는 사회집단(계층) 사이에 나타나는 이익 갈등을 조정하고 다양한 견해를 반영하는 이익 조정자 역할을 수행한다. 이는 의회가 공산당 및 정부와는 다른 독자적인 역할을 확보하기 시작했음을 보여 준다.

한편 이 연구는 상하이시 인대를 사례로 선택했고, 필요할 경우 광둥성이나 톈진시와 같은 다른 지역의 사례도 일부 참고했다. 상하이 지역은 일찍부터 의회의 입법 활동이 활발히 전개되었다. 특히 상하이시 인대는 전국인대가 아직 법률을 제정하지 않은 상황에서 경제발전에 필요한 '창조성법규'를 제정하여 입법 분야에서 선도 역할을 수행했다. 예를 들어, 2003년 현재 상하이에서 유효한 106건의 법규 중 창조성법규는 86건으로 전체의 약 78%를 차지한다. 이들 조례 중 일부는 이후 전국인대 및 다른 지역의 의회가 관련 법률(법규)을 제정하는 데에 중요한 참고 자료가 되었다.[2] 이처럼 입법이 활발한 상하이시 인대 분석을 통해 우리는 지방의회의 입법정치를 잘 이해할 수 있을 것이다.

---

[2] 許祖雄·朱言文 主編, 『民主法制與人大制度』(上海: 復旦大學出版社, 1999), pp. 236-245, 260-265, 266-272 ; 상하이시 인대 고위 관계자와의 인터뷰: 2003년 8월 13일, 상하이시.

1. 입법 자율성 확대 : 의회와 공산당 사이의 관계 변화

중국 정치체제에서 공산당은 '지도 핵심'으로 의회 활동 전반을 지도한다. 이 점은 지금도 마찬가지이다. 그런데 입법 과정에서 나타나는 공산당과 의회 사이의 관계는 분명하게 변화하고 있다. 1980년대에 의회는 법규를 제정할 때에 개별 법안초안을 사전에 공산당에 보고하여 비준을 받아야 했다. 그런데 1990년대에 들어서는 그렇지 않다. 즉, 입법은 의회의 고유한 권한으로 간주되고, 이에 따라 의회는 공산당의 사전 검토와 비준 없이 독자적인 권한과 판단 아래 대부분의 법규를 제정할 수 있게 되었다. 한마디로 말해, 의회의 입법 자율성이 크게 신장되었다.

원론적인 차원에서, 공산당과 의회는 정치적인 '지도-피지도' 관계에 있고, 이에 근거하여 의회는 공산당에 '중대 사안'을 사전에 보고하고 비준을 받아야 한다(請示匯報制度). 첫째, 지방인대 상무위원회 당조는 의회 전체 업무에 대해 매년 두 차례 공산당에 정기 보고해야 한다. 둘째, 입법 및 감독과 관련한 중대 사안에 대해서는 공산당에 수시로 보고해야 한다. 셋째, 그 밖에 의회에 보고된 중대 현안이나 각종 정책에 대한 의회 대표들의 의견이 있을 경우 이를 보고해야 한다. 한편 공산당은 의회 업무를 좀 더 잘 지도하기 위해 공산당 부서기(副書記) 1명을 의회 업무 전담자로 배정한다. 또한 지방인대 주임은 매번 개최되는 공산당 상무위원회 회의에 배석하여 의견을 말할 수 있다.3) 이와 같은 원론적 관계는 공산당이 의회를 통제(관리)한다는 측면도 있지만, 동시에 의회 업무가 중요해지고 의회의 지위가 높아짐에 따라 공산당이 의회에 대해 좀 더 많은 관심을 보이고 참여를 허용했다는 측면도 있다.

상하이시 인대도 이런 규정과 원칙에 입각하여 입법과 관련된 중요 사항을 공산당에 보고한다. 우선, 의회는 5년 장기입법 계획(規劃)과 1년 단기계획(計劃)을 공산당에 보고한다. 예를 들어, 상하이시 인대 법제공작위원회(法制工作委員會,

---

3) 黃菊, "努力把上海的人大工作做得更好," 『上海人大月刊』 1998年 6期, pp. 3-6 : 陳鐵迪, "充分發揮人大黨組的核心保障作用," 『上海人大月刊』 2000年 11期, pp. 5-7.

이하 법공위)는 1998년 정부 법제판공실(法制辦公室) 등과 함께 5년 입법 계획을 작성하여, 상하이시 인대 상무위원회 당조를 통해 공산당에 보고하여 비준을 받았다.4) 2003년에도 동일한 방식으로 입법 계획을 작성했다. 물론 5년 입법 계획은 지도 성격(指導性)이지 지령 성격(指令性)은 아니다. 즉, 공산당에 보고한 입법 계획은 반드시 집행되어야 하는 것이 아니라, 객관적 상황의 변화나 의회의 조건에 따라 수정될 수 있다.5)

또한 의회는 개별 입법 과정에서도 공산당에 보고한다. 지금까지 상하이시 인대가 공산당에 개별 법안을 보고한 경우는 크게 세 가지 범주에 속하는 경우였다. 첫째는 중대 사안이다. 1995년 상하이시 인대가 〈상하이시 노동조합조례〉(工會條例)를 제정할 때 공산당에 보고한 것이 대표적인 예이다.6) 둘째는 민감한 사안이다. 1995년 상하이시 인대가 제정한 〈상하이시 종교업무관리조례〉(宗教事務管理條例)가 여기에 해당된다. 상하이 지역에는 전국적으로 중요한 천주교와 개신교 교회가 밀집해 있고 각종 신자가 100만 명이 넘는다. 이 조례는 종교단체의 권리와 의무 등 정치적으로 매우 민감한 사안을 다루고 있다. 또한 이 조례를 제정할 때에 정부 유관 부서와 종교단체 사이에는 심각한 의견 대립이 있었다. 즉, 전자는 '관리'를 강조한 반면 후자는 '보호'를 강조했다. 그래서 인대는 이를 공산당에 보고하여 쟁점을 조정한 후 조례를 제정했다.7) 1994년 제정된 〈상하이시 징병업무조례〉(徵兵工作條例)와 1999년 제정된 〈상하이시 민방조례〉(民防條例)는 모두 군대 업무와 직접 관련된 것으로 공산당의 개입과 조정이 필요한 사안이었다.8) 셋째는 입법 과정에서 의견 대립이 심해 의회에서 의견 조정이 불가능한 경우이다. 1994년 제정된 〈상하이시 폭죽안전관리조례〉(煙花爆竹安全管理條例)가 여기에 속한다. 명절 때 폭죽을 터뜨리는 것은 중국의 오랜 풍습이지만 이로 인해 많은 인명 살상과 재산 피해가 발생했다. 그래서 도심

---

4) 曉棟, "中共上海市委批准本市五年立法規劃,"『上海人大月刊』1999年 5期, pp. 5-6 ; 上海市人大常委會研究室 編,『實踐與探索』(第四集)(上海 : 復旦大學出版社, 2003), pp. 56-57, 130-131.
5) 王宗炎, "市人大常委會編制五年立法規劃,"『上海人大月刊』2004年 1期, pp. 15-16.
6) "地方立法步伐加快的五年,"『上海人大月刊』1997年 9期, pp. 6-8.
7) 許祖雄・朱言文,『民主法制與人大制度』, pp. 266-272.
8) 陳鐵迪, "充分發揮人大黨組的核心保障作用," p. 6.

지역에서 폭죽을 금지시키는 법규를 제정하려고 했는데, 그 과정에서 반대가 심했던 것이다. 결국 이 조례는 공산당이 개입하여 입법을 결정함으로써 제정될 수 있었다.9)

그런데 의회가 입법 계획과 개별 법안초안을 공산당에 보고한다고 해서 의회의 입법 자율성이 심하게 제약받고 있다고 생각해서는 안 된다. 우선, 다른 국가에서와 마찬가지로 중국에서도 입법 계획을 수립하고 법안을 기초하는 데에는 정부의 적극적인 협조가 필수이다. 그런데 현재 중국의 정치체제에서는 의회가 정부를 직접 통제하기가 매우 어렵다. 이런 이유로 입법 계획 수립 과정에 공산당이 개입하는 것이다. 다시 말해, 이 경우 공산당의 개입은 의회의 입법 주도권을 보장하기 위한 조치라는 것이다.

또한, 개별 입법 과정에서 의회가 공산당에 보고하는 경우는 극소수에 불과하다. 예를 들어, 1990년에서 2000년까지 상하이시 인대가 제정한 153건의 법규 중에서 필자가 확인한 것으로 의회가 공산당에 보고한 것은 위에서 살펴본 5건뿐이었다. 물론 필자의 조사가 완전한 것은 아니다. 그런데 상하이시 인대 고위 관계자에 따르면 2000년 이후 최근까지 의회가 법안심의 과정에서 공산당에 보고한 개별 법안은 하나도 없다고 한다. 다시 말해 공산당은 최근 들어 더 이상 의회의 입법 과정에 개입하지 않는다는 것이다. 이는 입법은 의회의 고유한 업무이고, 의회는 개별 법안을 일일이 공산당 위원회에 보고하여 비준을 받을 필요가 없다는 황쥐 당 서기의 방침에 따른 것이다.10)

지방의회의 입법 자율성이 증대된 데에는 크게 두 가지 요인이 작용했다. 첫째는 공산당 역량의 한계와 지도 방식의 변화이다. 1990년대 들어 상하이시 인대의 입법 산출은 급격히 증가했다. 제2장의 〈표 2-2〉가 보여 주듯이, 1980년에서 1989년까지 10년 동안 의회는 총 50건의 법규를 제정한 것에 비해, 1990년부터 2000년까지 11년 동안에는 무려 153건의 법규를 제정했다. 이에

---

9) 상하이시 인대 고위 관계자와의 인터뷰 : 2003년 8월 13일, 상하이시.
10) 상하이시 인대 고위 관계자와의 인터뷰 : 2003년 8월 13일, 상하이시.

따라 공산당이 개별 입법에 직접 개입한다는 것은 현실적으로 불가능해졌다. 대신 공산당은 입법과 관련된 국가기관, 즉 의회와 정부 사이의 전체 업무를 총괄하고 조정하는 것으로 지도 방식을 바꾸었다. 1997년 공산당 제15차 당대회에서 장쩌민(江澤民)이 말한 방침, 즉 공산당은 "전체를 총괄하고 각 기관을 조정한다."(縱覽全局協調各方)라는 것은 이것을 표현한 것이다.11) 그래서 앞에서 보았듯이 매우 중요하거나 민감한 사안, 의견 차이가 심해 의회가 결정을 내리기 곤란한 사안에 한에서만 공산당이 개입한다.

둘째는 법규의 성격상 공산당이 개입할 필요가 없거나 개입해도 큰 의미가 없는 경우가 많아졌다는 것이다. 개혁기에 의회가 제정하는 법규 중에서 경제나 행정 방면의 법규가 다수를 차지한다. 예를 들어, 상하이시 인대가 1980년에서 1998년까지 제정한 136건의 법규 중 경제 관련 법규는 59건으로 전체의 43%를 차지한다.12) 다른 지역도 이와 비슷하여 최소한 전체 법규의 50% 정도는 경제와 관련된 것이다.13) 이 경우 입법 과정에서는 정부 부서나 사회집단 사이의 견해 차이를 조정하는 것이 중심 과제로 제기된다. 즉, 필요한 것은 현실 상황에 대한 조사와 각 집단의 의견 조정이지 공산당의 개입을 통한 정치적 해결이 아니다. 이런 이유로 공산당의 입법 개입 필요성은 크게 감소했다.

---

11) 陳鐵迪, "充分發揮人大黨組黨組的核心保障作用," p. 5.
12) 許祖雄·朱言文, 『民主法制與人大制度』, p. 229.
13) 헤이룽장성과 허베이성 인대가 1980년 이후 20년 동안 제정한 법규 중 경제와 관련된 것이 60% 정도였고, 간쑤성 인대의 경우, 1993~1998년 기간 동안 제정된 법규의 58.8%가 경제와 관련된 것이었다. 徐雲云, "白水黑山總關情: 黑龍江省人大常委會立法工作回眸," 『人民日報』 2001年6月6日, http://npc.people.com.cn(검색일 2001년 6월 10일); 李臨珂, "加強立法工作 保障經濟發展," 『地方人大建設』 1999年 2期, pp. 7-8; 馬斌, "地方立法幾個理論問題與甘肅20年地方立法實踐實踐," 『人大研究』 1999年 6期, http://www.rdqk66.thml(검색일 2001년 4월 24일).

2. 부서 이기주의 방지 : 의회와 정부 사이의 관계 변화

입법정치에서 나타나는 의회-정부의 관계는 의회-공산당의 관계와는 성격이 조금 다르다. 의회와 공산당 사이의 관계에서 핵심 사항은 의회의 입법 자율성 확보 여부이다. 이것은 의회-공산당의 관계가 법률적으로는 아니지만 정치적으로는 지도-피지도의 관계에 있기 때문에 발생하는 것이다. 이에 비해 의회와 정부 사이의 관계는 '권력기관 대 집행기관'으로 법적으로는 의회가 정부보다 우위에 있기 때문에 이런 성격의 문제는 발생하지 않는다. 대신 정보·조직·인원 면에서 월등한 지위에 있는 정부가 입법 과정을 주도하면서 발생하는 문제, 즉 정부 부서 이기주의가 핵심 문제로 등장한다.

입법정치와 관련하여 의회-정부의 관계에서 먼저 검토해야 할 것은, 상하이시 의회와 정부가 각각 행사하는 의회 입법권과 행정 입법권의 관계이다. 중국 법률에 의하면, 성급 지방인대는 지방성법규 제정권, 성급 정부는 행정규장 제정권을 행사하며, 정부는 법률(전국인대 제정), 지방성법규 및 행정규장에 근거하여 관할 지역을 통치한다. 제2장의 〈표 2-2〉에서 알 수 있듯이, 1980~2000년 상하이시 인대와 정부가 제정한 법규와 규장은 총 1,042건이고, 이 중에서 의회가 제정한 법규는 203건으로 전체의 19.48%에 불과하다. 이는 정부가 지방성법규보다는 행정규장에 의거하여 통치한다는 것을 보여 준다.

그러나 지방성법규의 비중은 1990년대 들어 계속 증가하고 있다. 예를 들어, 법규/규장의 비율이 1980~1989년에는 12.47%였던 것이, 1990~1996년에는 25.93%, 1996~2000년에는 60.53%로 증가했다. 이는 의법치국이 실행되면서 정부의 행정 편의주의가 시정되고 있음을 보여 준다. 동시에 상하이시에서 행정입법보다는 의회 입법이 점점 더 중요해지고 있다는 것을 보여 준다. 그렇지만 정부가 제정하는 행정규장이 여전히 다수를 차지한다는 점에서 정부의 행정 입법권은 여전히 중요하다.

〈표 3-1〉 상하이시 정부가 제정한 행정법규 중 창설성규장의 비율

기간	규장 총수(건)	창설성규장(건)	창설성규장/규장(%)
1979~1985	186	115	61.83
1986~1990	250	150	60
1991~1995	234	111	47.44
1996~1997	71	35	49.29

자료: 許祖雄·朱言文, 『民主法制與人大制度』, p. 259.

정부의 행정규장에서 특히 문제가 되는 것은 '창설성(創設性)규장'이다. 이것은 법률이나 법규가 제정되지 않은 상황에서 정부가 행정 직권에 기초하여 제정하는 규장을 말한다. 〈표 3-1〉에서 알 수 있듯이, 1990년대 들어 전체 행정규장 중에서 창설성규장이 차지하는 비중이 계속 감소하고 있지만, 전체 규장 중에서 차지하는 비중은 여전히 높다. 창설성규장 제정에서는 의회가 정부에게 입법 내용이나 범위와 관련하여 확정된 권한을 부여하는 것이 아니기 때문에 정부의 행정 전횡과 행정 편의주의는 더욱 심하게 나타난다. 다시 말해 정부는 창설성법규 제정을 통해 의회 입법권과는 독립된 별도의 행정 입법권을 행사하고, 이로 인해 의회의 입법권은 일정 정도 제약을 받는다.

한편 정부는 의회 안에서 이루어지는 입법 과정에서도 중요한 역할을 담당한다. 우선, 입법 제기와 관련하여 매년 제정되는 법규의 대다수는 정부가 요청한 것이다. 예를 들어, 2000년에서 2002년까지 3년 동안 상하이시 인대의 입법 계획에 포함된 총 41건의 법규(제정 및 수정) 중에서 35건(전체의 85.4%)이 정부가 입법 제청한 것이다.14) 이는 다른 국가에서 나타나고 있는 '90% 규칙(90% rule)', 즉 정부가 법안의 90%를 입법제청하고 정부가 제정한 법안의 90%는 통과되는 현상이 중국에도 나타나고 있다는 사실을 보여 준다.15) 또한 의회가 제정하는 법규의 대다수는 정부가 기초한다. 예를 들어, 1998년에서 2002년까지 상하이

---

14) 上海市人大法制工作委員會, "上海市人大常委會2000年度審議法規草案計劃"(1999/2000/2001), http://www.spcsc.sh.cn(검색일 2004년 1월 28일).
15) David M. Olson, *Democratic Legislative Institutions : A Comparative View*(Armonk : M.E. Sharpe, 1994), pp. 84, 134.

시 인대가 제정한 40건의 법규 중에서 정부가 기초한 것이 34건(85%)이었고, 의회가 기초한 것은 6건(15%)이었다.16) 마지막으로, 법률집행기관으로서 정부는 의회가 제정한 법규에 대한 시행규칙을 제정하고 이에 근거하여 법규를 집행함으로써 의회의 입법권에 영향을 미친다.

정부가 의회의 입법 과정에서도 주도적 위치에 있음으로 해서 여러 가지 문제가 발생한다. 그중에서 제일 심각한 것이 부서 이기주의인데, 이는 정부 특정 부서가 법안초안을 기초하면서 자신의 권한은 확대하고 책임은 회피하는 현상을 말한다.17) 부서 이기주의는 전국인대와 지방인대 모두에서 보편적으로 나타나는 것으로, 1990년대 이후 중국 입법에서 가장 심각한 문제로 간주되고 있다.18) 상하이시 인대도 예외는 아니다.19) 특히 이 문제는 제8기 전국인대 시기(1993~1997)에 전국인대와 지방인대가 '사회주의 시장경제' 건설이라는 1992년 공산당 제14차 당대회 방침에 따라 신속한 법률제정을 중심 과제로 추진하면서 심화되었다. 이에 대한 반성으로 제9기 전국인대 시기(1998~2002)에는 입법 산출량 증대가 아니라 '입법 질량' 제고를 당면 과제로 설정했고, 이후 전국인대와 지방인대는 이 문제를 해결하기 위해 노력해 왔다.20)

정부의 부서 이기주의는 구체적으로 다음과 같은 방식으로 나타난다. 우선, 법안기초(起草)부서는 입법을 통해 여러 부서로 분산되어 있는 권한을 자신의 것으로 귀속시킨다. 예를 들어, 수자원 관리는 수리부서, 농업부서 등에서 공동으로 맡는 것이 상식인데, 법안기초부서는 이것을 자신의 권한으로 만드는 것이다. 또한 법안기초를 담당한 정부 부서는 입법을 통해 새로운 업무의 관할권을 독점

---

16) 顧萍, "關于改進法規起草工作的思考," 『上海人大月刊』 2003年 1期, http://www.spcsc.sh.cn (검색일 2003년 7월 29일).
17) 徐惟凱, "提高地方性法規質量當前亟待解決的問題," 『人民之聲』 2000年 5期, pp. 18-20 ; 劉勉義, "從程序的角度談克服立法中的部門利益," 『中國人大』 2003年 16期, pp. 12-13.
18) 齊良如, "略論地方立法中的部門主義," 『人大工作通訊』 1995年 14期, pp. 21-24 ; 劉雲龍, "地方立法中部門利益傾向的表現危害成因及對策," 『人大工作通訊』 1996年 10期, pp. 13-15, 35 ; 蔡定劍·王晨光, 『人民代表大會二十年發展與改革』, pp. 75-85.
19) 許祖雄·朱言文, 『民主法制與人大制度』, pp. 233 ; 上海市人大常委會研究室, 『實踐與探索』, p. 141 ; 顧萍, "關于改進法規起草工作的思考".
20) 蔡定劍·王晨光, 『人民代表大會二十年發展與改革』, pp. 57-74.

한다. 예를 들어, 사회보장 업무는 조직·노동·인사·재정 관련 부서가 분할 또는 공동으로 관리하는 것이 상례인데, 법안기초부서는 그것을 자기 부서의 관할로 만든다는 것이다. 그 밖에도 법안기초부서는 인허가권·처벌권·증명서 발급권 등 부서의 이익을 증진시킬 수 있는 권한은 확대하고 부서가 담당해야 하는 책임과 의무는 축소시키는 방향으로 초안을 작성한다. 정부 특정 부서가 입법을 통해 자기 부서에 속한 기업의 이익을 확대하는 경우도 있다. 예를 들어, 〈소방관리조례〉 제정을 통해 소방 용품은 반드시 소방부서의 비준을 받은 것만 사용하게 하거나, 〈건축시장관리조례〉를 통해 건축자재와 설비는 반드시 건축관리부서가 지정하는 것만 사용하게 하는 것이다.[21]

정부의 부서 이기주의는 현실적으로 많은 문제를 야기하고 있다. 우선, 사회적으로 시급한 법률제정이 정부 부서의 이권 다툼으로 인해 지연되었다. 1993년 국무원 공안부(公安部)가 기초를 시작하여 10년 후인 2003년 10월 전국인대 상무위원회를 통과한 〈도로교통안전법〉은 대표적인 예이다. 여기서는 농업용 차량에 대한 관할권을 놓고 농업기계부서와 도로교통관리부서가 대립하면서 입법이 지연되었다. 최종적으로 농업용 차량 전체에 대해서는 도로교통관리부서가 총괄 관리하고, 트랙터 면허증에 대해서만 농업기계부서가 관리하는 방식으로 타협이 이루어짐으로써 법이 통과될 수 있었다.[22]

복수의 정부 부서가 동일 대상에 대해 서로 모순된 법규를 제정하여 혼란을 일으키는 경우도 있다. 예를 들어, 국도 운수 사업은 교통관리부서가, 시내 운수 사업은 도시건설부서가 관련 법규를 제정했는데, 처벌 규정이 서로 모순되어 집행이 제대로 안 되는 경우가 있다. 부동산 개발과 관련하여 토지관리부서와 도시건설부서가 상호 모순되는 규정을 만드는 경우도 있다.[23]

이처럼 정부의 부서 이기주의 문제가 심각해지면서 이 문제를 해결해야 한

---

[21] 齊良如, "略論地方立法中的部門主義," p. 21 ; 蔡定劍·王晨光, 『人民代表大會二十年發展與改革』, p. 82.
[22] 徐燕, "以人爲本唯生命至尊: 中華人民共和國道路交通安全法通過隨記過隨記," 『中國人大』 2003年 21期, pp. 20-22.
[23] 蔡定劍·王晨光, 『人民代表大會二十年發展與改革』, p. 82.

다는 목소리가 높아 갔다. 그런데 이를 위해서는 무엇보다 정부가 나서야 하는데, 그것이 쉽지 않다는 문제가 있다. 우선, 입법을 통해 확정되는 정부 부서의 권한과 책임은 그 부서의 이해와 직접 관련되기 때문에 정부 부서가 서로 양보하지 않으려 한다. 정부 안에서 입법 업무를 전담하고 있는 법제판공실이 기초를 주도하면 이 문제를 어느 정도 해결할 수 있는데, 인원과 능력의 한계 때문에 법제판공실이 이것을 제대로 할 수 없다. 결국 이 문제를 해결하는 책임은 의회에 넘겨졌다. 이렇게 되면서 1990년대 이후 입법 과정에서는 의회가 정부의 입법 주도권을 견제하여 부서 이기주의를 막는 것이 최대의 과제가 되었다. 이는 현재도 마찬가지이다.24)

3. 입법 과정의 제도화

1990년대 이후 지방의회는 이전과는 다른 유리한 조건 속에서 입법 활동을 전개할 수 있게 되었다. 앞에서 말했듯이 공산당과의 관계에서 의회의 입법 자율성은 크게 신장되었다. 또한, 개혁개방정책이 확대 실시되면서 입법 수요는 계속 증가했고, 이것이 의회의 입법 활동을 촉진하는 자극제가 되었다. 이와 같은 조건 속에서 의회는 정부의 부서 이기주의를 막고 고품질의 법률을 제정하기 위해 입법 과정의 제도화를 추진했다.

우선, 1990년대 들어 입법 이념이 '경험입법'(經驗立法)에서 '사전입법'(超前立法)으로 변화되고 있다. 1980년대 의회는 전국인대 상무위원회 위원장이었던 펑전이 제기한 경험입법에 근거하여 법률을 제정했다. 법률은 기본적으로 중국의 실제 상황과 경험에 근거해야 하고, 법률집행 조건이 성숙되어야만 관련 법률을 제정할 수 있다는 것이 이 개념의 핵심 내용이다.25) 이에 따라 입법은 현실

---

24) 吳邦國, "提高立法質量是本屆立法工作的重点,"『中國人大』2003年 21期, pp. 2-6 ; 王兆國, "立法是依法治國的基礎,"『中國人大』2003年 21期, pp. 7-10.

의 변화를 선도하는 것이 아니라 추종하게 되고, 조건 미성숙을 들어 시급한 입법이 지연되는 문제가 발생했다.

또한, 이로 인해 정부가 입법 주도권을 장악하는 일이 발생했다. 정부는 이 이념에 따라 법률 대신에 행정법규를 제정하여 실행하고, 그것에 근거하여 입법 시기와 내용을 결정할 수 있게 된 것이다. 이에 비해 의회는 정부가 입법 필요성을 제기하고 초안을 작성하여 제출하기만을 기다리는 수동적인 존재로 전락했다. 그 밖에도 이에 따른 법률 도구주의의 만연도 문제가 되었다. 법률은 정부가 경제와 사회를 관리하는 도구라는 생각이 지배적이었고, 입법을 통해 국민의 권리를 보장하고 정부 행위를 규제한다는 생각은 부족했던 것이다.[26]

그런데 1990년대에 들어 설사 법률 집행 조건이 성숙되지 않았어도 필요할 경우 입법을 통해 개혁을 선도해야 한다는 사전입법 개념이 등장했다. 이 이념에 따라 의회는 사회가 필요로 하는 법률 수요를 조사하여 입법 계획을 수립하고 그 계획에 입각하여 법률을 제정할 수 있게 되었다. 동시에 의회와 정부의 관계에도 변화가 있었다. 즉, 의회가 입법 계획 수립 과정에서 수동적인 존재에서 능동적인 존재로 바뀌었던 것이다. 1980년대 말부터 전국인대가 장기(3-5년) 및 단기(1년) 입법 계획을 수립하고, 1990년대 초부터 지방인대가 장단기 입법 계획을 수립하기 시작한 것은 이를 잘 보여 준다. 또한 이 이념을 도입하면서 법률 도구주의에서 벗어나 입법을 통해 국민의 권리를 보호하고 정부 행위를 통제해야 한다는 생각도 확산되었다. 〈행정소송법〉(1989), 〈소비자권익보호법〉(1993), 〈국가배상법〉(1994), 〈행정처벌법〉(1996), 〈형사소송법〉(1997), 〈행정재심(復議)법〉(1999) 등의 제정은 이를 잘 보여 준다.

물론 경험입법 개념이 완전히 폐기된 것은 아니다. 〈입법법〉(2000)에 대한 공식 설명에서는 아직도 경험입법을 중요한 지도 이념으로 간주한다.[27] 따라

---

25) 彭眞, 『論新時期的社會主義民主與法治建設』(北京: 中央文獻出版社, 1989), pp. 244-250; 彭沖, 『民主法治論集』(北京: 中國民主法治出版社, 1993), p. 5.

26) 蔡定劍・王晨光, 『人民代表大會二十年發展與改革』, pp. 57-74; 劉政・程湘淸, 『人民代表大會制度的理論和實踐』(北京: 中國民主法制出版社, 2003), p. 286; 韓麗, "中國立法過程中的非正式規則," 『戰略與管理』 2001年 5期, pp. 16-27.

서 현재는 경험입법과 사전입법 개념이 병존하고, 전자에서 후자로 강조점이 이동하는 과정에 있다고 할 수 있다.

1990년대 들어 입법 이념의 변화와 함께 입법 과정의 제도화도 진행되었다. 특히 〈입법법〉이 제정되면서 지방인대의 입법제도는 비교적 완전한 체제를 갖출 수 있었다. 먼저, 앞에서 말했듯이, 의회의 입법 계획성이 강화되었다. 예를 들어, 상하이시 인대는 1993년 최초로 3년 입법 계획을 제정했고, 1998년과 2003년에는 5년 장기 입법 계획과 1년 단기 입법 계획을 각각 작성했다. 입법 계획 작성 과정에서는 의회가 총괄 업무를 맡고, 여기에 정부 법제판공실, 공산당정책연구실, 주요 대학교와 국책연구소가 입법 제안서나 의견서를 제출하는 방식으로 참여했다. 이렇게 되면서 정부가 아니라 의회가 입법 계획의 주도권을 행사할 수 있게 되었다.[28]

정부 부서가 법안기초를 주도하면서 발생했던 부서 이기주의를 막기 위한 조치도 취해졌다. 우선, 기초 주체를 다원화했다. 의회와 관련된 법규뿐만 아니라 사회 전체에 영향을 미칠 수 있는 법규는 의회가 직접 기초를 담당했다. 물론 여기에는 의회가 가지고 있는 역량의 한계 때문에 많은 제한이 따랐다. 앞에서 말했듯이, 1998년에서 2002년까지 상하이시 인대에서 제정된 법규 중 의회가 기초한 것은 15%에 불과했다. 또한 정부 특정 부서가 초안을 기초할 경우에도 관련 단체나 전문가를 참여시켜 정부의 전횡을 막으려는 노력도 기울였다. 예를 들어, 1997년 〈상하이시 건축시장관리조례〉의 기초 과정에서는 정부 건설위원회가 중심이 되었지만 여기에 정부 법제판공실, 상하이시 도시건설대학(城建學院) 등도 참여했다.[29] 그 밖에 다른 지역에서는 전문가 집단에 위탁하여 법안을 기초하는 경우도 있었다. 광동성 인대의 〈광동성 중개인관리조례〉와 후베이성 인대의 〈후베이성 '노인인권보장법'실시방법〉이 대표적인 예이다.[30]

또한 법안기초 주체를 다원화하기 위해 주요 사회단체를 입법에 참여시켰

---

27) 喬曉陽 主編,『立法法講話』(北京 : 中國民主法制出版, 2000), pp. 22-23.
28) "地方立法," p. 7.
29) 沈紅華, "規范建筑市場的一部重要法規,"『上海人大月刊』1999年 12期, pp. 7-8.
30) 黃利群, "略論改進地方立法的提出機制和起草機制,"『中國人大』2003年 4期, pp. 29-31.

다. 해당 사회단체와 밀접한 관련이 있는 법규에 대해서는 그 단체가 중심이 되어 초안을 작성하도록 한 것이다. 예를 들어 〈상하이시 청소년보호조례〉(1987)는 상하이시 공청단(共青團)이 중심이 되어 법규를 기초했다.31) 이와 유사하게 〈상하이시 '부녀권익보장법'실시조례〉(1994) 제정에서는 부녀연합회(婦女聯合會, 婦聯)가, 〈상하이시 노동조합조례〉(2002) 수정에서는 노동조합(總工會)이, 〈상하이시 소비자보호조례〉(2002) 제정에서는 상하이시 소비자협회(消費者協會)가 초안 작성을 주도했다.32) 필자가 현지 조사를 통해 확인한 바로는 광둥성과 톈진시 지역도 이와 같은 방법을 실행하고 있다.33) 이렇게 되면서 지금까지 의회 입법 과정에서 주변인에 불과했던 사회단체들이 중요한 입법 주체로 등장할 수 있었다.

한편, 정부의 부서 이기주의를 막기 위해 의회는 법안심의 과정에서 의견을 수렴하는 각종 제도, 소위 '개방입법'(開門立法)을 도입했다. 여기에는 크게 두 가지 방법이 있다. 하나는 입법 청문회(立法聽證會, legislative hearings)나 전문가 좌담회를 개최하는 것이고, 다른 하나는 법안초안을 대중에게 공표하여 의견을 수렴하는 것이다. 입법 청문회는 1999년 광둥성 인대가 〈광둥성 건설공정공개입찰관리조례〉를 제정하면서 최초로 도입되었다.34) 이후 〈입법법〉에 이 제도를 명문화하면서 전국으로 확대되었고, 지금은 대부분의 성급 지방인대가 중요한 법규를 제정할 때에는 입법 청문회를 개최한다.35) 전국인대도 2001년 〈혼인법〉을 수정할 때 전문가 좌담회, 공개 의견 수렴과 함께 입법 청문회를 개최했

---

31) 起草辦公室 編, 『上海市青少年保護條例立法紀實』(上海 : 上海社會科學院出版社, 1987), pp. 92-93, 388-389.
32) 상하이시 인대 및 사회단체 관계자와의 인터뷰 : 2003년 8월과 2004년 2월, 상하이시.
33) 톈진시 인대 및 사회단체 관계자와의 인터뷰 : 2001년 수차례, 톈진시 ; 광둥성 인대 및 사회단체 관계자와의 인터뷰 : 2004년 8월, 광저우.
34) 凌蘇, "這實際上也是本屆省人大常委會工作的基本經驗,"『人民之聲』2003년 1期, pp. 4-9.
35) 최근 베이징시 인대 사례는 : "立法聽證 : 關注傾聽姿態, 更關注吸納內容,"〈人民網〉2004年9月 6日(검색일 2004년 9월 7일), 간쑤성 인대 사례는 甘肅省人大常委會法工委, "加强立法提高質量促進發展 : 甘肅省九屆人大常委會5年立法工作回顧,"『人大研究』2003년 2期, pp. 19-20, 저장성 인대 사례는 珉珂, "地方人大現行立法聽證會制度比較研究,"『人大研究』2003年 4期, pp. 26-31 참조.

다.36) 상하이시 인대도 예외는 아니다. 2001년 〈상하이시 중소학교학생상해사고처리조례〉를 제정할 때 이 제도를 도입한 이후 지금까지 모두 4건의 법규제정 과정에서 입법 청문회를 개최했다.37)

법안을 공표하여 대중의 의견을 수렴하는 제도는 1990년대 후반부터 전국적으로 광범위하게 사용되었다. 최근에 국민 생활과 밀접히 연관된 법규를 제정할 때에는 거의 보편적으로 신문을 통해 초안을 공표하여 대중의 의견을 구한다. 예를 들어, 상하이시 인대는 1998년 이후 2003년까지 모두 10건의 법규 초안을 신문에 공고하여 대중의 의견을 들었다.38) 또한 중요하거나 의견 차이가 심한 법안의 경우에는 관련 분야 전문가들을 초빙하여 좌담회를 개최하여 의견을 조정하기도 한다. 그 밖에 의회가 심의 중인 법안을 각 국가기관과 사회단체, 하급 의회에 보내 의견을 청취하는 제도도 보편적으로 사용되고 있다. 이처럼 의회는 입법 청문회, 전문가 좌담회, 대중의견수렴제도를 통해 부서 이기주의 문제를 일부 해결할 수 있었다.39)

그런데 정부의 부서 이기주의 문제를 해결하는 가장 중요한 방법은 의회의 법안심의 과정을 좀 더 엄격하게 하는 것이다. 법안기초 주체의 다원화나 입법과정 공개화 등은 한계가 있기 때문이다. 이것은 두 가지 제도 개선을 통해 이루어졌다. 첫째는 '2심3독(兩審三讀)제도'의 도입이다(전국인대는 '3심제도' 도입). 이전에 의회가 법안을 심의할 때에는 대개 제1차 심의 후 곧바로 법안을 통과시키는 경우가 많았다. 이 때문에 의회의 법안심의는 형식적이었고, 정부 부서가 기초한 대부분의 법안은 큰 수정 없이 통과되었다.

그런데 상하이시 인대의 경우 1998년 자구(字句) 수정으로 끝나는 법규수정을 제외한 모든 법안은 의회에서 최소한 두 번 심의하고 세 번째 심의에서 독회 후 표결하는 2심3독제도가 도입되었다. 지방인대 상무위원회는 2개월에

---

36) 王勝明·孫禮海 主編, 『〈中華人民共和國婚姻法〉修改立法資料選』(北京: 法律出版社, 2001); 彭東星, "星星點點話立法: 九屆全國人大立法工作紀實," 『中國人大』 2002年 24期, pp. 11-14.
37) 上海市人大常委會研究室, 『實踐與探索』, p. 62; 王宗炎, "關于地方立法審議制度的若干問題," 『上海人大月刊』 2002年 10期, http://www.spcsc.sh.cn(검색일 2003년 7월 29일).
38) 文菁, "上海: 地方立法24年諸多創新," 〈人民網〉 2004年8月27日(검색일 2004년 8월 29일).
39) 상하이시 인대 고위 관계자와의 인터뷰: 2004년 2월 17일, 상하이시.

1회 정기회의를 개최하기 때문에 2심3독제도가 도입된 이후 법안심의에는 최소 4개월이 소요된다. 우선, 법안초안에 대한 의견 대립이 적을 경우 제2차 심의 이후 바로 표결에 들어간다. 그런데 제2차 심의 이후에도 이견을 해소하지 못할 경우에는 2개월 후에 개최되는 제3차 회의까지 심의를 지속하며, 제3차 회의에서는 토론 없이 수정된 최종안을 표결 처리한다. 이 경우 의회는 6개월 정도 법안을 심의하게 된다.[40]

둘째는 '통일심의제도'를 도입한 것이다. 상하이시 인대를 예로 들면, 전에는 대부분 국가의 의회가 하는 것처럼 각 전문위원회가 관련 법안심의를 주도했다. 이 제도는 법안심의에서 의회의 전문성을 발휘할 수 있다는 장점은 있었지만 이에 따른 문제도 적지 않았다. 우선, 각 전문위원회와 정부 유관 부서가 밀접히 연관되어 있기 때문에 정부가 기초한 법안에 대해 엄격히 심사하지 못하는 문제가 발생했다. 즉 부서 이기주의 문제를 제대로 해결하지 못한 것이다. 또한 각 전문위원회는 법안의 적법성(형식)보다는 내용을 중시함으로써 통과된 법규가 상위법과 충돌하는 문제가 발생했다. 그 밖에도 각 전문위원회가 심의하여 통과시킨 법규가 서로 모순된 규정을 담고 있음으로써 실제 법규의 집행 과정에서 문제가 발생하는 경우도 있었다.

이 문제를 해결하기 위해 상하이시 인대는 1998년 법공위를 신설하여 모든 법안에 대한 통일심의를 담당하게 했다. 이후 〈입법법〉의 규정에 따라 2001년에는 법제위원회(法制委員會, 이하 법제위)가 전문위원회로 정식 설립되어 법안의 통일심의를 주도했고, 법공위는 이것을 보조하는 사무기구로 재편되었다. 법제위와 각 전문위원회 사이의 임무도 조정되었다. 각 전문위원회는 해당 법안을 사전심의하고 그 심의 결과를 의회의 제1차 심의에 보고하는 역할을 맡는다. 또한, 각 전문위원회는 법제위가 통일심의를 진행할 때 참석하여 의견을 개진할 수 있다. 한편 법제위는 의회의 제1차 심의 내용에 근거하여 법안에 대한 통일심의를 진행한다. 이때 필요할 경우 입법 청문회나 좌담회 등을 개최하여 의견

---

40) 上海市人大常委會研究室, 『實踐與探索』, pp. 128-147 ; 王宗炎, "關于地方立法審議制度的若干問題".

을 수렴하기도 한다. 이후 법제위는 심의 결과 보고와 수정안을 의회의 제2차 심의에 제출한다. 이처럼 법제위가 법안에 대해 통일적으로 심의함으로써 부서 이기주의를 상당히 방지할 수 있게 되었다.41)

마지막으로, 상하이시 인대는 의회의 입법 역량을 강화하기 위한 노력도 경주했다. 우선, 앞에서 보았듯이 입법 업무를 전담하기 위해 1998년 법공위와 2001년 법제위를 신설했다. 또한 실무 인원도 증원했다. 2004년 상하이시 인대에서 입법 업무에 직간접으로 참여하는 사무직원은 모두 160명이고, 이들 중에서 입법 업무만 전담하는 인원은 30명이다. 이 중 고위급 간부는 출신 배경이 다양하지만, 젊은 직원은 대학에서 법학을 전공한 법률 전문가이다. 또한, 상하이시 인대 상무위원회를 구성하고 있는 65명의 위원 중에서 약 50% 정도는 의회 업무에만 종사하는 전임(專職) 위원이다. 이것은 1998년 이전보다 약 10% 증가한 것이다. 전임 위원 비율의 증가는 의회 입법 역량 강화와 관련하여 매우 중요한 의미를 갖는다. 왜냐하면 이들이 의회의 법안기초와 심의 등 입법 업무를 주도하기 때문이다. 한편 현재 입법 업무 전담 부서인 법공위의 경우 위원 6명 전원이 전임 위원이며, 법제위 위원은 9명 중 6명이 전임 위원이다.42)

이상에서 살펴본 것처럼, 의회는 강화된 입법 자율성과 법률 수요 증가를 기반으로 입법 과정에서 발생하는 정부의 부서 이기주의를 방지하기 위해 입법 과정의 제도화에 많은 노력을 기울였다. 법안기초 주체의 다원화, 입법 과정 공개와 참여 확대, 2심3독제도와 통일심의제도의 도입은 대표적인 예이다. 이와 같은 노력을 통해 지방의회의 입법 과정은 전보다 제도화되었고, 의회와 정부 사이의 관계에서도 의회가 어느 정도 주도권을 갖게 되었다.

---

41) 上海市人大常委會研究室, 『實踐與探索』, pp. 50-67, 128-147; 王宗炎, "關于地方立法審議制度的若干問題".
42) 상하이시 인대 고위 관계자와의 인터뷰: 2003년 8월 13일과 2004년 2월 17일, 상하이시; 蔡定劍·王晨光, 『人民代表大會二十年發展與改革』, p. 95.

4. '중국 특색의 입법정치': 입법 사례 분석

　개혁기 중국 정치에서 입법정치는 새로운 정치 공간으로 등장했다. 여기에는 공산당이나 정부 같은 기존의 정치 주체 외에도 의회와 사회단체가 새로운 주체로 참여한다. 입법 과정에서 나타나는 정부 부서, 의회 전문위원회, 그리고 사회단체 사이에 이루어지는 대립과 갈등, 제휴와 연대 현상은 이것을 잘 보여준다. 이것은 1990년대 이후 중국의 입법정치에서 비교적 보편적으로 나타난 새로운 특징이다.

　일반적으로 정도의 차이는 있지만 자유민주주의 체제의 의회정치에서는 '철의 삼각형' 현상이 나타난다. 이는 정부 부서, 의회 상임위원회, 그리고 이익단체(압력단체)가 각자의 이익 증진을 목적으로 특정 정책이나 법안을 관철시키기 위해 연합하는 현상을 지칭한다. 예를 들어, 의회 상임위원회는 특정 정책(법안)을 통과시킴으로써 정부 관련 부서에 더 많은 예산과 권한을 부여한다. 이에 대해 정부 부서는 그 상임위원회 소속 의원들의 재선(再選)에 필요한 여러 가지 자원(특정 선거구나 지지 집단에 대한 정책 지원)을 지원한다. 마지막으로 유관 사회단체는 해당 정부 부서 및 상임위원회와의 밀접한 협조 관계를 통해 특혜 정책이나 각종 지원을 받는다. 한편, 이들 사이의 협조 관계는 인적 교류와 장기간에 걸친 업무 교류를 통해 형성된다.[43]

　중국 지방의회의 입법정치에서도 비록 성격은 조금 다르지만 이와 유사한 현상이 나타나고 있다. 다만 의회가 제정하는 법규 성격에 따라 입법 주체의 참여 범위와 활동, 각 집단 사이의 협력과 대립이 다르게 나타나고 있다. 우리는 이를 개별 입법 사례 분석을 통해 확인할 수 있다.

---

[43] Glenn R. Parker, *Characteristics of Congress: Patterns in Congressional Behavior* (Englewood Cliffs: Prentice Hall, 1989), pp. 199-215; Roger H. Davidson and Walter J. Oleszek, *Congress and Its Members*(4th edition)(Washington D.C.; CQ Press, 1994), pp. 306-307.

(1) 〈상하이시 노동조합조례〉(2002) 수정 사례

〈상하이시 노동조합조례〉(이하 〈노동조합조례〉)는 노동자 권익과 노동조합의 합법 활동 보호를 위해 제정된 노동조합 관련 전문법규이다. 따라서 이 법규의 제정 및 수정 과정에서 상하이시 총공회(總工會, 노동조합연합회)가 적극적으로 참여한 것은 당연하다. 동시에 이 법규는 다른 정부 부서나 기타 사회단체의 이익과는 큰 관련이 없다. 그래서 이들이 〈노동조합조례〉의 수정 과정에 적극적으로 참여할 필요는 없었다. 마지막으로, 〈노동조합조례〉는 상위법인 〈노동조합법〉을 상하이 지역에서 집행하는 데 필요한 구체적인 방법과 절차 등을 규정한 실시성법규이다. 그래서 〈조례〉가 담고 있는 내용은 〈노동조합법〉에 규정되어 있고, 이것은 중앙에서 조정을 거쳐 확정된 것이기 때문에 상하이 지역에서 이에 대해 재론할 필요는 없었다. 이상과 같은 이유로, 2002년 상하이시 인대 상무위원회가 〈조례〉를 수정할 때에는 큰 논란이 없었다.

우선, 상하이시 총공회는 2002년 3월 제11기 상하이시 인대 제5차 연례 회의에서 12명의 노동조합 간부 출신의 대표 명의로 〈노동조합조례〉의 수정을 요구하는 의안(議案)을 의회에 제출했다.44) 이에 앞서 전국인대 상무위원회는 1994년 제정되고 1997년 제1차 수정된 〈노동조합법〉이 변화된 노동조건을 제대로 반영하지 못하는 문제점을 개선하기 위해 약 2년에 걸친 조사와 심의 끝에 2001년 10월에 〈노동조합법〉을 대폭 수정했다. 수정된 주요 내용은 노동조합의 직능에 대해 좀 더 명확히 규정(직공의 합법 권익을 보호하는 것이 노동조합의 직책)하고 노동조합 간부의 활동을 보장하는 것(직원 250인 이상인 사업장에는 전임 노동조합 주석을 두고, 주석/부주석은 조합원대회나 대표대회에서만 파면 가능), 기업별·산업별 노조조직 외에 25명 이상이면 기층노조위원회(基層工會委員會)를 구성할 수 있도록 한 것, 마지막으로 〈노동조합법〉의 규정을 어긴 기업이나 개인에 대한 처벌규정을 신설한 것 등이다.45)

---

44) 屠國明, "突出依法維權 體現上海特色 : 淺談修改後的〈上海市工會條例〉," 『工會理論研究』2002年 6期, pp. 22-23, 30.

상하이시 인대는 의안을 접수한 후 심의를 거쳐 원래 입법 계획에 없던 〈노동조합조례〉 수정을 2002년도 입법 계획에 포함시켰다. 이처럼 의회가 외부의 요구를 수용하여 입법 계획을 수정한 사례는 그렇게 많지 않다. 이후 상하이시 인대 내무사법위원회, 법공위, 상하이시 총공회를 중심으로 법안기초소조(起草小組)가 구성되어 조사와 초안 마련을 위한 준비에 들어갔다. 이 과정에서 상하이시 총공회가 중심적인 역할을 수행했다. 수정 내용은 위에서 살펴본 〈노동조합법〉 수정 사항을 거의 그대로 반영하는 것이었다. 의회가 2002년 7월과 9월 두 차례에 걸쳐 법안을 심의할 때에 다른 정부 부서나 사회단체, 전문위원회 위원들이 문제 제기를 하지 않아 이 법안은 비교적 순조롭게 통과되었다.46)

이상에서 보았듯이 〈노동조합조례〉처럼 특정 사회단체와 관련된 전문법규는 해당 사회단체가 입법청원과 법안기초 등 전체 입법 과정에서 주도적인 역할을 담당한다. 이는 중국의 입법정치에서 사회단체가 주요한 입법 주체로 등장했음을 의미한다.

(2) 〈상하이시 노동계약조례〉(2001) 제정 사례

〈노동조합조례〉와는 달리 〈상하이시 노동계약조례〉(이하 〈노동계약조례〉) 제정 과정에서는 정부 부서, 의회 전문위원회, 노동조합과 기업가 단체 사이에 심

---

45) 中華全國總工會 法律工作部,『中華人民共和國工會法講話』(北京 : 中國工人出版社, 2001), pp. 2-4.
46) 朱濟民, "關于〈修改上海市工會條例〉的決定〈草案〉和廢止〈上海市中外經營企業工會條例〉的說明,"『上海市人大常委會公報』152號(2002), http://www.spcsc.sh.cn(검색일 2003년 6월 29일) ; 胡廷福, "市人大法制委關于〈關于修改海市工會條例的決定草案〉審議結果的報告,"『上海市人大常委會公報』152號(2002), http://www.spcsc.sh.cn(검색일 2003년 6월 29일) ; 郁侃, "爲使百萬職工更放心 : 市人大常委會對修改工會條例進行立法調硏,"『上海人大月刊』2002年 6期, http://www.spcsc.sh.cn(검색일 2003년 7월 29일) ; 丁賢, "努力開創工會工作新局面 : 介紹修改後的〈上海市工會條例〉,"『上海人大月刊』2002年 10期, http://www.spcsc.sh.cn(검색일 2003년 7월 29일) ; 상하이시 인대 및 총공회 고위 관계자와의 인터뷰 : 2003년 8월 13일, 2004년 2월 18일, 상하이시.

각한 의견 대립과 갈등이 있었다. 이것은 기본적으로 이 조례가 〈노동조합조례〉와는 다른 성격을 갖고 있기 때문이다. 먼저, 이 법규는 기업과 노동자 사이의 노동계약 체결을 규정한 것으로 노동자뿐만 아니라 기업의 이해와 밀접히 연관되어 있다. 이에 따라 노동자의 이익을 대변하는 총공회는 입법 과정에 적극적으로 참여하여 노동자에게 유리한 규정을 담기 위해 노력했다. 반대로 공상업연합회(工商業聯合會, 이하 공상련)나 사영기업가협회(私營企業家協會)와 같은 기업가단체, 업종협회(行業協會, 업종별 직능단체), 그리고 경제위원회(經濟委員會)와 같은 정부 유관 부서는 기업의 이익을 대변하기 위해 노력했다.47) 의회의 재정경제위원회(財政經濟委員會, 이하 재경위)와 법제위도 법안 심의 과정에서 한편에서는 특정 집단의 이익을 대변하기 위해, 다른 한편에서는 법규가 좀 더 공정하게 만들어지게 하기 위해 노력했다. 이 과정에서 각 집단 사이에 대립과 갈등이 발생했던 것이다.

노동계약을 규정하는 상위법인 〈노동법〉(勞動法)은 1994년 제정되었다. 상하이시 정부는 이에 기초하여 1994년 〈노동계약규정〉이라는 행정규장을 제정했다. 이후 상하이 지역에서는 노동계약제가 보편화되었고, 2000년 말 무렵에는 300만여 명의 노동자가 기업과 노동계약을 체결하여 노동계약 체결률이 98%에 달했다. 그런데 현행 규정이 변화된 현실을 제대로 반영하지 못함으로써 여러 가지 문제가 발생했다. 예를 들어, 기업 파산 후 노동계약 관계는 어떻게 되는가에 대한 명확한 규정이 없었다. 이런 규정 미비로 인해 노동계약과 관련된 노동쟁의가 급격히 증가했다. 예를 들어 2000년에 상하이시 노동쟁의중재위원회에 접수된 중재 신청 건수가 1만 1,046건으로 전년에 비해 40.7% 증가했다. 이에 따라 의회는 〈노동계약조례〉을 2001년도 입법 계획에 포함시켜 법규제정을 추진했다.48)

---

47) 2004년 현재 상하이시에는 기업과 관련된 두 종류의 사회단체가 있다. 하나는 공상련이나 사영기업가협회처럼 기업이 개인이나 단체가 참여하는 기업가단체이다. 다른 하나는 각 산업부문별로 구성된 업종협회이다. 예를 들어, 철강, 섬유, 전자, 부동산, 유통 등에 종사하는 기업들은 부문별로 정부 유관 부서의 지도 아래 각자 업종협회를 만든다. 현재 상하이시에는 이 같은 업종협회가 약 160개가 있고, 그 수는 점차로 증가하고 있다.

법안기초는 정부 노동사회보장국(勞動和社會保障局, 이하 노동국)과 경제위원회, 상하이시 총공회가 맡았고 정부 법제판공실, 의회 재경위와 법공위도 여기에 참여했다. 실제 법안기초 과정에서는 노동국이 기초소조(起草小組) 조장, 총공회가 부조장을 맡아 기초를 주도했다. 나머지 정부 부서와 의회 전문위원회는 완성된 내부 토론용 초고에 대해 의견을 제시하는 정도였다. 이때 노동국은 정부 대표로서 정부의 경제 방침에 입각하여 기업의 요구와 노동자의 요구를 모두 수용하려는 자세를 보였다. 이에 비해 총공회는 노동자의 이익을 대변하려고 노력했다. 그래서 기초 과정에서는 주요 쟁점을 놓고 노동국과 총공회가 첨예하게 맞서는 경우가 많았다.

정부 노동국과 총공회가 대립했다는 것은 우리의 상식에서 벗어나는 것이다. 일반적으로 정부 노동국은 총공회와 마찬가지로 노동자의 이익을 대변하는 정부 부서로 인식되기 때문이다. 따라서 상식적으로 볼 때 초안 작성 과정에서는 기업가단체, 업종협회, 그리고 정부 경제 관련 부서를 한편으로 하고, 정부 노동국과 총공회를 다른 한편으로 하는 대립 구도가 형성될 것으로 예상해 볼 수 있다. 그런데 실제 기초 과정에서는 노동국이 주로 정부 경제 관련 부서와 기업의 요구를 대변하려고 함으로써 총공회와 대립하는 형세가 조성되었다.[49] 이렇게 해서 만들어진 법안초안은 기업과 정부 경제 관련 부서의 요구를 대폭 수용한 것이었다.[50]

〈노동계약조례〉 입법 과정에서는 다음 세 가지 사항이 쟁점으로 부각되었다. 첫째는 입법 목적이다. 〈조례〉의 상위법인 〈노동법〉 제1조에는 "노동자의 합법 권익을 보호하고, 노동 관계를 조정하여 사회주의 시장경제에 부응하는 노동계약제도를 수립 및 유지하기 위해" 법을 제정한다고 밝히고 있다.[51] 상하이시 총공회는 이에 근거하여 만약 입법 목적을 명시해야 한다면 "노동자의 합

---

48) 上海市人大常委會 法制工作委員會 編, 『〈上海市勞動合同條例〉釋義』(上海 : 上海人民出版社, 2002), pp. 101-110.
49) 상하이시 총공회 고위 관계자와의 인터뷰 : 2004년 2월 18일, 상하이시.
50) 上海市人大常委會, 『〈上海市勞動合同條例〉釋義』, pp. 104-109 ; 상하이시 총공회 및 공상련 고위 관계자와의 인터뷰 : 2004년 2월 17일과 18일, 상하이시.
51) 中國金融工會全國委員會 編, 『工會工作重要文件選編』(北京 : 中國金融出版社, 2002), p. 141.

법 권익 보호"가 〈조례〉 제1조에 들어가야 한다고 주장했다. 이에 대해 기업가 단체와 정부 경제 관련 부서는 노동계약 당사자의 하나인 기업의 합법 권익도 중요하다고 주장하면서 "노동계약 쌍방 당사자의 합법 권익 보호"를 입법 목적으로 할 것을 제기했다.

둘째는 '10+3규정'의 존폐 여부이다. 1994년 〈노동계약규정〉에는 노동자가 한 기업에서 10년 이상 근무한 경우 퇴직 전 3년 동안에는 그 기업이 노동계약을 해지할 수 없다는 조항이 있었다. 총공회는 이 조항이 노동자의 이익 보호에 필요하다는 근거로 이 조항의 존속을 주장했다. 반면 기업가단체와 정부 유관 부서는 이것이 시대에 뒤떨어진 낡은 규정임을 들어 폐지를 주장했다.

셋째는 노동계약과 관련된 노동조합의 권한 강화 규정이다. 총공회는 약자인 노동자를 보호하기 위해서는 노동조합이 노동계약에 개입해야 한다고 생각했다. 그래서 "기업 단독으로 노동계약을 해지할 때에는 반드시 노동조합의 의견을 청취해야 하고 만약 그렇지 않으면 계약 해지는 무효"라는 규정을 포함시킬 것을 주장했다. 이에 대해 정부 유관 부서와 기업가단체는 반대했다. 계약 당사자는 기업과 노동자이지 노동조합은 아니라는 이유에서였다.[52]

이상의 쟁점에 대해 상하이시 인대 전문위원회 사이에도 의견 대립이 있었다. 우선, 재경위는 철저하게 총공회의 입장에 섰다. 재경위는 의회가 제1차 법안심의를 진행할 때 제출한 "심의의견보고"에서, 〈노동계약조례〉는 약자인 노동자를 보호해야 하며 이를 위해서는 초안에 빠져 있는 "노동자의 합법 권익 보호"라는 입법 목적을 삽입해야 한다고 주장했다. 또한 초안에서 '10+3규정'을 폐지한 것은 경제 효율성만을 중시한 기업의 입장에 치우친 것으로 이 규정도 유지되어야 한다고 주장했다. 마지막으로, 재경위는 노동계약과 관련된 노동조합의 권한 강화 규정도 타당한 것으로, 법규에 반드시 포함시켜야 한다고 주장했다.[53]

---

[52] 上海市人大常委會, 『〈上海市勞動合同條例〉釋義』, pp. 104-109 ; 鄭光軍, "心系人民 坦誠直言 : 市人大常委會審議勞動合同條例草案," 『上海人大月刊』 2001年 10期, http://www.spcsc.sh.cn (검색일 2003년 7월 29일) ; 상하이시 총공회 및 공상련 고위 관계자와의 인터뷰 : 2004년 2월 17일과 18일, 상하이시.

그러나 인대 법제위는 이상과 같은 재경위의 심의 결과를 대부분 수용하지 않았다. 물론 이것은 법제위가 단독으로 결정한 것은 아니다. 법제위는 의회의 제1차 심의에서 제기된 다른 위원들의 의견을 참고했고, 입법 청문회(1회 개최)와 유관 단체 좌담회(7회 개최)에서 제기된 의견, 신문에 법안을 공표한 후 접수된 총 1,264건의 시민 의견도 종합적으로 고려했다.54) 우선, 법제위는 입법 목적과 관련된 재경위의 의견을 수용하지 않았다. 그 결과 최종 제정된 〈노동계약조례〉 제1조에는 "노동 관계를 조정하고, 사회주의 시장경제에 부응하는 노동계약제도를 건립 및 유지"하기 위해 법규를 제정한다고 규정했다.55) 또한 '10+3규정' 존속 주장도 거부했다. 이 규정은 외국 기업에는 적용되지 않는데, 중국이 세계무역기구(WTO)에 가입한 이후 이 같은 차별 규정을 두는 것은 불합리하다는 것이다. 뿐만 아니라 이 규정을 그대로 두면 기업들이 나이 많은 노동자를 고용하기를 꺼리게 되고, 그렇게 되면 노동자에게도 해가 된다는 것이다. 다만 노동계약과 관련된 노동조합의 권한 강화 규정은 수용했다.56)

그렇다면 의회 법안심의 과정에서 상하이시 인대 재경위와 법제위 사이에 이처럼 큰 의견 차이가 발생한 것은 무엇 때문인가? 여기에는 몇 가지 이유가 있다. 우선, 법안심의에서 무엇에 중점을 두는가에서 차이가 난다. 의회 전문위원회는 기본적으로 법규의 내용에 신경을 쓰지만, 법제위는 법규의 논리적 타당성과 적법성, 즉 상위법 및 다른 법규와의 충돌 여부에 중점을 둔다. 또한, 법안심의 방식이 다르다. 의회 전문위원회는 주로 각 전문위원회의 독립된 의견에 기초하여 법안을 심의한다. 다시 말해 각 전문위원회가 법안을 심의할 때에는 다른 전문위원회나 위원들의 의견에 신경 쓸 필요 없이 자체적으로 실시한 조사와 연구에 기초하여 자신들의 독자적인 심의 의견을 제출하면 된다. 이

---

53) 上海市人大常委會, 『〈上海市勞動合同條例〉釋義』, pp. 111-115.
54) 李磊·陳榮華, "市民參與立法的有益實踐," 『上海人大月刊』 2001年 10期(검색일 2003년 7월 29일); 沈建明, "實踐立法聽證提高立法質量: 記海市勞動合同條例立法聽證會," 『上海人大月刊』 2001年 11期, http://www.spcsc.sh.cn(검색일 2003년 7월 29일).
55) 上海市人大常委會, 『〈上海市勞動合同條例〉釋義』, p. 87.
56) 上海市人大常委會, 『〈上海市勞動合同條例〉釋義』, pp. 116-130; 상하이시 인대 고위 관계자와의 인터뷰: 2003년 8월 13일, 상하이시.

에 비해 법제위는 무엇보다 법안심의 과정에서 제기된 다른 위원들의 의견과 공청회 등을 통해 수렴된 대중의 의견에 근거하여 법안을 심의해야 한다. 즉, 법제위는 독자적인 목소리를 내기보다는 제기된 의견을 종합하고 정리하는 데에 더 큰 비중을 둔다는 것이다.[57]

그런데 좀 더 직접적인 원인은, 의회의 각 전문위원회는 정부의 특정 부서 및 사회단체와 밀접히 연관되어 있는 데 비해 법제위는 그렇지 않다는 사실이다. 이는 전국인대와 지방인대 모두에 해당한다. 일반적으로 의회 전문위원회와 정부 유관 부서, 사회단체는 매우 밀접한 관계를 유지하고 있다. 우선, 이들 전문위원회는 정부 특정 부서나 사회단체와 오랜 기간에 걸쳐 협조 관계를 유지해 왔다. 서로 유사한 계통의 업무를 추진하기 때문이다. 또한 이들 사이에는 인적 구성 면에서도 밀접한 관계가 있다. 예를 들어, 의회 재경위 주임과 소속 위원의 상당수는 정부 유관 부서나 노동조합과 같은 사회단체의 고위 간부 출신이다. 의회의 내무사법위원회, 교육과학문화위생위원회(敎育科學文化衛生委員會, 교과문위), 도시건설환경보호위원회(城市建設環境保護委員會)도 마찬가지이다. 이런 이유로 이들은 법안을 심의할 때 정부 유관 부서나 사회단체의 입장을 대변하는 경향이 있다.

이에 비해 의회 법제위는 법안의 통일심의를 담당하기 때문에 정부 특정 부서나 사회단체와 일상적으로 업무를 교류하는 경우가 많지 않다. 또한, 법제위의 경우 정부 특정 부서나 사회단체 출신의 위원이 다수를 차지하는 경우는 없다. 한마디로 말해 법제위는 정부 부서 및 사회단체와 '밀접한 관계'를 맺고 있지 않다는 것이다. 법제위가 특정 부문의 이익을 초월하여 법 논리에 충실하게 법안을 심의할 수 있는 것은 이 때문이다. 특히 법제위는 전문위원회가 정부 특정 부서나 사회단체의 견해를 일방적으로 대변하려고 할 때 그것을 견제하려고 한다. 이런 이유로 법제위가 법안에 대한 통일심의를 시작한 이후 입법 과정에서 발생했던 부서 이기주의 문제는 상당히 해소될 수 있었다.[58]

---

[57] 상하이시 인대 고위 관계자와의 인터뷰 : 2003년 8월 13일, 상하이시.
[58] 상하이시 인대 고위 관계자와의 인터뷰 : 2003년 8월 13일, 상하이시.

〈노동계약조례〉 입법 과정에도 이런 현상이 나타났다. 법안기초 과정에서는 정부 노동국이 주로 정부 경제 관련 부서와 기업가단체의 입장에서 이들에게 유리한 방향으로 법안을 기초했다. 즉, 기초 과정에서는 기업연합세력(정부 노동국+경제위원회+기업가단체) 대(對) 노동조합(총공회)이라는 대립 구도가 형성되었다. 의회의 법안심의 과정에서 인대 재경위는 총공회의 입장에서 기업에게 유리하게 만들어진 법안초안을 수정하려고 노력했다. 이에 대해 정부 경제 관련 부서와 기업가단체는 원래의 초안을 유지하려고 노력했다. 즉, 법안심의 과정에서는 기업연합세력(정부 유관 부서+업종협회) 대 노동조합세력(의회 재경위+총공회)의 대립 구도가 형성된 것이다. 의회 법제위는 법안통일심의에서 기본적으로는 기업연합세력의 입장에 있었지만 동시에 대립되는 두 집단의 견해를 절충하려는 노력도 기울였다. 그 결과 세 가지 쟁점 중에서 두 가지 즉, 입법 목적과 '10+3규정'은 기업에 유리하게, 나머지 한 가지 즉, 노동조합 권한 강화는 노동조합에 유리하게 해결되었다.

한편 상하이시 총공회는 자신들의 입장이 〈노동계약조례〉의 입법 과정에서 비교적 충실히 반영되었다고 생각한다. 우선, 입법 목적과 관련하여 〈조례〉가 노동조합의 요구를 수용하지 않았지만 그렇다고 정부 경제 관련 부서나 기업가단체의 요구를 수용한 것도 아니었다. 원래 총공회는 "노동자의 합법 권익 옹호"를 〈노동계약조례〉의 입법 목적에 명시하지 않아도 좋다는 생각을 가지고 있었다고 한다. 상위법인 〈노동법〉에 이미 이 규정이 있기 때문에 〈조례〉에 그것을 다시 명시하지 않아도 입법 목적은 충분히 달성할 수 있었기 때문이다. 그런데 반대 입장에서 〈노동법〉의 규정에서 벗어나는 내용, 즉 "노동계약 쌍방 당사자의 합법 권익 보호"를 입법 목적으로 할 것을 주장했고, 총공회는 이것을 절대 수용할 수 없었다. 그래서 총공회는 법안심의 과정에서 입법 목적과 관련된 규정을 아예 삭제하자는 주장을 제기했고, 그것이 최종 수용되어 〈조례〉 제1조에는 두 입장이 모두 배제되었다는 것이다. 만약 이 주장이 사실이라면, 총공회는 정부 경제 관련 부서와 기업가단체가 기업에게 유리한 조항을 삽입하려고 한 것을 성공적으로 막은 것이다.[59]

'10+3규정'도 마찬가지이다. 총공회는 원래부터 이 조항의 존속을 강력히 주장할 생각이 없었다. 자체 조사 결과 이 조항이 불합리하다는 것을 잘 알고 있었기 때문이다. 상하이 지역에서는 노동계약제가 이미 보편적으로 실시되고 있는데, 이 같은 특별 조항은 큰 의미가 없다는 것이다. 또한, 일부 노동자들은 만약 충분한 보상만 받을 수 있다면 조기 퇴직하여 보상금도 받고 새 일자리도 찾는 것이 나쁘지만은 않다는 반응을 보였다. 마지막으로, 퇴직금제도와 양로보험제도가 있기 때문에 대부분의 노동자들은 조기 퇴직 이후에도 생활에는 큰 문제가 없었다. 즉, 총공회는 처음부터 이 규정을 일종의 '협상 카드'로 생각했고, 그래서 이 규정의 폐기에 동의할 수 있었던 것이다. 다시 말해, 정부 경제 관련 부서나 기업가단체의 힘에 밀려 억지로 양보했던 것이 아니다. 대신 노동계약과 관련된 노동조합의 개입 조항은 결코 양보할 수 없는 것으로 끝까지 강력히 주장했고 최종적으로 관철시켰다. 종합하면, 총공회는 〈노동계약조례〉 입법 과정에서 자신의 입장을 충분히 반영시킬 수 있었고, 이런 면에서 비교적 성공적이었다고 자체 평가하고 있다.60)

이상에서 보았듯이, 〈노동계약조례〉의 입법 과정에는 정부 부서, 의회 전문위원회, 사회단체가 자신의 이익 증진을 위해 서로 대립하고 연합하는 구도가 형성되었다. 또한 의회 법제위의 조정과 타협을 통해 이들 주장의 일부가 조례에 모두 반영되는 방식으로 의견 대립이 해소되었다.

(3) 〈상하이시 소비자보호조례〉(2002) 수정 사례

〈상하이시 소비자보호조례〉(이하 〈소비자조례〉)는 입법 과정에서 〈노동계약조례〉만큼이나 논란이 많았다. 〈소비자조례〉에서 규정하고 있는 내용이 단순히 소비자와 기업뿐만 아니라 정부 유관 부서와 상하이시 소비자협회의 이해와도 밀접히 연관되어 있기 때문이다. 이 조례의 입법 과정은 〈노동계약조례〉에서처

---

59) 상하이시 총공회 고위 관계자와의 인터뷰 : 2004년 2월 18일, 상하이시.
60) 상하이시 총공회 고위 관계자와의 인터뷰 : 2004년 2월 18일, 상하이시.

럼 철의 삼각형 현상과 의회의 이익 조정자 역할이 전형적으로 나타난 사례라고 할 수 있다.

상하이시는 시장경제가 발전한 지역으로, 소비자 권익 보호 문제가 비교적 일찍부터 사회적 관심사가 되었다. 상하이시 인대는 이 문제에 대응하기 위해 1988년 〈상하이시 소비자합법권익보호조례〉를 제정했다. 이후 전국인대 상무위원회는 여러 지역에서 실행되었던 관련 조례를 참고로 1993년 〈소비자권익보호법〉을 제정하였고, 상하이시 인대도 이 법에 근거하여 1994년 〈조례〉를 제1차 수정했다. 그런데 이후 시장경제가 확대 실시되면서 〈조례〉가 변화된 현실을 제대로 반영하지 못하는 문제가 발생했다. 예를 들어, 주택이나 자동차, 의료와 교육 등 대형 내구성 상품과 서비스 재화와 관련된 소비가 확대되고, 이와 관련된 소비자 권익 침해 사례가 빈번하게 발생했다. 또한, 방문판매나 통신판매(인터넷판매) 등 이전에 없었던 새로운 소비 형태에 대해 기존 〈조례〉는 아무런 언급이 없었다. 그 밖에도 중국이 세계무역기구에 가입하면서 소비자 권익을 좀 더 철저하게 보호해야 할 필요성이 제기되었다. 그래서 상하이시 인대는 〈조례〉 수정을 2001년도 입법 계획에 포함시켰다.[61]

법규수정을 위한 준비 작업은 2000년 말부터 시작되었다. 초안 작성은 정부 공상행정관리국(工商行政管理局, 공상국)과 의회 법공위가 참여한 기초소조가 맡았다. 대외적으로는 이렇지만 실제로 기초를 전담한 것은 상하이시 소비자협회였다. 의회 법공위는 기초 과정에서 이 법규의 적법성에 대한 검토를 맡았다.[62] 이 조례는 시민의 소비 및 기업의 생산 활동과 밀접히 관련된 중요한 문제를 다루고 있기 때문에 기초 과정에서부터 논란이 많았다. 그래서 여러 정부 부서와 사회단체에 내부 토론용 초고를 돌려 의견을 청취한 것 이외에도 정부 법제판공실 주최로 입법 청문회가 열렸다. 이후 〈조례〉는 상하이시 인대의 심의를 거쳐 2002년 10월에 통과되었다.[63]

---

61) 上海市人大常委會 法制工作委員會 編, 『〈上海市消費者權益保護條例〉釋義』(上海: 上海人民出版社, 2003), pp. 151-153.
62) 상하이시 소비자협회 고위 관계자와의 인터뷰: 2004년 2월 18일, 상하이시.
63) 上海市人大常委會, 『〈上海市消費者權益保護條例〉釋義』, pp. 153-154, 171-175.

〈소비자조례〉 수정 과정에서 쟁점이 되었던 사항은 다음 세 가지였다. 첫째는 소비자협회의 조정 범위이다. 소비자협회는 소비자의 불만이 많았던 세 가지 항목, 즉 의료, 학원 등의 영리성 교육(營利性培訓), 판매용 주택(商品房)을 협회의 조정 범위에 포함시킬 것을 주장했다. 이에 대해 정부 관련 부서(교육위원회와 위생국)와 사회단체(교육계/의료계)는 의료와 교육은 정부가 제공하는 공공재로 일반 소비재와는 다르고 따라서 조정 범위에 포함시키는 것이 타당하지 않다고 반대했다. 특히 의료 분쟁은 이에 대한 전문법규가 있기 때문에 〈조례〉에 별도의 규정을 둘 필요가 없다는 논지를 전개했다.

둘째는 소비자협회의 권한 강화를 위한 세 가지 제도(三項制度)의 신설이다. 협회는 소비자 권익 보호를 위해서는 협회의 권한을 강화해야 하고 이를 위해서는 소비정보공포제도, 연말감독평가제도, 소비자투서공포제도를 신설해야 한다고 주장했다. 이에 대해 정부 관련 부서와 업종협회는 아무런 견제 장치 없이 협회의 권한만 일방적으로 강화시키는 것은 문제라는 이유로 이 제도의 도입을 반대했다.

셋째는 리콜(召回)제도의 도입 여부이다. 소비자협회는 자동차나 가전제품 등 내구성 소비재에 대한 소비자의 불만을 해소하기 위해서는 리콜제도를 도입해야 한다고 주장했다. 특히 문제가 있는 동일한 제품에 대해 선진국에서는 리콜제도가 있어 보상을 받을 수 있는 데 비해 중국에는 이 제도가 없음으로 인해 소비자들이 손해를 보고 있다는 사실을 지적했다. 이에 대해서 정부 유관 부서와 기업가단체는 시기상조임을 들어 반대했다. 상위법인 〈소비자권익보호법〉에도 리콜제도에 대한 규정이 없을 뿐만 아니라 전국적으로 이 제도를 도입하고 있는 지역은 하나도 없다는 것이다.[64]

법안기초 과정에서 정부 공상행정관리국은 소비자협회의 주장을 비교적 충실히 수용했다. 사실 소비자협회는 공상국의 한 부서인 소비자권익보호처(消費者

---

64) 上海市人大常委會,『〈上海市消費者權益保護條例〉釋義』, pp. 154-161 ; 小龍, "市消協把爲全工作落到實處,"『上海人大月刊』2002年 12期, http://www.spcsc.sh.cn(검색일 2003년 7월 29일) ; 상하이시 소비자협회 고위 관계자와의 인터뷰 : 2004년 2월 18일, 상하이시.

權益保護處)가 관리하는 산하단체라고 할 수 있다. 인적 구성 면에서도 공상국과 협회는 밀접히 연관되어 있다. 즉, 협회 회장(상하이시 인대 의장을 역임한 예공치(葉公琦))을 제외한 주요 간부와 직원 대부분은 공상국에서 옮겨 온 사람들이다. 따라서 법안기초 과정에서 공상국이 협회의 주장을 적극적으로 수용한 것은 당연했다.65) 구체적으로 초안은 조정 범위와 관련하여 교육과 주택을 소비자협회의 조정 범위에 포함시켰다(의료는 제외). 또한 협회가 주장한 세 가지 제도와 리콜제도도 모두 수용했다. 이것은 정부 공상국과 소비자협회가 연합하여 자신의 이익을 극대화하는 방향으로 법안을 기초했다는 것을 의미한다. 즉, 부서 이기주의가 기초 과정에서 나타났던 것이다.

〈소비자조례〉 수정안이 의회에 상정되어 심의에 들어갈 때에는 정부 관련 부서, 의회 전문위원회, 사회단체 사이에 심한 대립과 갈등이 있었다. 우선, 정부 교육위원회와 교육 관련 사회단체는 학교교육뿐만 아니라 영리성 교육(학원교육)도 소비자협회의 조정 범위에 포함시켜서는 안 된다고 강력히 주장했다. 정부 위생국과 의료 관련 사회단체는 의료를 조정 범위에서 제외시킨 초안을 유지해야 한다고 주장했다. 비슷하게 주택 건설과 관련된 기업가단체와 정부 부서도 관련 규정을 완화시키기 위해 노력했다. 이처럼 정부 관련 부서와 유관 사회단체의 반대에 부딪혀 공상국과 소비자협회는 자신들의 주장을 일부 철회할 수밖에 없었다. 의료와 교육이 협회의 조정 범위에서 완전히 제외된 것이다. 이것은 광둥성 인대가 1999년 〈광둥성 '소비자권익보호법'실시방법〉를 제정할 때 조정 범위에 의료도 포함시켰던 것과는 좋은 대조를 이룬다.66) 반면 주택에 대한 규정은 원안대로 확정되었다.

이처럼 교육 및 의료는 조정 범위에서 제외된 반면 주택은 포함된 것은 관

---

65) "上海市消費者協會召開四屆四次理事大會"(2002년 3월 7일), http://www.12315.sh/cgi-bin (검색일 2004년 2월 2일) ; 상하이시 소비자협회 고위 관계자와의 인터뷰 : 2004년 2월 18일, 상하이시. 참고로 상하이시 소비자협회는 2004년 2월 상하이시 인대의 심의를 거쳐 정부 공상국으로부터 분리하여 독립된 비정부조직(NGO)으로 법적 지위가 변경되었다. 명칭도 '상하이시 소비자권익보호위원회'로 바꾸었다.
66) 광둥성 소비자위원회 고위 관계자와의 인터뷰 : 2004년 8월 11일, 광저우시.

련 정부 부서와 사회단체의 권력에서 차이가 났기 때문이다. 즉, 교육 및 의료 관련 정부 부서와 단체의 힘이 막강한 데 비해 주택건설 관련 부서와 단체의 힘은 그에 미치지는 못했다는 것이다.67)

소비자협회의 권한 강화를 위한 세 가지 제도와 리콜제도의 도입도 정부 유관 부서와 기업가단체의 반대에 부딪혔다. 협회에서 주장하는 세 가지 제도가 그대로 실행되면 소비자협회의 권한을 강화시키고 동시에 소비자에게도 어느 정도 이익이 되겠지만 기업에게는 불리한 측면이 있다. 리콜제도도 마찬가지이다. 중국의 다른 지역에서는 리콜제도를 실시하지 않는데 상하이시가 이것을 실시하면 결국 상하이 기업만 불리해진다는 것이다. 그래서 기업가단체가 이 제도의 도입을 반대한 것은 당연했다.

이와 같은 반대에 부딪히자 법안기초 과정에서는 세 가지 제도 도입에 동의했던 정부 공상국도 심의 과정에서는 이것을 지지하지 않았다. 대신 리콜제도에 대해서는 상하이가 중국에서 모범 역할을 해야 한다는 소비자협회의 끈질긴 주장에 동의하여 이를 계속 지지했다. 이렇게 되면서 세 가지 제도의 핵심 내용은 모두 삭제되고, 소비자협회에게는 소비자 문제에 대한 조사권만 허용되었다. 동시에 소비자협회의 행위를 제약하기 위한 조항이 신설되었다. 즉, 소비자협회가 소비 정보를 공개하고 조사를 진행할 때에는 "마땅히 법에 합당해야 하고 객관적이고 공정해야 한다."라는 규정이 추가되었다.68)

상하이시 인대의 법안심의 과정에서 의회 전문위원회 사이에도 대립과 갈등이 있었다. 우선, 법안의 사전심의를 담당한 재경위는 "심의 의견 보고"에서 정부 공상국과 소비자협회의 주장을 적극 지지하는 태도를 보였다. 소비자협회의 조정 범위에 주택뿐만 아니라 교육과 의료도 포함시켰던 것이다.69) 이에 대해 교육과 위생 분야를 담당하는 전문위원회인 교육과학문화위생위원회는 의료계와 교육계의 입장을 반영하여 이에 반대했다.

한편 법안의 통일심의를 담당했던 법제위는 기본적으로 정부 공상국과 소

---

67) 상하이시 소비자협회 고위 관계자와의 인터뷰 : 2004년 2월 18일, 상하이시.
68) 상하이시 소비자협회 고위 관계자와의 인터뷰 : 2004년 2월 18일, 상하이시.
69) 上海市人大常委會, 『〈上海市消費者權益保護條例〉釋義』, pp. 162-165.

비자협회 및 의회 재경위의 주장에 반대했다. 이들이 제출한 "심의보고"에는 교육 및 의료가 소비자협회의 조정 범위에서 제외되었고, 소비자협회가 강력히 주장했던 세 가지 제도도 받아들여지지 않았다. 대신 앞에서 말한 대로 협회의 행위를 제약하는 새로운 조항이 추가되었다. 다만 주택을 조정 범위에 포함시키는 것과 리콜제도 도입은 수용했다.70)

　이상에서 보았듯이, 〈소비자조례〉의 수정 과정은 개혁기 중국 지방의회의 입법정치에서 나타나고 있는 특징을 전형적으로 보여 주고 있다. 우선, 법규제정 과정에서 정부 공상국과 함께 사회단체(소비자협회)가 중요한 역할을 담당했다. 또한 자신의 권한과 이익을 확대하기 위해 정부 유관 부서와 의회 전문위원회, 사회단체가 서로 연합하고 대립하는 현상도 나타났다. 이 조례의 경우 소비자연합세력(정부 공상국+소비자협회+의회 재경위)을 한편으로 하고, 이에 반대하는 연합세력(정부 경제 관련 부서+기업가단체+의료 및 교육 관련 사회단체+의회 교과문위)을 다른 한편으로 하는 대립 구도가 형성되었다. 마지막으로 의회 법제위는 기본적으로 후자의 입장에서 이들의 의견 대립과 갈등을 조정하는 역할을 수행했다. 최종 통과된 〈조례〉는 이런 법제위의 조정 결과를 반영한 것이다.

5. 요약과 평가

　1990년대에 들어 의회 입법 과정에서 의회가 차지하는 지위와 역할이 크게 증대되었다. 우선, 의회와 공산당 사이의 관계에서 의회의 입법 자율성이 신장되었다. 입법 과정에서 공산당은 개별 입법에 개입하는 대신 국가기관 사이의 업무를 조정하고 총괄하는 역할을 맡았다. 이에 따라 의회는 몇 가지 중요하고 민감한 사안을 제외한 나머지 사항에 대해서는 공산당의 사전 검토와 비준 없이 독자적인 판단 아래 법규를 제정할 수 있게 되었다. 입법은 의회의 고유한

---

70) 上海市人大常委會, 『〈上海市消費者權益保護條例〉釋義』, pp. 166-175.

업무가 되었고, 이와 관련된 권한은 의회가 주도적으로 행사할 수 있게 된 것이다. 정부와의 관계에서도 의회는 입법 주도권을 서서히 확보해 가고 있다. 1990년대 이후 정부가 법안기초를 주도하면서 발생했던 부서 이기주의를 해결하기 위해 의회는 입법제도를 정비했다. 입법 계획의 강화, 법안기초 주체의 다원화, 입법 과정의 공개와 참여 확대, 2심3독제도와 통일심의제도의 도입, 의회 입법 역량 강화는 이런 노력의 대표적인 예라고 할 수 있다.

입법정치가 중국 정치에서 의미 있는 정치 공간으로 등장한 데에는 사회경제적 환경 변화가 중요한 배경이 되었다. 시장제도의 정착과 법치의 확대 실시에 따라 법률은 공산당의 지시 및 정부의 행정명령과 함께 사회를 통치하는 중요한 수단이 되었다. 이에 따라 정부 부서와 사회단체는 의회의 입법정치에 적극적으로 참여하여 원천적으로 자신의 이익을 유지하고 확대하려고 노력했다. 특히 입법 과정의 공개와 참여 확대는 정부 부서뿐만 아니라 사회단체도 입법에 적극 참여할 수 있는 기회를 제공했다. 이렇게 되면서 중국 정치에서는 공산당과 정부를 중심으로 한 기존의 정치 공간 이외에 의회를 중심으로 한 입법정치라는 새로운 정치 공간이 형성되었다. 즉, 입법정치가 정부 부서와 사회단체 사이의 이익 대립과 갈등을 조정하고 통제하는 의미 있는 정치 과정이 되었다는 것이다. 앞에서 살펴본 몇 가지 입법 사례는 이를 잘 보여 준다.

입법정치에서 의회는 지금까지 공산당과 정부가 수행한 역할과는 다른 역할을 수행한다. 의회는 무엇보다도 정부 부서와 사회세력 사이에 나타나는 이익 갈등을 조정하는 조정자 역할을 수행한다. 또한 의회는 사회의 다양한 목소리를 수렴하는 역할을 수행한다. 1990년대 이후 의회의 주된 과제가 사회에 절대적인 영향력을 가진 정부의 부서 이기주의를 막기 위한 노력이었다는 점은 이것을 잘 보여 준다. 위와 같은 역할은 의회의 입법 자율성이 신장되고 입법 과정이 제도화되면서 가능해진 것이다. 동시에 이것은 의회가 공산당 및 정부와는 다른 독자적인 활동 영역을 확보하기 시작했음을 보여 준다.

이상의 연구는 개혁기 중국 정치를 이해하는 데 도움을 준다. 우선, 이 연구는 당-국가체제(공산당 일당지배체제)가 유지된 상태에서도 의회가 권한 확대와 조직 능력 강화를 통해 점차 독자적인 대의기관으로 발전하는 것이 가능하다는 사실을 보여 준다. 동시에 중국 정치개혁에서 권력구조 개편, 즉 당-국가체제의 해체가 핵심 과제이지만 그것이 전부는 아니라는 사실을 보여 준다. 의회의 입법 자율성 제고(의회-공산당 관계)와 입법 주도권 강화(의회-정부 관계)는 이를 입증하는 것이다. 또한, 이 연구는 우리가 개혁기 중국 정치를 이해하기 위해서는 의회의 활동에 좀 더 많은 주의를 기울여야 함을 보여 준다. 개혁기 중국 정치에서 의회는 무시할 수 없는 새로운 정치세력으로 등장했다. 따라서 사회단체나 일반 국민이 의회 활동에 참여하면서 발생하는 다양한 정치 현상을 좀 더 세밀히 분석할 필요가 있다.

한편, 개혁기 중국 정치에서 입법정치가 중요하다고 해서 이것이 갖는 명백한 한계를 무시해서는 안 된다. 우선, 중국의 실제 정치 과정에서 법률이 갖는 의미는 여전히 제한적이다. 법률 이외에도 공산당의 지시나 정부의 행정명령이 중요한 역할을 하기 때문이다. 자유민주주의체제에서와는 달리 중국과 같은 당-국가체제에서는 입법정치가 결코 정치의 중심이 될 수 없다. 또한, 입법정치에서 공산당과 정부가 수행하는 역할은 여전히 중요하다. 입법 과정에서 중요하고 민감한 사안에 대해서는 공산당이 종종 최종 결정권을 행사한다. 동시에 법규의 성격상 또한 의회와 사회단체의 능력상 의회와 사회단체가 주도할 수 있는 법규의 범위는 한정된다. 마지막으로, 법률제정과 법률집행 사이에는 여전히 커다란 괴리가 존재한다. 이 때문에 의회와 사회단체가 주도적으로 제정한 법규가 현실에서 그대로 집행된다는 보장은 없다. 그러나 중국에서 법치의 확대 실시와 함께 이런 문제는 점차로 해결되고 있고, 이에 따라 중국 정치에서 입법정치가 갖는 중요성은 계속 증대될 것이다.

제4장

지방의회의 감독 활동

    이 장은 중국 지방의회의 대정부 감독 활동을 분석하는 것이다. 기존 연구가 밝히고 있듯이, 전국인대와 마찬가지로 지방의회의 위상과 역할도 개혁기에 들어 크게 강화되었다. 예를 들어, 성급 지방인대의 입법 활동을 분석한 선 린(Sen Lin), 지방분권화정책 실시 이후 성급 지방인대의 입법권이 강화되었다고 주장했다.1) 또한 시아는 성급 지방인대가 중앙과 기층 사이에 정보 매개자로서의 역할을 수행하면서 정치적 위상이 강화되었다고 주장했다.2) 한편 중국 의회 관계자들의 견해도 이와 유사하다. 이들에 의하면, 전국인대와 지방인대의 감독 활동을 비교했을 때, 지방인대의 활동이 전국인대의 활동보다 더욱 활발하고 실제 감독 효과에서도 더 뛰어난 성과를 거두고 있다고 한다.3)

    그렇다면 중국의 지방의회는 구체적으로 어떤 역할을 어느 정도로 수행하고 있는가? 예를 들어, 지방인대가 전국인대보다 더욱 활발히 전개하고 있다는 감독 역할의 경우는 어떤가? 또한, 공산당과 지방정부와의 권력관계에서 상대적 열세에 있는 지방의회가 자신의 역할을 수행하기 위해 그동안 어떤 전략을 사용해 왔는가? 이 장에서는 이러한 질문에 답하려고 한다. 이를 위해 필자는 현급 지방인대의 감독 활동, 그중에서도 1990년대에 들어 가장 활발히 전개하

---

1) Sen Lin, "A New Pattern of Decentralization in China: The Increase of Provincial Powers in Economic Legislation," *China Information*, Vol. 7, No. 3(Winter 1992~1993), pp. 27-28.
2) Xia, "Informational Efficiency, Organizational Development and the Institutional Linkage of the Provincial People's Congresses in China," pp. 10-11.
3) 全國人大常委會辦公廳研究室 編, 『總結探索展望: 8屆全國人大工作研究報告』(北京: 中國民主法制出版社, 1998), pp. 297-299.

고 있는 법률집행감독과 직무평가감독, 그리고 그것을 위해 지방인대가 사용한 활동 전략을 분석하려고 한다.

이 장에서 감독을 분석하려고 하는 것은, 그것이 모든 지방의회가 일상적으로 수행하는 활동이면서 동시에 가장 중요한 활동이기 때문이다.4) 또한, 지방의회의 감독 활동은 공산당과 지방정부의 협조와 저항, 그리고 지방의회의 이에 대한 대응을 수반하기 때문에, 이에 대한 분석을 통해 우리는 의회가 사용하는 활동 전략, 더 나아가서는 개혁기 지방의회의 발전 과정을 잘 이해할 수가 있기 때문이다.

한편 이 글에서 현급 지방인대를 분석 단위로 선택한 것은, 그것이 의회의 감독 활동을 가장 잘 보여 줄 수 있기 때문이다. 제2장에서 분석했듯이, 현급 지방인대는 성급 및 향급 지방인대와는 다른 특징을 갖고 있다. 우선, 현급 지방인대는 입법권이 없기 때문에 감독에 집중할 수밖에 없다. 또한 현급 지방인대 대표는 지역 유권자의 직접선거로 선출되며, 그래서 감독과 관련된 지역 주민의 요구에 좀 더 민감하게 반응한다. 마지막으로 현급 지방인대는 향급 지방인대와는 달리 상급 지방인대의 지원이나 지도 없이도 독자적이고 일상적으로 감독 활동을 전개할 수 있는 조직 능력, 즉 지방인대 상무위원회와 사무기구를 갖추고 있다.5)

이러한 분석을 통해 필자는 두 가지 사실을 강조할 것이다. 우선, 지방의회의 감독은 아직 한계가 있지만 전체적으로 볼 때에 지방정부와 공직자의 부패를 방지하고, 그들이 공산당 중앙의 정책을 좀 더 충실히 집행하게 만드는 데에 일정한 역할을 하고 있다. 동시에 감독은 지방의회가 공산당을 대신해서 정부와 공직자를 통제하는 성격이 강하다. 다시 말해, 지방의회의 대정부 감독은 공산당이 정부와 공직자를 통제하는 법률적·제도적 수단 역할을 한다는 것이다.6)

---

4) 全國人大常委會辦公廳研究室 編, 『地方人大是怎樣行使職權的』, p. 284 ; 全國人大常委會辦公廳研究室 編, 『我國當前法律實施的問題和對策』, p. 8 ; 廣東省人大制度研究會 外 主編, 『依法治省的探討』, p. 146.
5) 陳耀良 主編, 『銳意進取的縣級人大工作』(北京 : 中國民主法制出版社, 1997), pp. 1-3.

또한, 중국의 지방의회는 신생조직으로서 독자적인 권한과 조직 능력을 확보하기 위해 상하급 의회가 함께 협력하고, 국민의 지지를 최대한 동원하기 위해 노력하는 한편, 공산당에 대해서는 지지 획득 전략을, 지방정부에 대해서는 협력하고 경쟁하는 전략을 구사하고 있다.7) 이는 공산당 일당지배체제라는 중국 정치체제의 특성상 의회가 공산당의 지지 없이는 제대로 활동할 수 없고, 권력관계나 조직 능력 면에서 의회보다 우위에 있는 정부와 시종일관 대립하는 전략을 구사할 경우 실제 활동에서 여러 가지 어려움에 직면하는 정치 현실에서 기인하는 것이다.

1. 지방의회의 감독 활동 : 내용과 효과

현급 지방인대는 해당 지역의 '국가 권력기관'으로서 지방정부에 대해 법률·업무·재정·인사 방면의 감독을 수행한다.8) 또한 지방의회는 이러한 감독

---

6) 이러한 필자의 주장은 소련 최고 소비에트(Supreme Soviet)를 분석한 피터 배너먼(Peter Vanneman)의 주장과 유사한 것이다. 그에 의하면, 1960년대에 들어 최고 소비에트의 대정부 감독은 매우 강화되었는데, 소련 공산당이 최고 소비에트를 이용하여 행정 관료를 통제하려는 목적 때문이었다. 즉, "최고 소비에트는 (공산당에게) 국가 관료에 대한 당의 이데올로기적 감독을 보완해 주는 새로운 법적 감독 채널을 제공했다"는 것이다. Peter Vanneman, *The Supreme Soviet : Politics and the Legislative Process in the Soviet Political System*(Durham, North Carolina : Duke University Press, 1977), pp. 14, 101. 그런데 배너먼의 주장은 전국인대에는 해당되지 않는다. 왜냐하면 이 개념은 전국인대의 감독이 국무원을 통제하는 데 효과가 있어야 한다는 것을 전제로 하는데, 실제는 그렇지 않기 때문이다. 이에 비해 지방인대의 대정부 감독에는 이 개념을 적용할 수 있다. 조영남, 『중국 정치개혁과 전국인대』, pp. 396-397.
7) 의회의 발전 전략에 대해서는 O'Brien, "Chinese People's Congresses and Legislative Embeddedness," pp. 80-109 ; Xia, "Political Contestation and the Emergence of the Provincial People's Congresses as Power Players in Chinese Politics," pp. 185-214 참조.
8) 孫維本 主編, 『人大工作手册』(北京 : 中國民主法制出版社, 1997), pp. 161-164 ; 蔡定劍, 『中國人民代表大會制度』, pp. 381-390.

을 수행하기 위해 다양한 방식을 사용한다. 중국 헌법이 부여한 정부 업무보고 청취와 심의, 질문권 행사, 특별조사위원회(特定問題的調査委員會, 특별조사위) 구성, 대표 시찰 등은 지방인대가 설치된 이후 지금까지 사용하고 있는 감독 방식이다.

여기에 더하여 1980년대 초부터 지방인대는 법정 감독 수단이 많은 한계를 갖고 있기 때문에 감독 효과를 높이기 위해 새로운 감독 방식을 개발하여 사용하기 시작했다. 법률집행감독과 직무평가감독은 그중에서 가장 대표적인 것이고, 법률집행책임제, 오심책임추궁제, 법률감독서제도 등은 일부 지역에서 사용하고 있는 방식이다.9)

한편, 지방인대의 이런 탐색은 의회가 처한 법적·제도적 제약을 극복하고 감독 역할을 강화시키기 위한 노력으로 높이 평가할 수 있지만, 다른 한편에서는 법률이 부여한 정당한 감독 수단은 회피하고 일종의 편법을 추구하고 있다는 점에서 문제가 있다. 대표적으로 이런 새로운 감독 수단은 헌법과 법률이 부여한 감독 수단이 아니기 때문에, 실제 감독 과정에서는 비규범적이고 자의적이라는 비판을 면하기 어려웠다.10) 특히 1990년대 후반기에 들어 법원의 개별 판결에 대해 지방의회가 감독하는 개별안건감독은 의회의 권한을 강화하기 위해 법원의 사법 독립을 부당하게 침해한다는 비난을 받았다.11)

법률집행감독과 직무평가감독을 집중 분석하기 전에 먼저 간단하게 다른 감독 방식에 대해 살펴보자. 전국인대와 마찬가지로 지방인대도 업무보고 청취와 심의 등을 통해 정부, 인민법원, 인민검찰원(人民檢察院)의 활동을 감독한다.12) 그런데 실제 활동 내용과 감독 효과 면에서 보면, 지방인대의 감독 활동은 전국인대의 그것과는 다르다. 우선, 지방인대는 전국인대가 사용하기를 꺼려하는 감독 방식을 종종 사용한다. 예를 들어, 전국인대가 1982년 이후 지금까지 중앙

---

9) 程湘清 外, 『國家權力機關的監督制度和監督工作』, pp. 44-46 ; 楊逢春, 『在省級人大工作崗位上』, pp. 378-379.
10) 중국 의회 관계자 및 학자들의 이에 대한 비판은 蔡定劍·王晨光, 『人民代表大會二十年發展與改革』, pp. 258-259, 292-293 참조.
11) Cho, "Symbiotic Neighbor or Extra-Court Judge?," pp. 1068-1083.
12) 전국인대의 대정부 감독에 대해서는 조영남, 『중국 정치개혁과 전국인대』, pp. 339-404 참조.

정부인 국무원 구성원을 상대로 질문권을 행사하거나 특별조사위를 구성한 적이 한 번도 없는 것에 비해, 일부 현급 지방인대는 그러한 방식을 비교적 자주 사용했다. 예를 들어, 1994년 전국 61개 현급 지방인대를 대상으로 실시한 설문 조사(이하 '94년 조사') 자료에 의하면, 1991년에서 1993년 사이에 12개(조사 대상의 20%) 현급 지방인대가 모두 25번에 걸쳐 질문권을 행사했다. 또한, 같은 기간 동안 7개(조사 대상의 12%) 현급 지방인대가 모두 67번에 걸쳐 특별조사위를 구성하여 조사 활동을 전개했다.[13]

또한, 지방인대는 전국인대가 사용하지 않는 강성 조치를 사용함으로써 감독 효과를 높이고 있다. 예를 들어, 전국인대가 1982년 이후 지금까지 국가기관의 활동을 감독하고 문제가 있는 책임자를 파면(해임)한 적이 한 번도 없는 것에 비해, 지방인대는 그런 경우가 종종 있었다. 위의 '94년 조사' 자료에 의하면, 1991년에서 1993년 사이에 16개(조사 대상의 약 26%) 현급 지방인대가 감독 과정에서 문제가 있는 19명의 지방정부·법원·검찰원의 구성원을 파면 또는 면직시켰다.[14] 또한 전국인대가 연례 회의에서 국무원이 제출한 예산안과 사회 및 경제발전 계획안을 심의한 이후 모두 통과시킨 것과는 달리, 일부 지방인대는 비준을 거부하고 재편성을 지시한 적이 있었다.[15] 이 밖에도 지방인대는 대표

---

[13] 全國人大常委會辦公廳研究室 編, 『人民代表大會成立40周年紀念文集』, pp. 330-331 ; 각 지역의 사례는 全國人大常委會, 『地方人大是怎樣行使職權的』, pp. 207-221, 222-227 ; 全國人大常委會辦公廳研究室 編, 『地方人大行使職權實例選編』(北京 : 中國民主法制出版社, 1996), pp. 107-113, 114-131 참조.
[14] 全國人大常委會, 『人民代表大會成立40周年紀念文集』, pp. 330-331. 이들 조사 지역 이외에도 현급 지방인대가 국가기관 구성원을 파면시킨 사례는 많다. 全國人大常委會, 『地方人大是怎樣行使職權的』, pp. 268-273 ; 全國人大常委會, 『地方人大行使職權實例選編』, pp. 283-300.
[15] 全國人大常委會辦公廳研究室 編, 『地方人大監督工作探索』, p. 44. 이것은 물론 지방정부의 능력이 국무원에 비해 떨어지기 때문에 예산 및 계획 편성에 문제가 많았고, 그래서 지방의회가 재편성을 지시한 것일 수도 있다. 그러나 지방의회가 예산 및 계획의 재편성을 지시한 경우는 대개 지방정부가 고위로 〈예산법〉의 원칙―예를 들어 적자 예산편성 금지―을 지키지 않았거나 의회가 요구한 사항을 수용하지 않았기 때문이다. 국무원도 종종 전국인대의 요구를 수용하지 않았지만 그렇다고 전국인대가 국무원의 예산 및 계획안을 거부한 적은 없었다. 전국인대의 재정감독에 대해서는 조영남, 『중국 정치개혁과 전국인대』, pp. 364-384 참조.

시찰이나 중대 사항 결정권 행사를 통해 정부의 문제점을 지적하고 해결한 경우가 적지 않았다.16)

이처럼 전국인대와는 달리 일부 현급 지방인대가 적극적으로 대정부 감독을 전개함에 따라, 그전에는 형식적인 감독에 지나지 않았던 것도 실질적인 감독으로 변화하기 시작했다. 여기에 더하여 1990년대 들어 새로운 감독 방식이 광범하게 사용되면서 지방의회의 감독은 더욱 강화되었다.

(1) 대정부 법률집행감독

법률집행감독—공식 명칭은 '법률 실시 상황에 대한 검사 감독'(對法律實施狀況的檢查監督), 약칭은 '집법검사'(執法檢查)—은, 전국인대와 지방인대가 국가기관의 법률과 중앙정책의 집행 상황을 조사하고 감독하는 활동을 말한다. 전국인대와 지방인대가 이것을 실시하는 이유는, 이를 통해 국가기관이 법률(정책)을 집행하는 과정에서 존재하는 문제점을 찾아내고 그것을 해결하도록 촉구하기 위해서이다.17)

법률집행감독은 1980년대 중반부터 일부 지역에서 실시되기 시작했다. 예를 들어, 1985년에는 안후이성, 저장성에서, 1986년에는 장쑤성, 허난성, 상하이시에서, 1988년에는 산시성, 후난성에서 일부 지방의회가 이것을 실시했다. 전국인대도 1986년부터 법률집행감독을 실시했다.18) 1990년대 들어 법률집행감독은 전국의 거의 모든 지방인대로 확대되었고, 동시에 지방인대의 가장 중요한 감독 방식으로 자리 잡았다. 예를 들어, 앞에서 언급한 '94년 조사' 자료에 의하면, 1991년부터 1993년까지 3년 동안, 조사 대상인 61개의 모든 현급 지방

---

16) 全國人大常委會,『地方人大是怎樣行使職權的』, pp. 57-104, 177-196.
17) 全國人大常委會, "全國人大常委會關于加強對法律實施情況檢查監督的若干規定,"『人大工作通迅』1994年 13期, p 5.
18) 全國人大常委會,『地方人大是怎樣行使職權的』, pp. 156-158 ; 陳勇, "關于法律執行監督的幾個問題,"『人大工作通迅』1994年 2期, p. 30.

인대가 1,174회의 법률집행감독을 실시했고, 여기에 총 3만 963명의 대표가 참여했다. 이것은 매년 각 현급 지방인대가 6.4회의 법률집행감독을 실시하고, 여기에 평균 169명의 대표가 참여한 셈이다.[19]

이처럼 법률집행감독이 광범하게 실시된 것은, 1989년 톈안먼사건 이후 실시된 공산당 중앙의 정책 때문이었다. 톈안먼사건은 공직자 부패 문제가 공산당 정권에게 매우 심각한 정치적 위기를 초래할 수 있음을 보여 준 사건이었다. 이후 공산당 중앙은 공산당과 전 국가기관이 감독 활동을 강화해야 한다는 〈결정〉을 채택하고, 동시에 대대적인 반부패운동을 전개했다.[20] 전국인대도 1991년 당시 전국인대 상무위원회 위원장(한국의 국회의장)이었던 완리의 결정에 의해, 법률집행감독을 입법과 동등한 비중으로 강조한다는 방침을 정했고, 지방인대도 법률집행감독을 자신의 가장 중요한 활동으로 삼았다.[21]

지방인대가 전개하는 법률집행감독의 내용과 방식은 다음과 같다. 우선, 지방의회 연례 회의가 끝난 직후에 지방인대 상무위원회는 이에 대한 계획을 수립한다. 여기에는 대상 법률(정책)과 국가기관(부서), 참여 인원과 기간 등이 포함된다. 감독 대상 법률(정책)은 대개 공산당 중앙의 방침에 입각하여 선택된다. 예를 들어, 1993년 공산당 중앙이 농민 부담 경감을 핵심 과제로 제기했을 때, 대부분의 지방의회는 이에 대한 법률(정책)을 중심으로 법률집행감독을 전개했다.

다음으로 지방인대 상무위원회 위원과 일반 대표로 구성된 감독조(執法檢查組)가 구성되고 예비 조사가 시작된다. 예비 조사는 종합 보고 청취, 관련 자료

---

19) 全國人大常委會, 『人民代表大會成立40周年紀念文集』, p. 329.
20) 中共中央, "中共中央關於加强黨同人民群衆聯系的決定"(1990), 中共中央文獻研究室 編, 『十三大以來重要文獻選編』(中)(北京: 人民出版社, 1991), p. 935. 톈안먼사건 이후 중국은 두 차례의 대대적인 반부패운동을 전개했다. 하나는 1989년에서 1991년 사이에 전개된 것이고, 다른 하나는 1993년에 시작하여 1998년에 완료한 것이다. 이에 대해서는 Young Nam Cho, "Implementation of Anticorruption Policies in Reform-Era China: The Case of the 1993~1997 'Anticorruption Struggle'," Issues & Studies, Vol. 37, No. 1(January/February 2001), pp. 49-72.
21) "田紀雲副委員長在全國人大常委會秘書長會議上的講話," 『人大工作通迅』 1997年 4期, p. 6; 劉夫生, "認淸形勢明確任務努力開創地方人大工作的新局面," 『人大工作通迅』 1997年 4期, p. 9.

수집과 분석이 중심이 된다. 예비 조사 후에 감독조는 짧게는 한 달, 길게는 여러 달에 걸친 현장 조사를 실시한다. 현장 조사에는 해당 기관 방문과 자료 수집, 관련자 면담, 각종 좌담회 개최, 설문 조사, 신고 센터 설치 등 다양한 방식이 사용된다. 이렇게 해서 조사 활동이 끝나면 조사조는 조사 결과 보고서를 작성하여 지방인대 상무위원회에 제출한다. 이후 지방인대 상무위원회는 그것을 심의한 후 문제점을 정리하여 해당 국가기관에 통보하며, 해당 국가기관은 일정한 기간 이내에 지적된 문제점의 처리 결과를 지방인대 상무위원회에 보고한다. 필요할 경우 의회는 정부의 처리 결과를 재조사한다(추적 검사).22)

그렇다면 이처럼 지방의회가 대대적으로 전개하고 있는 법률집행감독은 어느 정도의 감독 효과가 있을까? 감독 효과는 간접 효과와 직접 효과 두 가지 측면에서 검토할 수 있다. 우선, 법률집행감독은 정부의 '의법행정'(依法行政, 법에 의한 행정)과 충실한 법률 및 정책집행(執法)을 촉진하는 효과가 있다. 이 두 가지 목표는 특히 1990년대 들어 공산당 중앙이 강조한 것이다. 대개의 경우 법률집행감독은 동일한 법률을 대상으로 성급 지방인대의 지휘 아래 해당 지역의 모든 의회가 참여하는 방식으로 진행된다. 또한, 같은 법률(정책)이 몇 년 연속 감독 대상으로 선정되는 경우도 있다. 예를 들어, 베이징시 각급 지방의회는 〈의무교육법〉을 대상으로 1986년부터 8년 동안 연속적으로 법률집행감독을 실시했다.23) 이처럼 법률집행감독은 집중적, 연속적으로 실시되기 때문에 이러한 감독 효과를 거둘 수 있다.

그런데 법률집행감독의 직접 효과, 즉 지방의회가 정부로 하여금 지적된 문제점을 해결하도록 강제하는 효과는 기대만큼 크다고 할 수 없다. 이는 전국인대와 지방인대의 자체 조사에서도 확인된다. 예를 들어, 1990년대 중반 안후이성 각급 지방인대의 감독 활동을 조사한 보고에 의하면, 법률집행감독을 통해 지적된 문제점에 대해 해당 집행기관(주로 지방정부)이 진지하게 해결하는 경우는

---

22) 조영남, 『중국 정치개혁과 전국인대』, pp. 354-360 ; 全國人大常委會, 『地方人大是怎樣行使職權的』, pp. 284-285 ; 孫維本, 『人大工作手冊』, p. 165.
23) 程湘清 外, 『國家權力機關的監督制度和監督工作』, p. 121 ; 全國人大常委, 『地方人大行使職權實例選編』, pp. 233-234.

15%였고, 비교적 양호하게 해결한 경우를 합해도 30%를 넘지 않았다. 그래서 이 보고서는 "현재 법률집행감독의 감독 효과가 좋지 않다."(不佳)24)라고 지적했다. 정도의 차이는 있지만 다른 지역의 상황도 크게 다르지 않았다.25)

이처럼 법률집행감독이 기대만큼의 직접적인 문제 해결 효과를 거두지 못했던 이유는, 이것이 정부로 하여금 발견된 문제를 해결하도록 강제하는 감독 방식이 아니었기 때문이다. 지방의회는 정부에게 어떤 문제를 제기하고 그것의 해결을 건의(제안)할 수 있다. 그러나 건의(제안)는 법적 강제력이 없는 것이며, 따라서 정부가 그것을 받아들이지 않아도 의회는 어떻게 할 수가 없었다. 그 결과 "뇌성은 크지만 비는 아주 적게 내리는" 일이 발생했던 것이다.26) 그 밖에도 법률집행감독 과정에서의 문제점도 있다. 예를 들어, 매년 지방의회는 5~10개의 법률(정책)을 대상으로 법률집행감독을 진행했다. 그런데 이는 현급 지방인대가 갖고 있는 역량에 비해 너무 많은 양이며, 그래서 법률집행감독은 종종 형식적인 활동으로 전락하는 경우가 있었다.27)

이처럼 1990년대 중반까지 법률집행감독은 지방의회가 투자하는 시간과 노력에 비해 정부와 공직자의 문제점을 직접적으로 해결하는 데에 많은 한계가 있었다. 그래서 1990년대 후반에 들어 각급 지방인대는 이런 문제점을 보완하기 위해 많은 노력을 기울였고, 그 결과 법률집행감독의 감독 효과는 향상되었다. 우선, 지방의회는 1년에 많게는 10여 차례씩 전개했던 감독 방식을 바꾸어 3~5개의 감독 대상 법률(정책)을 선택하여 그것에 집중하는 방식을 채택했다. 이렇게 함으로써 좀 더 구체적이고 정확한 조사와 문제 제기가 가능했고, 정부가 문제 해결을 위해 어떤 조치를 취하는가를 더 잘 파악할 수 있게 되었다.28)

---

24) 全國人大常委會, 『地方人大監督工作探索』, pp. 119, 123.
25) 程湘清 外, 『國家權力機關的監督制度和監督工作』, p. 97.
26) 程湘清 外, 『國家權力機關的監督制度和監督工作』, pp. 81, 88 ; 全國人大常委會, 『地方人大監督工作探索』, pp. 99, 123.
27) 全國人大常委會, 『我國當前法律實施的問題和對策』, p. 355. 이것은 전국인대의 법률집행감독에서도 나타나는 현상이다. 조영남, 『중국 정치개혁과 전국인대』, pp. 352-364.
28) 톈진시 지역 의회 고위 관계자와의 인터뷰 : 2001년 3월과 8월, 2002년 1월, 톈진시 ; 허베이성 한단시 지역 의회 고위 관계자와의 인터뷰 : 2000년 7월, 한단시.

또한, 법률집행감독의 효과를 제고하기 위해 다른 감독 방식과 결합하여 진행하는 방식을 모색했다. 예를 들어, 광둥성 지역에서는 법률집행감독 후 정부가 시정해야 할 구체적인 문제점과 시정 기간을 명시한 감독서(監督書)를 발급하고, 만약 정부가 그것을 이행하지 않으면 책임자를 징계하는 법률감독서제도를 사용했다. 허난성과 톈진시 지역에서는 법률집행감독을 직무평가와 연계시켜, 만약 정부가 법률집행감독에서 제기된 문제점을 제대로 해결하지 않을 경우 직무평가감독에서 이 문제를 다시 집중 제기하여 시정하게 만들었다.29)

(2) 대정부 직무평가감독

직무평가감독은 지방의회가 국가기관과 그 구성원을 대상으로 직무 수행 정도를 조사하고 평가하는 감독을 말한다. 각 지방에 따라 이에 대한 명칭과 구체적인 집행 방식에는 차이가 있는데, 일반적으로 직무평가감독은 크게 두 가지로 나뉜다. 하나는 지방인대 상무위원회가 자신이 선출하거나 임명한 국가기관의 책임자나 부서 책임자를 대상으로 전개하는 인사직무평가이다. 다른 하나는 지방인대 대표들이 국가기관의 부서와 공직자를 대상으로 실시하는 대표직무평가이다.30) 전자가 주로 고위 공직자를 대상으로 한다면 후자는 주로 국가기관 부서와 하위 공직자를 대상으로 한다.

지방인대의 직무평가감독은 1980년대 초중반에 일부 지역에서 시작되었다. 예를 들어, 1982년에는 헤이룽장성, 1984년에는 상하이시, 그리고 1986년에는 허난성의 일부 지방의회가 직무평가감독을 실시하기 시작했다. 이후 직무평가감독은 지방정부를 감독하는 데 효과가 매우 크다는 사실이 입증되면서 다른 지역으로 확대되었고, 1990년대 중반에는 전국 대부분의 지방의회가 이것을 실

---

29) 程湘淸 外, 『國家權力機關的監督制度和監督工作』, pp. 264-273.
30) 孫維本, 『人大工作手冊』, pp. 167-168 ; 孟連崑, "認眞總結經驗推動評議工作健康開展," 『人大工作通迅』 1995年 24期, pp. 9-12 ; 尹萬邦, "試論人大代表的評議工作," 『人大工作通迅』 1994年 13期, pp. 27-32.

시했다.31) 예를 들어, 1995년에는 허베이성과 산시성의 모든 현급 지방인대가 직무평가감독을 실시했고, 저장성에서는 88%의 현급 지방인대가 이를 실시했다.32) 이처럼 직무평가가 전국으로 급속도록 확산된 데에는 전국인대 지도부의 인정과 지지가 큰 역할을 했다. 1992년에는 전국인대 상무위원회 부위원장이었던 펑충(彭沖)이 대표직무평가를 인정하고 그것의 확산을 공개적으로 지지했으며, 1995년에는 "전국인대 상무위원회 업무보고"에서 지방인대의 인사직무평가감독을 높이 평가했다.33) 이렇게 되면서 각급 지방인대는 '정치적으로 안전하게' 직무평가감독을 전개할 수 있었다.

지방의회의 직무평가 내용은 세 가지 사항에 집중된다. 첫째, 지방정부 부서와 공직자가 국가법률과 중앙정책을 얼마나 충실하게 집행했는가를 평가한다. 둘째, 지방정부 공무원의 근무 실태(勤政), 즉 얼마나 열심히 자신의 업무를 추진했는가와 청렴도(廉政), 즉 업무 추진 과정에서 부정부패는 없었는가를 평가한다. 셋째, 지방정부 부서와 공직자가 의회 결정 사항이나 건의(제안) 사항을 얼마나 충실히 집행했는가를 평가한다.34) 그래서 지방정부 부서 책임자가 법률집행감독을 통해 지적된 문제점을 성실히 해결하지 않으면, 의회는 직무평가감독을 통해 그 책임자를 징계할 수 있다.

이러한 평가 내용은 직무평가가 어떤 특정한 목적을 갖고 진행되고 있다는 사실을 보여 준다. 직무평가감독은 우선, 1990년대 들어 공산당 중앙이 관료주의 문제를 해결하기 위해 강력하게 추진하고 있는 '의법치국'과 부패 척결이라는 정책을 실현하려고 한다(첫째와 둘째 내용). 또한 직무평가감독은 지방인대 자

---

31) 程湘清 外, 『國家權力機關的監督制度和監督工作』, p. 239 ; 全國人大常委會, 『地方人大監督工作探索』, p. 207 ; 孟連崑, "關于人大開展評議司法機關工作的體會," 『人大工作通迅』 1994年 21期, p. 6.
32) 全國人大常委會, 『我國當前法律實施的問題和對策』, p. 34 ; 程湘清 外, 『國家權力機關的監督制度和監督工作』, p. 213.
33) 蔡定劍·王晨光, 『人民代表大會二十年發展與改革』, p. 267 ; 程湘清 外, 『國家權力機關的監督制度和監督工作』, p. 222.
34) 程湘清 外, 『國家權力機關的監督制度和監督工作』, pp. 217, 225-226, 242 ; 尹萬邦, "試論人大代表的評議工作," p. 28.

신의 권위를 확립하려는 목적을 갖고 있다(셋째 내용). 이처럼 현재 전개되고 있는 직무평가는 공산당 중앙의 이익과 지방인대의 이익을 동시에 만족시키는 내용으로 채워져 있다.

직무평가감독의 진행 방식은 지역에 따라 조금씩 다르지만, 대체로 준비·조사·평가·정리(整改) 등 네 단계를 거쳐 진행된다. 준비 단계에서 지방인대 상무위원회는 대상 기관(부서)과 공직자·평가 내용·기간 등에 대한 상세한 계획을 작성하고, 지방인대 상무위원회 당조를 통해 공산당에 보고하여 비준을 받는다. 조사 단계에서는 지방인대 상무위원회 위원과 일반 대표들로 구성된 평가조(評議小組)가 구성되고, 그 평가조가 대상 기관과 공직자에 대한 현장 조사, 즉 해당 기관 방문과 관련자 면담, 관련 자료 수집과 분석, 설문 조사를 전개한다. 이후 평가조는 직무평가서를 작성하여 지방인대 상무위원회에 보고한다.

평가 단계에서는 지방인대 상무위원회가 평가 회의를 개최해서 대상 기관과 공직자의 직무 수행 정도를 평가한다. 이때는 공산당과 정부의 주요 책임자도 참여한다. 회의는 평가 대상 기관과 공직자의 자체 평가 보고(述職), 질의와 응답, 위원과 대표 발언, 투표(우수·합격·불합격), 투표 결과 발표 등의 순서로 진행된다. 이후 지방인대 상무위원회가 평가 결과에 따라 일정한 조치를 취하고 그 결과를 공산당에 보고한다. 불합격 판정을 받은 공직자 중에서 문제가 심각한 경우에는 즉각 파면(해임)되고, 문제가 경미한 경우에는 일정 기간(1~2개월) 안에 문제 해결을 위한 계획과 집행 결과를 보고하도록 조치된다.35)

그렇다면 직무평가감독의 실제 감독 효과는 어떤가? 이에 대한 조사 보고와 의회 관계자들의 말에 의하면, 직무평가감독은 법률집행감독과는 달리 지방정부와 그 구성원을 감독하는 데 매우 효과적이다. 즉, 직무평가감독은 지방정부 구성원의 의법행정과 지역 주민에 대한 책임 의식을 강화하는 데 기여할 뿐만 아니라, 이들의 부패 방지에도 일정한 효과가 있다는 것이다. 또한, 직무평

---

35) 程湘清 外, 『國家權力機關的監督制度和監督工作』, pp. 226-228, 243-245 ; 孫維本, 『人大工作手冊』, pp. 166-168 ; 尹萬邦, "試論人大代表的評議工作," pp. 28-29 ; 杭州市人大 主編, 『中心成市人大工作的新進展』(北京 : 中國民主法制出版社, 1997), p. 74.

가감독은 공산당의 간부 선발에도 도움을 주며, 지방인대의 권위를 확립하는 데에도 커다란 효과가 있다고 한다.36)

실제 진행되는 지방인대의 직무평가감독을 볼 때, 이들의 위와 같은 평가는 타당성이 있다. 우선, 직무평가감독은 공산당의 인사 관리와 직접 연계되어 진행된다. 즉, 대부분의 지역에서 직무평가 결과는 공산당에 보고되고, 일부 지역에서는 그것이 개인인사카드(檔案)에 기록되기도 한다.37) 공산당이 간부를 관리한다는 원칙이 철저히 지켜지는 중국에서, 직무평가 결과가 공산당에 보고되어 인사고과 자료로 활용된다는 것은 공직자에게 매우 중요한 의미를 갖는다. 이처럼 직무평가감독은 지방인대 그 자체의 권위 때문이 아니라 공산당의 권위 때문에 직접적이고 실제적인 감독 효과를 갖게 된다.

또한, 법률집행감독과는 달리 직무평가는 구체적인 개인과 정부 부서를 대상으로 함으로써 개인과 부서는 책임을 회피할 수 없다. 이에 비해 법률집행감독은 특정 법률이나 정책을 대상으로 감독을 진행하기 때문에 정부 부서와 공직자가 어느 정도 책임을 회피할 수 있다. 그 밖에도, 직무평가는 정부 전체 부서와 그 책임자를 대상으로 실시된다. 지방의회는 대개 5년 임기의 정부 부서 책임자를 임기 안에 모두 감독하기 위해 매년 순서를 정해 직무평가감독을 진행한다. 이 때문에 정부 부서와 그 책임자는 설사 금년에 감독을 받지 않아도 임기 중에 최소한 한 번은 감독을 받아야 한다.

한편, 실제 활동을 보면, 직무평가 결과에 의해 적지 않은 공직자가 파면(해임)과 같은 중징계를 받았다.38) 이 사실은, 법률집행감독이 구속력 있는 제재

---

36) 田紀雲, "發揮人大監督作用促進民主法制建設," 『人大工作通迅』 1995年 12期, p. 3 ; 孟連崑, "關于人大開展評議司法機關工作的體會," pp. 7-8 ; 孟連崑, "認眞總結經驗推動評議工作健康開展," pp. 10-11 ; 尹萬邦, "試論人大代表的評議工作," pp. 30-31 ; 程湘清 外, 『國家權力機關의 監督制度和監督工作』, pp. 245-247 ; 全國人大常委會, 『我國當前法律實施的問題和對策』, pp. 369-370 ; 全國人大常委會, 『地方人大監督工作探索』, pp. 224-229 ; 楊逢春 主編, 『在省級人大工作崗位上』, pp. 433-434.
37) 程湘清 外, 『國家權力機關의 監督制度和監督工作』, pp. 228-229, 245 ; 全國人大常委會, 『地方人大監督工作探索』, pp. 217-218, 255.
38) 현급 지방인대의 직무평가 이후에 공직자가 파면(해임)된 구체적인 사례에 대해서는 程湘清 外, 『國家權力機關의 監督制度和監督工作』, pp. 232-233 ; 陳耀良, "銳意進取的縣級人大工作",

조치를 동반하지 않는 감독인 것에 비해, 직무평가감독은 그렇지 않다는 것을 보여 준다.

이상에서 살펴본 두 감독 외에도 일부 지방인대는 법률집행책임제와 오심책임추궁제를 사용하고 있다. 법률집행책임제는 지방인대가 지방정부 부서를 대상으로, 각 부서가 관련 법률(정책)을 집행하도록 규정하고, 이후에 그것을 종합적으로 평가하는 제도를 말한다. 법률집행감독과 직무평가감독이 매년 일정 기간 동안 일부 부서나 그 책임자를 대상으로 전개되는 감독인 데 비해, 이것은 지방정부 전 부서를 대상으로 일상적으로 전개하는 감독이라는 특징이 있다. 동시에 법률집행책임제는 여러 가지 다른 감독 방식을 집대성한 방식이라는 특징도 있다.

오심책임추궁제는 주로 정법 계통(政法系統) 부서, 즉 정부 공안(公安) 및 사법 부서와 법원·검찰원을 대상으로, 만약 해당 부서나 기관에서 잘못 처리(판결)한 사안이 있을 경우 관련자에게 책임을 묻는 제도이다. 이것은 정법 계통 부서에 만연한 부정부패를 해결하기 위해 만들어 낸 감독 방식이다.39) 이 밖에도 1990년대 후반기 이후 전국적으로 법원을 대상으로 실시되고 있는 개별안건감독이 있다.40)

2. 지방의회의 감독 전략

중국 헌법이나 법률의 규정과는 상관없이, 해당 지역의 국가 권력기관이라

---

    p. 221 ; 全國人大常委會, 『地方人大行使職權實例選編』, p. 300 참조.
39) 이들 감독 방식의 내용과 구체적인 실시 사례에 대해서는 孫維本, 『人大工作手冊』, pp. 169-170 ; 蔡定劍, 『中國人民代表大會制度』, pp. 409-413 ; 程湘淸 外, 『國家權力機關的監督制度和監督工作』, pp. 206-212 ; 全國人大常委會, 『地方人大監督工作探索』, pp. 269-278, 301-309, 310-339 참조.
40) 이에 대해서는 Cho, "Symbiotic Neighbor or Extra-Court Judge?." ; 蔡定劍 主編, 『監督與司法公正 : 硏究與案例報告』(北京 : 法律出版社, 2005) 참조.

는 지방의회의 감독은 지방의회가 처한 객관적 조건과 주체적 역량에 의해 크게 영향을 받는다. 동시에 지방의회가 의미 있는 감독 활동을 전개하기 위해서는 이러한 객관적 조건과 주체적 역량을 최대한 유리하게 활용할 수 있는 활동 전략을 선택해야 한다. 특히 지방의회가 감독 활동을 전개할 때에는 정부의 저항과 방해에 부딪히기 때문에 이것을 극복하기 위해서는 지혜로운 전략이 필요하다. 지금까지 각 지방인대는 공통적으로 세 가지 즉, 공산당의 지지 획득 및 정부와의 협력, 상하급 지방의회 협력, 지역 주민 지지 극대화 전략을 사용했다.

(1) **공산당의 지지 획득과 정부와의 협력 및 경쟁 전략**

공산당 일당지배체제라는 중국 정치체제의 특성상 지방의회가 공산당의 지지와 협조 없이 의미 있는 대정부 감독 활동을 전개한다는 것은 매우 어렵다. 이것은 두 가지 이유 때문이다. 우선, 지방의회가 정부의 방해와 저항을 막기 위해서는 공산당의 지지가 절대적으로 필요하다. 지난 경험을 보면, 지방정부는 의회의 결정을 결코 순순히 집행하지 않는다. 앞에서 말했듯이, 지방의회가 제기한 건의나 제안에 대해 정부가 적극적으로 수용하지 않은 경우는 결코 적지 않았다. 그래서 의회는 질문권이나 특별조사위원회를 통해 이러한 정부의 저항을 극복하려고 했던 것이다.41) 심한 경우로, 지방의회 연례 회의에서 시장(市長) 파면안을 제출했던 의회 대표들이 그 시장에 의해 회의가 끝난 후 체포되어 200여 일 동안 구금되는 일도 있었다.42)

그런데 지방정부의 위와 같은 저항이 가능한 것은, 정부 지도자의 공산당에서의 지위가 의회 지도자의 지위보다 높기 때문이다.43) 앞에서 살펴본 '94년

---

41) 지역 사례는 全國人大常委會,『地方人大行使職權實例選編』, pp. 110-111, 116-117, 124-125 ; 全國人大常委會,『地方人大是怎樣行使職權的』, pp. 207-227 참조.
42) 全國人大常委會,『我國當前法律實施的問題和對策』, p. 105.
43) 이것은 전국인대와 국무원의 관계에서도 마찬가지이다. 조영남,『중국 정치개혁과 전국인

조사' 자료에 의하면 61개 조사 대상 지역 중에서 현급 지방인대 주임이 현급 공산당 위원회의 서기나 부서기의 직책을 겸임하고 있는 경우는 17곳(조사 대상의 약 28%)에 불과했다. 이것은 의회 지도자의 공산당 내 지위를 높이기 위한 정책이 실행된 이후의 상황으로, 이전에는 상황이 더욱 좋지 않았다. 즉, 같은 조사에 의하면, 이전 시기에 지방인대 주임이 당 서기나 부서기를 겸임하고 있는 경우는 8곳(조사 대상의 약 13%)에 지나지 않았다.44) 이에 비해 지방정부 수장(현장·시장·구장)은 모두 공산당 위원회의 부서기 이상의 직책을 겸임하고 있다. 상황이 이렇기 때문에, "국가 활동 중에는 의회가 정부를 감독하지만, 공산당 내에서는 정부가 의회를 감독한다."라는 말이 나왔다.45) 또한 이 때문에 지방의회가 감독 활동을 제대로 전개하기 위해서는 의회 지도자의 공산당 내 지위를 높여야 한다는 주장이 제기되었고, 일부 지역에서는 이러한 주장이 실행되었다.46)

다음으로, 지방의회가 중요한 감독 활동을 전개할 때에는 반드시 공산당의 동의(批准)를 받아야 하기 때문에 공산당의 지지와 협조는 필수적이다. 공산당이 지방의회의 활동을 지도 및 통제하는 방식은, 공산당 중앙이 전국인대의 활동을 지도 및 통제하는 방식과 동일하다.47) 즉, 공산당은 지방인대 상무위원회 당조의 보고비준제도(請示匯報制度)를 통해 의회 활동을 지도 및 통제할 수 있다. 특히

대』, pp. 253-257.
44) 全國人大常委會, 『人民代表大會成立40周年紀念文集』, pp. 327-328.
45) 湖北省武穴市人大常委會 編著, 『縣鄕人大工作硏究』(北京: 中國民主法制出版社, 1994), p. 24.
46) 全國人大常委會, 『人民代表大會成立40周年紀念文集』, p. 272 ; 全國人大常委會, 『我國當前法律實施的問題和對策』, pp. 293, 295 ; 衛乃斌, 『人大主任工作崗位上的思考與實踐』(北京: 中國民主法制出版社, 1994), p. 53. 그러나 이러한 정책이 그렇게 효과적인 것 같지는 않다. 왜냐하면 당 서기는 공산당 업무가 너무 바빠 의회 업무를 볼 시간이 없기 때문이다. 衛乃斌, 『人大主任』, p. 71 ; 楊逢春, 『在省級人大工作崗位上』, p. 364. 결국 이 문제는 의회 지도자의 당내 지위를 높인다고 해결될 문제는 아닌 것 같다. 필자의 인터뷰에 따르면, 지방의회 지도자들은 중앙의 구도, 즉 공산당 총서기가 당내 서열 1위, 전국인대 위원장이 서열 2위, 국무원 총리가 서열 3위를 차지하는 구도가 가장 이상적이라고 본다. 이를 지방에 적용하면, 당 서기가 서열 1위로 전체 업무를 총괄하고, 인대 주임이 서열 2위의 당 부서기로 의회 업무를 맡고, 정부 수장은 서열 3위의 당 부서기로 정부 업무를 맡는 것이다.
47) 조영남, 『중국 정치개혁과 전국인대』, pp. 222-248.

인사권 행사와 관련된 의회 직무평가감독, 질문권 행사, 특별조사위원회 구성, 지방정부의 행동을 촉구하는 결의나 결정 채택 등의 활동은 모두 사전에 공산당의 동의를 받아야 한다. 따라서 "의회가 어느 정도의 역할을 수행할 수 있는가는 공산당이 의회 업무에 대해 얼마나 중시하고 지도하느냐에 달려 있다."[48]

실제로 일부 지역에서는 지방의회가 공산당의 지지와 협조를 얻지 못해 특별조사위원회를 구성하고도 활동을 제대로 전개하지 못한 경우가 있었고, 더욱 심한 경우로 직무평가감독을 통해 면직시킨 정부 부서 책임자를 공산당이 다른 곳으로 발령해 의회의 결정을 무시한 사례도 있었다.[49] 이러한 이유로, 지방의회는 감독 활동을 전개할 때 공산당의 지지와 협조를 얻기 위해 적극적으로 노력한다. 즉, 실제 감독 활동을 보면, 의회와 공산당 사이의 관계에서는 의회에 대한 공산당의 '통제'보다는 의회의 공산당에 대한 자발적인 '지도 요청'이 중심을 이룬다.

한편, 지방의회는 공산당의 지지와 협조를 얻기 위해 다양한 노력을 경주한다. 첫째, 의회는 공산당 중앙 및 지역위원회의 주요 정책에 맞추어 활동을 전개한다. 예를 들어, 지금까지 지방의회의 활동이 경제 분야에 집중된 것은 공산당의 개혁개방정책에 맞추어 활동을 전개했기 때문이다.[50] 감독 활동도 예외가 아니다. 예를 들어, 공산당이 의법치국이라는 시정 방침에 따라 지방정부의 경제 관련 법률과 중앙정책 준수를 촉구하면, 지방의회는 이것과 관련된 법률

---

[48] 全國人大常委會, 『地方人大是怎樣行使職權的』, pp. 294-296 ; 程湘淸 外, 『國家權力機關的監督制度和監督工作』, pp. 148-149. 이는 필자가 지난 5년 동안 인터뷰하면서 만났던 모든 의회 지도자들이 한결같이 강조한 것이다. 구체적으로 지방의회 활동에 영향을 미치는 요소는 크게 네 가지 즉, 공산당 중앙의 정책, 공산당 지역위원회 서기의 태도, 의회 활동에 대한 법률규정, 그리고 마지막으로 지역 주민의 의회 활동 지지 여부이다. 그런데 이 중에서 가장 중요한 것이 바로 공산당 위원회 서기의 태도라는 것이다.

[49] 全國人大常委會, 『我國當前法律實施的問題和對策』, p. 294.

[50] 1978년 이후 성급 지방인대가 제정한 지방성법규 중에서 재정경제 관련 법규가 차지하는 비중은 30~50%에 이른다. 또한 지방인대 상무위원회가 심의하는 안건 중에서 재정경제 관련 안건은 40~60%에 달한다. 이는 지방인대의 활동이 재정경제 관련 활동에 집중되고 있음을 보여 준다. 全國人大常委會, 『地方人大監督工作探索』, p. 70 ; 許祖雄·朱言文 編, 『民主法制與人大制度』, p. 20 ; 全國人大常委會, 『地方人大是怎樣行使職權的』, p. 275.

과 정책을 감독 대상으로 선정하여 법률집행감독을 진행하고, 지방정부의 경제 관련 부서와 그 책임자를 대상으로 직무평가감독을 전개했다.51)

둘째, 지방의회는 감독 과정에 공산당 지도자를 참여시키려고 노력한다. 앞에서 말했듯이, 각 지방의회는 직무평가 회의나 법률집행감독 보고 회의에 공산당 지도부를 최대한 참여시키려고 노력했다. 또한 일부 지방의회는 직무평가감독을 전개할 때, 평가지도소조(評議工作領導小組)를 구성하고 당 서기나 부서기를 조장(組長)으로 참여시키기도 했다.52) 셋째, 지방의회는 감독 과정에서 정부의 저항과 같은 어려움에 부딪히면 스스로 결정하여 대응하는 것이 아니라 항상 공산당에 보고하여 공산당의 지침에 따라 대응한다. 이렇게 함으로써 의회는 공산당의 '체면'을 살려 줄 수 있고, 동시에 정부와 직접 충돌함으로써 발생할 수 있는 불필요한 문제를 사전에 예방할 수 있었다.53)

한편 지방의회는 정부에 대해서도 1990년대 초기까지는 유사한 전략을 구사했다. 앞에서 말했듯이, 의회는 법적으로는 해당 지역의 국가 권력기관이지만, 실제 권력관계와 조직 능력 면에서는 정부와 비교할 때 분명한 열세에 있다. 뿐만 아니라 현재까지 의회의 예산편성권과 집행권을 의회가 아니라 정부가 행사하기 때문에, 의회가 정부와의 관계 악화를 감수하면서까지 감독 활동을 강력히 전개하기는 쉽지 않다. 여기에 더해 지방의회가 새롭게 개척한 많은 감독 방식은 헌법과 법률에는 없는 것이라 더욱 신중할 수밖에 없었다. 그래서 의회는 정부와 대립하거나 경쟁하기보다는 정부 업무에 최대한 협조하는 전략을 구사했다. "정부를 지지하면서 감독하고, 감독하면서 정부를 지지한다."(寓支持于監督之中, 寓監督于支持之中)라는 말은 이를 표현한 것이다.54)

구체적으로 지방의회는 대정부 감독과 관련하여 다음과 같은 방식을 사용한다. 우선, 의회가 법률집행감독이나 직무평가감독을 실시할 때에는 반드시

---

51) 白廣全 主編, 『開創城市區級人大工作的新局面』(北京: 中國民主法制出版社, 1997), pp. 78, 316-320 ; 全國人大常委會, 『地方人大監督工作探索』, p. 160.
52) 白廣全, 『開創城市區級人大工作』, p. 78 ; 全國人大常委會, 『地方人大監督工作探索』, p. 187.
53) 白廣全, 『開創城市區級人大工作』, p. 160 ; 陳耀良, 『銳意進取的縣級人大工作』, p. 227.
54) 蔡定劍・王晨光, 『人民代表大會二十年發展與改革』, p. 265.

정부와 사전에 협의하여, 감독 대상과 시기, 구체적인 일정을 조정한다. 또한, 예산편성 및 집행에 대한 감독에서는 공개적인 문제 제기보다는 '사전 개입'(提前介入)을 통한 문제 해결을 선호한다. 예를 들어, 의회 연례 회의에서 정부 예산안을 공개적으로 비판하기보다는 의회 관계자가 정부의 예산편성 과정에 참여하여 사전에 문제를 제기하고 조율한다.

마지막으로, 일부 법률집행감독의 경우에는 의회가 정부와 함께 감독을 실시하기도 한다. 이는 감독 대상인 정부가 동시에 감독 주체가 되어 자기를 감독하는 것으로 매우 불합리하다. 이 때문에 전국인대와 성급 지방인대는 이 같은 관행에 반대하지만, 현실적인 감독 효과를 고려하여 현급 지방인대는 종종 이런 방식을 사용한다. 정부 책임자와 합동으로 감독을 실시할 경우 사소한 문제는 현장에서 해결할 수 있고, 지역 주민들은 이런 빠른 감독 효과를 좋아하기 때문이다.[55]

그런데 1990년대 중반을 넘어서면서 지방의회와 정부 사이의 관계에서 변화가 발생하기 시작했다. 의법치국정책의 전면적인 실시와 중앙의 지지, 지난 활동을 통한 의회의 경험 축적, 의회의 자체 조직 능력 증대, 의회 대표들의 책임 의식 강화, 지역 주민의 요구 등을 기반으로 지방의회가 정부에 대해 한편에서는 협력하지만 다른 한편에서는 경쟁하고 대립하는 구도가 형성되기 시작한 것이다. 앞에서 살펴본 현급 지방인대의 강력한 대정부 감독 활동은 이를 잘 보여 준다. 또한, 현급뿐만 아니라 성급 지방인대도 이 무렵부터는 감독에 과감히 나서는 현상이 나타났다. 제1장에서 살펴본 '선양사건'과 '광둥 현상' 그리고 쓰촨성과 허난성 인대의 감독은 이것을 보여 주는 대표적인 사례이다. 따라서 우리는 1990년대 중반 이후 지방의회의 대정부 전략이 협력 전략에서 대립 및 경쟁 전략으로 변화하고 있다고 말할 수 있다.

---

[55] 톈진시 지역 의회 고위 관계자와의 인터뷰 : 2001년 3월과 8월, 2002년 1월, 톈진시 ; 허베이성 한단시 지역 의회 고위 관계자와의 인터뷰 : 2000년 7월, 한단시.

(2) 상하급 지방의회의 협력 전략

1980년 이후 현급 지방인대에도 상무위원회와 사무기구가 설치되면서 의회는 일상적으로 대정부 감독 활동을 전개할 수 있게 되었다. 이후 지방인대 상무위원회의 전임 위원과 상근 사무직원이 계속 증가하면서, 의회의 조직 역량은 강화되었다.56) 그러나 전체적으로 보면 현급 지방인대의 조직 역량은 아직 미약하다.

우선, 지방인대 상무위원회 위원 중에는 공산당과 정부의 고위직에서 퇴임 직전에 의회로 자리를 옮긴 사람이 많기 때문에 전반적으로 나이가 많다. 더욱이 이들 중에서 전임 위원은 많아야 전체의 1/3 정도(전국인대는 2/3, 성급 지방인대는 1/2 정도임)이다.57) 또한 사무기구와 직원 수도 지방정부 활동을 일상적으로 감독하기에는 매우 부족하다. 대개 현급 지방인대는 1~3개의 판공실과 3~5개의 공작위원회(工作委員會)로 구성되어 있고, 상근 직원은 평균 15~30명 사이이다. 그런데 이 정도 기구와 인원으로는 평균 50~60개의 부서에 700~1,000명 정도의 상근 직원을 갖추고 있는 현급 지방정부의 활동을 감독하는 것은 무리이다. 또한 중앙의 지방조직 개혁안에 따라 지방의회의 기구와 인원은 일정 수—공산당·정부, 인대, 정치협상회의, 인민단체(人民團體) 전체의 기구 및 인원의 4% 이내—를 넘을 수 없기 때문에, 의회기구와 인원을 확충하는 것도 어려웠다.58)

이처럼 부족한 조직 역량을 보완하기 위해 지방의회는 상하급 의회의 협력

---

56) 예를 들어, 쓰촨성 청두시(成都市) 진니우구(金牛區) 인대의 경우, 1984년에는 인대 상무위원회 전임 위원이 1명(전체 상임위 위원은 21명), 사무직원이 7명이었다. 그런데 1990년에는 전임 위원이 5명(전체 상임위 위원은 19명), 사무직원이 26명으로 증가했다. 金牛區 人大誌編纂委員會 編, 『成都市金牛區人民代表大會志』(成都 : 四川人民出版社, 1995), pp. 163-174.
57) 廣東省人大制度硏究會 外 主編, 『依法治省的探討』, pp. 164-165 ; 湖北省武穴市人大常委會, 『縣鄕人大工作硏究』, p. 166. 필자가 방문한 현급 지방인대의 경우, 인대 상무위원회 위원 중에서 대개 20~30%가 전임 위원으로 활동하고 있다.
58) 株州市人大志編纂委員會 編, 『株州市人大志』(湖南出版社, 1991), p. 191 ; 泉州市鯉城區人民代表大會志編纂委員會 編, 『泉州市鯉城區人民代表大會志』(北京 : 中國民主法制出版社, 1994), p. 173 ; 烏杰 主編, 『中國政府與機構改革(上)』(北京 : 國家行政學院出版社, 1998), p. 1051.

전략을 사용하게 되었다. 즉, 각급 지방인대는 성급 지방인대의 계획과 지휘 아래 거의 모든 현급 및 향급 지방인대가 참여하여, 같은 법률과 정부 부서를 대상으로 동시에 법률집행감독이나 직무평가감독을 전개하는 것이다. 그리고 여기에 참여할 수 있는 각급 지방인대 대표를 최대한 참여시키는 것이다. 이것은 적은 역량을 모아 몇 개의 목표에 집중함으로써 감독 효과를 극대화하려는 전략이다.

이러한 상하 협력 전략은 현재 거의 모든 지방의회가 사용하고 있다. 예를 들어, 1992년 허난성 각급 지방인대는 농민 부담 경감과 관련된 대정부 감독 활동을 동시에 전개했다. 이때 122개의 현급 지방인대(전체 158개 중 77%)와 1,902개(전체 2,100개 중 91%)의 향급 지방인대가 이것과 관련된 법률집행감독을, 98개의 현급 지방인대(전체의 62%)와 1,628개의 향급 지방인대(전체의 78%)가 해당 부서 및 공직자에 대한 직무평가감독을 전개했다. 그리고 여기에는 총 7만 명의 의회 대표가 참여했다. 다른 지역도 이와 비슷하다.59)

(3) 지역 주민 지지 극대화 전략

지방의회가 정부의 저항에 맞서 감독 활동을 전개하기 위해서는 공산당의 지지를 얻는 것 이외에도 지역 주민의 지지를 얻는 것이 중요하다. 왜냐하면 지방정부 지도부가 다수를 차지하는 공산당 위원회(상무위원회)를 설득하기 위해서는 지역 주민의 지지가 매우 중요하기 때문이다. 그래서 지방의회가 대정부 감독을 전개할 때에는 지역 주민의 지지를 극대화하는 전략을 사용하게 되었다.

현급 지방인대는 전국인대나 성급 지방인대와는 달리 이러한 전략을 사용

---

59) 全國人大常委會, 『人民代表大會成立40周年紀念文集』, p. 239. 그 밖의 다른 지역 사례는 孟連崑, "關于人大開展評議司法機關工作的體會," p. 7 ; 全國人大常委會, 『地方人大行使職權實例選編』, pp. 159-163 ; 楊逢春, 『在省級人大工作崗位上』, pp. 48-49, 104, 197, 290 참조.

할 기본적인 조건을 갖추고 있다. 우선, 현급 지방인대 대표는 지역 주민의 직접선거로 선출되기 때문에 이들 사이에는 직접적인 '대표-유권자 관계'가 있다(전국인대 및 성급 지방인대 대표는 하급 지방인대에서 선출됨). 또한 현급 지방인대의 감독 결과는 지역 주민의 생활에 직접적인 영향을 미치기 때문에 그만큼 그에 대한 지역 주민의 관심도 높다.60)

지방의회의 지역 주민 지지 극대화 전략은 구체적으로 지역 주민의 이해가 걸린 사항이나 지역 주민의 관심이 높은 사회문제를 중심으로 대정부 감독 활동을 전개하는 방식으로 나타난다. 예를 들어, 지금까지 법률집행감독에서 가장 많이 선정된 법률(정책)은 지방정부의 자의적인 준조세 징수(三亂風, 세금·할당금·벌금)의 정수와 관련된 것이었다. 이것은 지방정부의 자의적인 준조세 징수가 지역 주민, 특히 농민의 부담을 가중시켜 커다란 불만을 사는 가장 심각한 사회문제 중의 하나였기 때문이다. 또한 지난 시기 직무평가감독을 보면, 지방정부 부서 중에서는 재경 계통 부서(교통·재무·계획위원회·공상·토지관리·도시건설 등)가 감독 대상 부서로 자주 선정되었다. 그 이유는 이들이 정부 부서 중에서도 부정부패가 심한, 그래서 지역 주민의 불만을 가장 많이 사는 부서였기 때문이다.61)

이처럼 지방의회는 지역 주민의 이해와 밀접히 관련되고 사회적으로 문제가 많은 사항을 중심으로 대정부 감독 활동을 전개하기 때문에, 지역 주민의 지지를 얻을 수 있었다. 또한 지역 주민이 지지하는 감독에 대해 지방정부가 무조건 저항할 수는 없었고, 동시에 공산당도 그러한 의회의 감독을 지지하지 않을 수 없었다.

---

60) Cho, "Public Supervisors and Reflectors," pp. 197-227.
61) 全國人大常委會, 『人民代表大會成立40周年紀念文集』, pp. 141-163 ; 程湘淸 外, 『國家權力機關的監督制度和監督工作』, pp. 224-225.

3. 요약과 평가

이상에서 우리는 법률집행감독과 직무평가감독을 중심으로 현급 지방인대의 대정부 감독의 내용·감독 효과·활동 전략을 살펴보았다. 지금까지의 사실을 종합하면, 우선, 지방의회는 1980년대 이후 새로운 감독 방식을 도입하여 지방정부와 공직자의 활동을 감독하려고 노력해 왔고, 그러한 노력의 결과 일부 감독에는 문제가 있지만 지방정부와 공직자의 활동을 견제하고 통제하는 데 일정한 역할을 했다고 평가할 수 있다.

또한, 지금까지의 감독은 지방의회가 지역 주민의 성원을 배경으로 공산당의 지지와 협조를 적극적으로 동원하여 정부의 활동을 견제하고 통제하는 성격이 강했다고 말할 수 있다. 다시 말해, 지방의회의 대정부 감독은, 의회가 공산당을 대신하여 정부와 공직자를 통제하는 활동이었던 것이다. 이것은 현재 중국 정치체제에서 지방의회가 처한 개관적 조건, 즉 의회가 지방정부와 공직자의 저항을 막기 위해서는 공산당의 지지가 절대적으로 필요하고, 동시에 의회의 감독을 포함한 모든 중요한 활동은 공산당의 지도 및 통제 아래에서 진행되어야 하기 때문에 나타나는 현상이다.

한편, 의회는 정부에 대해서도 1990년대 초까지는 협력 전략을 주로 사용했다. 그러나 1990년대 중반 이후 의회는 이와 함께 정부와 대립하고 경쟁하는 새로운 전략을 구사하기 시작했다. 이는 의회가 중국 정치체제에서 하나의 독립된 국가기관으로 정착되었음을 의미하는 것이다.

지방인대의 대정부 감독은 공산당의 이익만을 증진시키는 것은 아니었다. 다시 말해, 의회의 감독은 공산당뿐만 아니라 의회 자신의 이익도 동시에 만족시켜 줄 수 있었다. 우선, 지방의회의 대정부 감독은, 1978년 이후 지금까지 공산당 중앙이 지속적으로 추천해 온 관료주의 문제, 즉 정부의 낮은 행정 효율과 공직자 부패 문제를 해결하는 데 도움을 줄 수 있었다. 특히 1980년대 후반 이후 이 문제가 가장 심각한 정치 문제의 하나로 등장하면서, 공산당에게 의회의 대정부 감독은 더욱 중요한 의미를 갖게 되었다. 또한, 지방의회는 대정부 감독을 통해 정치적 지위와 권위를 확보할 수 있었다. 모든 신생조직이 그렇듯이,

개혁기에 지방의회도 조직의 생존과 발전을 위해 많은 노력을 경주해 왔는데, 대정부 감독은 바로 이런 노력 중 하나였다.

이상에서 살펴본 지방의회의 대정부 감독은 중국 정치발전과 관련하여 두 가지 함의를 준다. 우선, 우리는 의회와 같은 신생 정치조직이 공산당 일당지배 체제 아래에서 어떻게 발전할 수 있는가를 엿볼 수 있었고, 이를 통해 정치조직의 발전 경로는 다양할 수 있다는 사실을 확인했다. 모든 정치조직이 하나의 독립된 기관으로 발전하기 위해서는 자율성을 확보해야 한다. 이것은 두 가지로 구성되는데, 하나는 업무와 관련된 독자적인 권한을 확보하는 것이고, 다른 하나는 이를 수행할 수 있는 조직 능력을 배양하는 것이다.

그런데 이를 위한 방법은 상황과 조건에 따라 여러 가지가 있을 수 있다. 예를 들어, 신생조직이 기성조직과의 대립 및 경쟁을 통해 자율성을 확보할 수도 있고, 아니면 기성조직과의 협력 및 연계를 통해 확보할 수 있다. 전자의 방법을 선택할 경우에는 일정한 조건이 필요하다. 일반적으로 정당이나 정부와 비교하여 의회가 가질 수 있는 최대 무기는 국민의 지지이다. 그런데 현재 중국처럼 다당제가 허용되지 않고 제한적으로만 직접선거가 실시되고 있는 상황에서는 의회가 국민의 지지를 배경으로 공산당과 정부에 맞서는 일은 결코 쉽지 않다. 결국 중국의 지방의회는 이런 제약 조건 때문에 후자의 방법을 선택하여, 지금까지 비교적 성공적으로 의회 권한을 확대하고 조직 능력을 증강시킬 수 있었다.

한편, 의회의 발전은 중국 정치체제에 새로운 과제를 제기한다. 즉, 공산당·의회·정부 사이의 권력관계를 어떻게 재정립할 것인가가 중요한 문제가 되었다. 현행 권력구조는 공산당이 국가조직에 대한 인사권과 통제권을 장악해 권력구조의 정점에 서서 전체 업무를 총괄하고, 의회와 정부는 독립된 국가기관으로서 각자의 업무를 수행하는 일종의 집중 및 분업의 정치체제라고 할 수 있다. 이 구조에서 의회와 정부는, 권력관계와 조직 능력 면에서 정부의 상대적 우위를 전제로, 한편에서는 협력 관계를, 다른 한편에서는 경쟁 관계를 유지하고 있다. 그런데 의법치국정책의 전면적인 실시와 함께 의회의 역할 강화가 필요하고, 이를 위해서는 현행 권력구조를 어떤 방식으로든 수정해야 할 필요성이 제기되었다. 동시에 공산당이 통치의 정당성을 제고하기 위해서도 의회의 지위 향상은 필요하다.

이와 관련하여 지금까지 추진된 개혁 방식은 크게 두 가지로 나눌 수 있다. 하나는 현행 권력구조를 유지하면서 의회의 정치적 지위를 높여 주는 방식이다. 공산당 지역위원회의 당 서기가 지방인대 주임을 겸임하게 하거나, 혹은 지방인대 주임을 공산당 부서기로 임명하는 것이 바로 이 방식이다. 제2장에서 살펴보았듯이, 공산당의 이런 시도는 후진타오(胡錦濤) 시대에 들어 더욱 가속화되고 있다. 즉, 2002년 11월 공산당 제16차 당대회를 전후해 전국 31개 성급 행정단위 중에서 23개 지역(전체의 74.1%, 이전에는 전체의 32.2%)에서 당 서기가 성급 지방인대 주임을 겸임하고 있다.62) 그런데 이 방식은 앞에서 말했듯이, 의회의 지위와 역할을 강화시키기 위한 단기적인 처방일 뿐이고, 실제 효과 면에서도 최악은 아니지만 그렇다고 최선이라고 할 수는 없다.

다른 하나는, 일부 의회 관계자와 학자들이 주장하는 것으로 '공산당의 의회를 통한 국가관리'(黨通過人大管理國家事務) 방식이다. 이는 공산당 지역위원회의 당 서기뿐만 아니라 다른 당 지도자도 지방의회에 들어감으로써 공산당 지도부가 의회의 지도부가 되어 활동하는 것이다. 실제로 중국에서는 이런 실험을 실시한 적이 있다. 간쑤성 바이인시(白銀市)에서는 1991년 공산당 시위원회의 서기가 인대 주임을 맡고, 당조직부·선전부·통일전선부 책임자(部長)가 인대 상무위원회 위원이 됨으로써 부서기인 시장(市長)을 제외한 당 핵심 지도부 전원이 의회 지도부가 되었다. 그래서 공산당의 중요 정책은 인대 상무위원회 주임 또는 정부 시장 명의로 의회에 제출하여 결정하고, 정부는 이렇게 결정된 정책을 집행하는 방식을 취했다. 이렇게 함으로써 공산당의 정책 결정에 있어 과학화를 높이고, 의회의 감독 기능을 강화할 수 있었을 뿐만 아니라, 공산당·의회·정부 사이의 관계를 조정하는 데에도 유리한 면이 있었다.

이 방식의 문제점으로는 공산당 지도부가 의회 업무를 겸직하다 보니 시간과 능력 부족으로 당 업무와 의회 업무 모두를 제대로 처리하지 못하고, 권력이

---

62) 連玉明, 『中國國政報告 : 體驗 "兩會" 問題中國新語態』, pp. 15-16.

당 서기 1명에게 집중됨으로써 개인 독재의 가능성이 있다는 것이다. 또한 공산당의 권위를 빌려 의회의 지위를 높이는 것이 장기적인 관점에서 보았을 때 바람직한가에 대한 의문도 제기되었다.63) 어쨌든 이 실험에서는 장점이 단점보다 많은 것으로 평가되었지만, 이 실험은 이후 전국으로 확대 실시되지는 않았다. 대신 앞에서 살펴본 첫 번째 방식이 현재 실시되고 있다.

1980년대 공산당은 정치개혁의 핵심 과제로 당정분리를 제기했다. 하지만 현재까지 지방 차원에서는 이 과제가 제대로 집행되지 않았다. 이런 상황에서 공산당은 공산당·의회·정부 사이의 관계를 새롭게 정립해야 하는 과제를 안게 되었다. 앞으로 이 문제가 어떻게 해결되는가는 의회발전뿐만 아니라 중국의 정치발전 전체와 관련해서도 매우 중요한 의미가 있다.

---

63) 蔡定劍·王晨光, 『人民代表大會二十年發展與改革』, pp. 401-413.

제5장

지방의회와 사회단체

1978년 공산당이 개혁개방정책을 실시한 이후 중국은 급속한 변화를 겪고 있다. 국가-사회 관계의 변화는 그중 하나이다. 마오쩌둥 시기 중국에서는 국가가 개인 및 집단에 대해 정치 영역은 물론이고 사회 및 경제 영역까지 통제하고 관리하는 사회주의체제가 유지되었다. 그러나 개혁기에는 상황이 변화하기 시작했다. 즉, 시장제도와 사적 소유제도의 도입을 배경으로 새롭게 성장한 개인, 기업, 사회단체가 사회 및 경제 영역에서 독자적인 활동 공간을 확보하기 시작한 것이다. 이와 함께 국가-사회 관계에서 사회가 국가로부터 좀 더 많은 자율성을 획득하고 활동 영역을 확대하는 방향으로 변화가 나타나기 시작했다.

중국의 국가-사회 관계에서 사회의 성장을 상징적으로 보여 주는 것이 바로 사회단체의 급격한 증가이다. 한 조사에 의하면 마오쩌둥 시기 말기에 중국에는 전국 단위의 사회단체가 103개밖에 없었다.[1] 그러던 것이 개혁개방정책을 실시한 지 17년이 지난 1996년 말에는 전국 단위 사회단체가 1,845개로 급증했고, 중앙과 지방을 망라하여 정부에 등록된 사회단체의 총수는 약 18만 7,000개에 달했다.[2] 이런 증가 추세는 최근에도 계속되었다. 예를 들어, 2002년 12월 정부통계에 의하면, 중국에는 등록된 사회단체가 모두 약 24만 6,000개가 있다. 여기에는 '사회단체' 13만 3,000개, '민영비기업단위'(民辦非企業單位) 11만 1,000개, 그리고 각종 '기금'(基金會) 1,268개가 속한다.[3] 한편 현재 중국에서

---

[1] Minxin Pei, "Chinese Civic Associations : An Empirical Analysis," *Modern China*, Vol. 24, No. 3(1998), p. 290.
[2] Tony Saich, "Negotiating the State : The Development of Social Organizations in China," *China Quarterly*, No. 161(2000), p. 126.
[3] 王名 外, 『民間組織通論』(北京 : 時事出版社, 2004), p. 15. 최근 민정부(民政部) 통계에 따르면,

는 종교단체를 포함한 상당수의 사회단체가 국가의 감시와 통제를 피해 정부에 등록하지 않고 활동하고 있는 현실을 놓고 볼 때, 실제 사회단체 수는 이것보다 훨씬 많을 것이다.4)

이처럼 개혁기에 들어 사회단체 수가 급격하게 증가하면서 이것이 중국 정치에 미치는 영향에 대해 분석하는 것이 중요한 연구 과제가 되었다. 1989년 6월의 톈안먼사건은 이 연구의 중요성을 환기시키는 결정적인 계기가 되었다. 이 사건을 통해 중국에도 비공식적인 다양한 지식인 그룹이 발전하고 있었고, 비록 짧은 기간 동안이었지만 통제가 이완된 정치 공간이 형성되었을 때 노동자 계층도 신속하게 조직되어 집단 활동에 나서는 모습을 확인할 수 있었기 때문이다.5) 여기에 더해 1990년대 중반 이후 중국 사회의 중요한 세력으로 등장한 사영기업가 계층과 이들의 견해를 대변하는 사회단체의 활동은 국가-사회 관계의 변화를 분석해야 할 필요성을 더욱 증대시켰다.6)

2005년 말 중국에는 모두 32만여 개의 국가에 등록된 민간조직(NGO)이 있다. 여기에는 '사회단체' 17만 1,000개, 민영비기업단위 14만 8,000개, 기금 1,600여 개가 포함된다.

4) 중국 칭화(清華)대학교의 왕밍(王名) 교수는 2005월 8월 20일 서울에서 개최된 '제3회 한일 시민단체 시민사회포럼' 강연에서, 현재 중국에는 약 220만 개의 비정부조직(NGO)이 활동하고 있다고 주장했다. 구체적으로, 해외 비정부조직 3,000개, 농촌 민간조직 150만 개, 지역사회 수준의 비등록 단체 약 20만 개, 법정 사회단체 15만 8,000개가 있다는 것이다. 『한겨레』(인터넷판), 2005년 8월 24일. 이 중에서 농촌 민간조직 150만 개를 사회단체로 분류할 수 있는가는 좀 더 논의해 봐야겠지만, 그의 주장은 개혁기에 사회단체 수가 급증했다는 사실을 잘 보여 준다.

5) Barrett L. McCormick, Su Shaozhi and Xiao Xiaoming, "The 1989 Democracy Movement : A Review of the Prospects for Civil Society in China," *Pacific Affairs*, Vol. 65, No. 2(1992), pp. 182-202 ; Andrew G. Walder and Gong Xiaoxia, "Workers in the Tiananmen Protests : The Politics of the Beijing Workers' Autonomous Federation," *Australian Journal of Chinese Affairs*, No. 29(1993), pp. 1-29.

6) Scot Kennedy, *The Business of Lobbying in China*.; Bruce J. Dickson, "Do Good Businessmen Make Good Citizen? An Emerging Collective Identity among China's Private Entrepreneurs," Merle Goldman and Elizabeth J. Perry eds., *Changing Meanings of Citizenship in Modern China*(Cambridge : Harvard University Press, 2002), pp. 255-287 ; Bruce J. Dickson, *Red Capitalists in China*.; Kenneth W. Foster, "Embedded within State Agencies : Business Associations in Yantai," *China Journal*, No. 47(2002), pp. 41-65 ; David L. Wank, "Private Business, Bureaucracy and Political Alliance in a Chinese City," *Australian Journal of Chinese Affairs*, No. 33(1995), pp.

이 장에서는 개혁기 변화된 중국의 국가-사회 관계를 검토하기 위해 지방인대와 사회단체 사이의 관계를 분석하려고 한다. 중국의 지방의회는 개혁 초기까지 공산당이나 정부가 결정한 사항을 단순히 추인하는 '고무도장'에 불과했다. 그러나 시간이 지나면서 의회는 입법과 감독 영역에서 의미 있는 활동을 전개하면서, 공산당·정부와 함께 중요한 국가기구로 발전했다. 이처럼 새롭게 등장한 지방의회와 사회단체 사이의 관계를 분석함으로써, 우리는 변화된 중국의 국가-사회 관계의 한 단면을 이해할 수 있을 것이다.

구체적으로 이 글은 우선, 국가-사회 관계에 대한 기존 논의를 간단하게 검토할 것이다. 여기서는 특히 중국의 국가-사회 관계를 분석하는 기본 관점, 즉 시민사회론(civil society)과 국가 조합주의(state corporatism)를 살펴볼 것이다. 다음으로, 지방의회와 사회단체 사이의 호혜적인 관계를 분석할 것이다. 사회단체-지방의회의 관계는 사회단체-공산당/정부의 관계와는 다르고 이것이 사회단체와 의회 사이의 관계에 영향을 미치기 때문에 이에 대한 검토가 필요하다. 마지막으로 사회단체가 지방의회의 입법 및 감독 활동에 어떻게 참여하고 있는지를 분석할 것이다.

이와 같은 분석을 통해 필자는, 중국의 국가-사회 관계 연구에서는 시민사회론이나 국가 조합주의와 같은 이전의 관점에서 벗어나 새로운 관점에서 새롭게 변화하는 현실을 분석하기 위해 노력해야 함을 강조할 것이다. 또한 이렇게 할 경우에만 개혁기에 들어 복합적이고 중층적으로 변해 가는 중국의 국가-사회 관계를 제대로 파악할 수 있을 것이다. 단적으로, 지방의회-사회단체의 관계는, 공산당/정부-사회단체의 관계처럼 사회단체가 국가의 강한 통제 아래에서 허용된 범위 안에서만 활동한다는 국가 조합주의보다는, 사회단체가 국가의

55-71 ; Wank, *Commodifying Communism* ; Christopher Earle Nevitt, "Private Business Associations in China : Evidence of Civil Society or Local State Power?," *China Journal,* No. 36(1996), pp. 25-43 ; Margaret M. Pearson, *China's New Business Elite : The Political Consequences of Economic Reform*(Berkeley : University of California Press, 1997) ; Jonathan Unger, "'Bridges' : Private Business, the Chinese Government and the Rise of New Associations," *China Quarterly,* No. 147(1996), pp. 795-819.

통제에서 벗어나 좀 더 자유로운 상태에서 서로 경쟁하면서 자신의 권익을 추구한다는 시민사회론에 가깝다. 구체적으로 공산당/정부와 인민단체, 즉 총공회, 부녀연합회, 공산주의청년단(共産主義靑年團, 共靑團) 사이의 관계는 이전과 크게 달라진 것이 없다. 이들은 여전히 공산당과 사회를 연결하는 전달 벨트 역할을 수행하고 있다. 이에 비해 의회와 이들 사회단체의 관계는 새로운 모습을 보인다. 즉, 사회단체들은 새롭게 형성된 의회의 '입법정치'에서 자신의 능력과 지위에 기초하여 자유롭게 입법 활동에 참여하고 있다는 것이다.

이 연구는 행정단위와 관련해서는 성급을 분석 대상으로 선택했다. 성급 행정단위의 정부나 의회는 해당 지역을 대상으로 실시하는 정책과 조례를 제정하며, 해당 지역의 정부와 의회 활동을 지도하고 관리하는 역할을 맡고 있다. 이에 따라 성급 국가기관은 일상 활동에 필요한 조직체제와 능력을 갖추고 있으며, 사회단체와의 관계도 매우 밀접한 편이다. 이에 비해 현급 및 향급 단위의 정부와 지방의회는 주로 상층에서 결정된 사항을 집행하는 역할을 맡고 있고, 사회단체와의 관계도 그렇게 밀접하지 못하다.

또한, 지역적으로는 중국의 31개 성급 행정단위 중에서 상하이시와 광둥성을 사례로 선택했다. 사회단체 중에서는 노동조합, 여성단체, 청년단체, 기업가단체, 소비자단체를 분석 대상으로 선택했다. 총공회, 부녀연합회, 공청단은 중국에서 가장 중요한 인민단체로 국가-사회 관계를 분석할 때 반드시 검토해야 하는 대상이다. 공상련은 중대형 사영기업가가 가입하는 가장 중요한 기업가단체이다. 소비자단체는 1980년대 중반 이후 소비자 문제가 대두되면서 새롭게 만들어진 조직이다.

마지막으로, 중국의 사회단체 명칭과 분류에 대한 약간의 설명이 필요하다. 중국에서는 비정부조직(NGO)의 역어로 '민간조직'(民間組織)이라는 명칭을 사용한다. 우선, 법적 규정에 따른 민간조직 구분을 살펴보자. 1998년 제정된 〈사회단체등기관리조례〉, 〈민영비기업단위관리조례〉, 〈기금회관리조례〉에 따르면, 민간조직은 '사회단체', '민영비기업단위', '기금'으로 분류할 수 있다. 또한, 민간조직에는 이외에도 정부에 등록할 필요가 없는 25개의 특수 사회단체와 인민정치협상회의(人民政治協商會議)에 소속된 8개의 '인민단체'가 있다.7) 따라서 법적으로 '민간조직'이라고 할 때에는 이 모두를 지칭한다. 한편, 조직 성격에 따라 민간조직을 구분하면, 소속 회원의 이익 증진을 목표로 하는 '호익성'(互益性) 조직과 사회 전체의 이익 증진을 목표로 하는 '공익성'(公益性) 조직으로 나눈다. 전자에는 통상 '사회단체'라고 하는 경제 관련 단체(노동조합·기업가단체·직능단체), 사회 관련 단체(학회·동창회·사교단체·동우회), 상호합작조합 등이 속하며, 후자에는 각종 '기금'과 '민영비기업단위'(비영리 연구소·병원·학교·복지단체)가 속한다.8)

이 글에서 사회단체라고 할 때는 법적 규정에 따라 구분할 경우에는 '사회단체'와 '인민단체'를, 조직 성격에 따라 구분할 경우에는 '사회단체'(호익성조직)를 가리킨다. 또한 중국에 존재하는 사회단체는 우리가 흔히 말하는 비정부조직과 성격이나 활동이 많이 다르기 때문에 이 글에서는 비정부조직 대신 사회단체라는 명칭을 사용한다.

1. 중국의 국가-사회 관계에 대한 기존 논의

지금까지 개혁기 중국의 국가-사회 관계를 분석하는 관점(접근법)은 크게 두 가지로 나눌 수 있다. 하나는 시민사회론이다. 이 관점에서 국가-사회 관계를 연구할 때에는 크게 두 가지 방식을 취한다. 하나는 사회학적인 측면에서 시민사회 개념을 적용하는 것이다. 이 경우에는 국가와 사회 사이의 매개체로 등장한 사회단체에 주목하여, 그들이 국가로부터 얼마나 자율적이며 소속 회원의 권익 증대를 위해 어떤 노력을 전개하는가에 분석의 초점을 맞춘다.

다른 하나는 정치적인 측면에서 시민사회 개념을 적용하는 것이다. 이것은 주로 시민사회의 등장과 발전을 중국의 민주화와 관련시켜 연구하는 것으로,

---

7) 王名, 『民間組織通論』, pp. 14-17. 참고로 8개의 '인민단체'는 총공회, 공청단, 부녀연합회, 중국과학기술협회, 귀국화교연합회, 대만동포연합회, 청년연합회, 공상련을 가리킨다.
8) 王名, 『民間組織通論』, p. 17.

소련 및 동구 사회주의권의 붕괴와 톈안먼사건 이후 유행하게 되었다. 이 관점은 시장제도의 도입과 함께 국가로부터 자율적인 시민사회가 형성되고, 그것이 국가권력을 제한하여 중국의 민주화를 촉진시킬 것이라는 전제에서 출발한다. 그래서 사회단체가 국가로부터 어느 정도의 자율성을 획득하여 인권 확대나 법치 실시 등에 기여할 수 있는가를 집중 분석한다.[9]

1990년대 초반에 일부 연구자들은 중국에서도 시민사회가 형성되고 있으며 이것이 중국의 정치발전에 의미 있는 역할을 할 것이라는 견해를 제시했다.[10] 그러나 이후 실증적인 연구가 진행되면서 시민사회론적 관점에서 중국의 국가-사회 관계를 분석하는 것에 대해 많은 비판이 제기되었다. 비판의 핵심은, 중국에 존재하는 사회단체는 국가로부터 독립하여 조직 및 운영될 수 없다는 점, 다시 말해 국가-사회 관계에서 아직도 국가가 막강한 권한과 영향력을 행사한다는 점이다. 또한, 중국의 국가-사회 관계는 시민사회론에서 생각하는 것처럼 그렇게 대립적이지 않다는 점도 지적되었다.[11] 개혁기 기업가단체의 활동을 분석한 기존 연구도 역시 시민사회론에 대해 비판적이다.[12] 그래서

---

[9] Gordon White, "The Dynamics of Civil Society in Post Mao China," Biran Hook ed., *The Individual and the State in China*(Oxford : Clarendon Press, 1996), pp. 197-198 ; White, Howell and Xiaoyuan, *In Search of Civil Society*, pp. 3-4.

[10] Martin K. Whyte, "Urban China : A Civil Society in the Making," Arthur Lewis Rosebaum ed., *State and Society in China : The Consequences of Reform*(Boulder : Westview Press, 1992), pp. 77-101 ; McCormick, Su and Xiao, "The 1989 Democracy Movement," pp. 182-202.

[11] Mary E. Gallagher, "China : The Limits of Civil Society in a Late Leninist State," Muthiah Alagappa ed., *Civil Society and Political Change in Asia : Expanding and Contracting Democratic Space*(Stanford : Stanford University Press, 2004), pp. 419-452 ; Saich, "Negotiating the State." ; Timothy Cheek, "From Market to Democracy in China : Gaps in the Civil Society Model," Juan D. Lindau and Timothy Cheek eds., *Market Economics and Political Change : Comparing China and Mexico*(Lanham : Rowman & Littlefield Publishers, 1998), pp. 219-252 ; Timothy Brook and B. Michael Frolic eds., *Civil Society in China*.

[12] Dickson, "Do Good Businessmen Make Good Citizen?." ; Pearson, *China's New Business Elite* ; Unger, "Bridges." ; Nevitt, "Private Business Associations in China." ; Wank, "Private Business, Bureaucracy, and Political Alliance".

'준'(semi) 시민사회,13) '초기적'(incipient) 시민사회,14) '국가주도'(state-led) 시민사회,15) '맹아적'(embryonic) 시민사회,16) '비공식'(unofficial) 시민사회 등의 개념이 등장하게 되었다.17)

현재 중국의 국가-사회 관계를 분석하는 주된 관점은 필립 슈미터(Philippe C. Schmitter)의 조합주의를 중국에 적용한 국가 조합주의이다. 이에 따르면, 개혁기 중국에 등장한 사회단체는 다음과 같은 몇 가지 국가 조합주의적 성격을 갖고 있다. 첫째, 국가가 주요 사회단체의 설립 및 운영을 주도한다. 둘째, 사회단체의 지도부 구성과 조직, 재정 면에서 국가가 막대한 영향력을 행사한다. 셋째, 사회단체는 각 지역 및 영역에서 독점적인 대표권을 인정받고 국가와 소속 회원 사이의 매개 역할을 담당한다.18) 한편, 국가 조합주의가 시민사회론과 결정적으로 다른 점은, 국가-사회 관계를 대립과 갈등이 아니라 조화와 협력의 관계로 본다는 점이다. 즉, 사회단체들은 현재 공산당 일당지배체제라는 중국 정치체제의 특성 때문에 국가로부터의 자율성을 추구하기보다는 국가와의 협력을 추구하며, 이를 통해 필요한 자원과 권한을 확보하려 한다는 것이다.19)

국가 조합주의 관점에서 중국의 국가-사회 관계를 연구하는 것에 대해 비

---

13) He, *The Democratic Implications of Civil Society in China*.
14) White, "The Dynamics of Civil Society."; White, Howell and Shang, *In Search of Civil Society*.
15) B. Michael Frolic, "State-Led Civil Society," Brook and Frolic, *Civil Society in China*, pp. 46-67.
16) Pei, "Chinese Civic Associations," pp. 285-318.
17) Gallagher, "China : The Limits of Civil Society".
18) Unger, "'Bridges'."; Saich, "Negotiating the State."; Jonathan Unger and Anita Chan, "Corporatism in China : A Developmental State in an East Asian Context," Barrett L. McCormick and Jonathan Unger eds., *China after Socialism : In the Footsteps of Eastern Europe or East Asia?*(Armonk : M.E. Sharpe, 1996), pp. 95-129 ; Pearson, *China's New Business Elite*.
19) Edward Gu, "State Corporatism and the Politics of the State Profession Relationship in China : A Case Study of Three Professional Communities," *American Asian Review* Vol. 19, No. 4(2001), pp. 163-199 ; Unger and Chan, "Corporatism in China." ; Unger, "'Bridges'."; Kristen Parris, "Private Entrepreneurs as Citizens : From Leninism to Corporatism," *China Information*, Vol. 10, No. 3/4(1996), pp. 1-28.

판이 없는 것은 아니다. 국가 조합주의에 대한 비판은 크게 세 가지 측면에서 진행되었다. 첫째는 보완론이다. 즉, 국가 조합주의의 타당성은 인정하지만, 그것만으로는 개혁기 중국의 국가-사회 관계를 완전히 이해할 수 없고, 그래서 다른 관점의 보완이 필요하다는 것이다. 중국의 사영기업가 계층과 경제 엘리트를 연구하는 학자들이 제시하는 보완적 관점이 바로 비공식 관계망(informal personnel ties) 또는 후견인주의(clientalism)이다.20) 중국의 사영기업가 계층은 집단적으로는 국가 조합주의의 틀 속에서 활동하지만 개인적으로는 관시(關係)를 적절히 활용하고 있고, 따라서 우리가 중국의 국가-사영기업가 계층의 관계를 분석할 때는 이 두 가지 관점을 모두 견지해야 한다는 것이다.

둘째는 무용론이다. 즉, 시민사회론은 말할 것도 없고 국가 조합주의도 중국에서는 성립될 수 없다는 것이다. 국가 조합주의가 성립되려면 최소한 두 가지 요소, 즉 국가와 사회 사이에 의사소통을 효과적으로 매개할 수 있는 조직적 틀과, 조직 안의 강한 내적 통합력을 유지하고 있는 사회단체가 존재해야 하는데, 중국에는 아직 이와 같은 조직적 틀과 사회단체가 존재하지 않기 때문이다.21) 그래서 중국의 사회단체는 사회 구성원의 이익을 대변하거나 중재하는 역할을 수행하지 못하며, 단지 정부 부서를 보조하는 행정조직의 연장에 불과하다는 것이다. 결국 중국의 국가-사회 관계는 형식적으로는 국가 조합주의로 보일 수 있지만 내용적으로는 조합주의라고 할 수 없다.22)

셋째는 변화 발전론이다. 즉, 지금까지 중국의 국가-사회 관계는 국가 조합주의의 요소를 가지고 있었지만 현재는 그것을 넘어서는 현상이 나타나고 있다는 것이다.23) 일부이기는 하지만 현재 중국에는 인적 구성, 재정, 운영 면에서

---

20) Kennedy, *The Business of Lobbying in China*; Dickson, *Red Capitalists in China*; Wank, "Private Business, Bureaucracy, and Political Alliance."; Wank, *Commodifying Communism*; Pearson, *China's New Business Elite*.
21) Ray Yep, "The Limitations of Corporatism for Understanding Reforming China: An Empirical Analysis in a Rural County," *Journal of Contemporary China*, Vol. 9, No. 25(2000), pp. 547-566.
22) Foster, "Embedded within State Agencies".
23) Yijiang Ding, *Chinese Democracy after Tiananmen*(New York: Columbia University

국가로부터 완전히 독립된 비정부조직이 존재한다.24) 또한 일부 단체의 경우 국가 조합주의적 구조 속에서 시민사회적 요소가 증가하고 있고, 따라서 그것은 '국가' 조합주의라기보다는 '사회적' 조합주의의 성격을 강하게 띠고 있다.25) 전통적으로 국가의 통제가 강한 노동 영역에서도 일부 지역의 노동조합은 국가의 이익을 대변하는 것에서 노동자의 이익을 대변하는 사회 대표(social representation)로 변화하고 있는 현상도 나타나고 있는 것이다.26)

한편, 현재 중국의 국가-사회 관계를 분석하는 개념으로 국가 조합주의가 타당하지만, 이 개념이 갖고 있는 특성 때문에 한계가 있다는 비판도 제기되었다. 구체적으로, 이 비판에 따르면, 시민사회론이 국가-사회 관계를 분석하는 동태적·분석적 개념이라면, 국가 조합주의는 정태적·서술적 개념이다. 이 때문에 국가 조합주의는 현재 중국의 국가-사회 관계를 이해하고 서술하는 데에는 적절한 반면, 그것의 변화 발전과 정치적 함의를 분석하는 데에는 한계가 있다.27)

이상에서 필자는 개혁기 중국의 국가-사회 관계를 분석하는 기본 접근법을 간단히 검토했다. 그런데 필자가 보기에 기존 연구에는 두 가지 문제가 있다. 첫째, 중국의 국가-사회 관계를 분석할 때 법치정책이 미친 영향을 면밀히 검토해야 하는데, 기존 연구는 이에 크게 주의를 기울이지 않았다. 기존 연구는 시민사회론이나 국가 조합주의를 불문하고 기본적으로 시장제도의 도입이 국가-사회 관계에 미친 영향을 분석하는 데 주력했다. 사영기업가단체의 등장이 국가-사회 관계에 미친 영향을 분석한 연구나, 시장제도의 도입이 노동조합과 여성단체의 역할 변화에 미친 영향을 분석한 연구는 대표적인 예라고 할 수 있다. 시장제도의 도입 이후 중국은 '밑으로부터' 커다란 변화를 겪고 있으며, 이

Press, 2001).
24) Xin Zhang and Richard Baum, "Civil Society and the Anatomy of a Rural NGO," *China Journal*, No. 52(2004), pp. 97-107.
25) Ding, *Chinese Democracy after Tiananmen*.
26) Yunqiu Zhang, "From State Corporatism to Social Representation: Local Trade Unions in the Reform Years," Brook and Frolic, *Civil Society in China*, pp. 124-148.
27) Gallagher, "China: The Limits of Civil Society".

에 따라 국가-사회 관계에서도 사회의 자율성과 권한이 확대되는 방향으로 변화하고 있는 것은 사실이다. 따라서 시장화의 관점에서 이를 분석하는 것은 타당하다.

그러나 이 관점만으로는 변화하는 국가-사회 관계를 제대로 파악할 수 없다. 왜냐하면 시장화에 따른 밑으로부터의 변화와 함께 국가가 주도하는 '위로부터의' 변화도 있기 때문이다. 중국은 경제개혁과 함께 정치개혁도 추진했다. 그런데 구소련이나 동구 사회주의 국가와는 달리 중국은 민주화가 아닌 제도화의 관점에서 정치개혁에 접근했고, 행정개혁이나 '의법치국'의 실시는 대표적인 예이다. 법치정책은 국가 및 사회 전체 영역을 대상으로 한 것으로, 1990년대 중반 이후 이 정책의 실시에 따라 국가-사회 관계도 변화하고 있다.

이에 따라 시장화 관점과 함께 법제화의 관점에서 국가-사회 관계를 분석해야 할 필요성이 증대되었다. 우선, 공산당과 국가도 법률이 정한 테두리 안에서 활동해야 하며, 법률이 정한 절차에 따라 통치해야 한다. 즉, 법률이 공산당/국가의 중요한 통치 수단이 되었으며, 동시에 이들 행동을 제약하는 요소가 되었다. 또한, 사회단체와 일반 국민들도 법률을 통해 자신의 권익을 지키고 확대할 수 있게 되었다. 즉, 법률이 사회의 권리를 보호하는 중요한 수단이 되었다.[28] 이에 따라 의회나 법원과 같은 국가기관이 주목을 받게 되고 역할이 강화될 수 있었다. 이처럼 법치정책의 실시에 따라 기존의 당-국가체제(일당체제) 아래의 국가-사회 관계도 영향을 받고 있으며, 따라서 이에 대한 분석이 필요하다.

둘째, 중국의 국가-사회 관계를 분석할 때 국가 및 사회의 분해와 확장이 필요하다.[29] 개혁기에도 중국 정치체제는 공산당과 국가가 조직적으로 서로

---

[28] Feng Chen, "Legal Mobilization by Trade Unions : The Case of Shanghai," *China Journal*, No. 52(2004), pp. 27-45 ; Mary Elizabeth Gallagher, *Contagious Capitalism*, pp. 98-132.

[29] Atul Kohli and Vivienne Shue, "State Power and Social Forces : On Political Contention and Accommodation in the Third World," Joel S. Migdal, Atul Kohli and Vivienne Shue eds., *State Power and Social Forces : Domination and Transformation in the Third World*(Cambridge : Cambridge University Press, 1994), pp. 293-326 ; Kenneth W. Foster, "Associations in the Embrace of an Authoritarian State : State

융합되어 있고 실제 정치 과정에서 공산당이 국가를 대신하는 당-국가체제를 유지하고 있다. 여기서 당-국가는 공산당과 국가기관 전체, 즉 정부·의회·군대·법원·검찰을 지칭하는 것이다. 그런데 국가기관 중에서 인민해방군은 문화대혁명이나 톈안먼사건처럼 정치적 혼란이나 특수한 상황에서만 정치의 전면에 나서기 때문에 일상적인 정치 과정에서는 그 의미가 많이 감소되었다. 또한, 전국인대와 지방인대, 법원도 개혁 초기까지는 공산당과 정부가 결정한 사항을 단순히 추인하는 기관에 불과했기 때문에 실제 정치 과정에서 의미 있는 역할을 수행하지 못했다. 그래서 개혁 초기까지 중국에서 당-국가라고 할 때에는 주로 공산당과 정부만을 가리켰다.

이것은 기존의 국가-사회 관계 연구에도 그대로 반영되었다. 즉, 기존 연구는 시민사회론과 국가 조합주의 모두 공산당/정부와 사회단체 사이의 관계에 집중하여 국가-사회 관계를 분석했다. 그런데 1990년대 이후 의회와 법원이 중요한 정치 주체로 등장하면서 이상과 같은 연구는 더 이상 타당하지 않게 되었다. 즉, 국가의 범위에 공산당/정부에 더해 의회와 법원을 포함시켜야 한다는 것이다. 이에 따라 공산당/정부-사회단체의 관계에만 초점을 맞춘 것에서 벗어나 의회/법원-사회단체의 관계에 초점을 맞추어 국가-사회 관계를 분석하는 것이 필요하다. 즉, 의회/법원-사회단체의 관계는 공산당/정부-사회단체의 관계와 어떻게 다르고 이것이 갖는 정치적 함의는 무엇인가를 분석해야 한다는 것이다.

국가의 분해와 함께 사회의 분해와 확장도 필요하다. 기존에 중국에서 의미 있는 사회단체는 노동조합, 여성단체, 청년조직 등의 인민단체뿐이었다. 그런데 개혁기에 들어 여기에 더해 새로운 사회단체가 출현한 것이다. 사영기업가협회

Domination of Society?," *Studies in Comparative International Development*, Vol. 35, No. 4(2001), pp. 84-109; Elizabeth J. Perry, "Trends in the Study of Chinese Politics: State-Society Relations," *China Quarterly*, No. 139(1994), pp. 704-713; Kevin J. O'Biren, "Neither Transgressive nor Contained: Boundary spanning Contention in China," Peter Hays Gries and Stanley Rosen eds., *State and Society in 21st Century China*(London: Routledge Curzon, 2004), pp. 105-122; Gries, Peter Hays and Stanley Rosen, "Introduction: Popular Protest and State Legitimation in 21st Century China," Gries and Rosen eds., *State and Society in 21st Century China*, pp. 1-23.

나 변호사협회(律師協會) 등과 같은 직능단체, 소비자단체, 환경운동단체, 빈민지원단체 등의 비정부조직의 등장은 대표적인 예이다. 따라서 공산당/정부-인민단체의 관계에 초점을 맞춘 것에서 벗어나 신생 사회단체와 국가가 맺는 관계를 분석해야 할 필요성이 증대되었다. 이런 시각에서 보면, 개혁기 중국에는 '분화된' 국가와 '다양화된' 사회가 존재하며, 국가-사회 관계는 이전과는 다르게 복합적이고 중층적으로 서로 얽혀 있는 현상을 발견할 수 있다.

2. 지방의회와 사회단체의 호혜적 상호 관계

개혁기에 들어 지방의회의 지위가 높아지고 역할이 강화되면서 지방의회는 공산당 및 정부와 함께 중요한 국가기관의 하나가 되었다. 동시에 지방의회는 사회단체와 일상적인 협력을 추진하기 위해 필요한 제도를 발전시켜 왔다. 이 같은 제도를 통해 지방의회-사회단체는 공산당/정부-사회단체와는 조금 다른 관계를 발전시키고 있다. 우리는 이를 세 가지 측면에서 검토할 수 있다.

우선, 지방의회-사회단체의 관계는 공산당/정부-사회단체의 관계와 성격이 다르다. 현재 중국에서 공산당/정부-사회단체의 관계는 정치상 '지도-피지도 관계'(領導關係), 업무상 '협조 관계'(業務關係)로 규정되며, 실제로 사회단체는 인적 구성·재정·활동 면에서 공산당과 정부의 강한 통제 아래에 놓여 있다. 예를 들어, 총공회, 부녀연합회, 공청단과 같은 인민단체는 공산당과 소속 집단을 연결하는 교량/연결 고리로 간주되어 공산당/국가의 정책을 소속 집단에게 전달하고 소속 집단의 요구와 의견을 공산당/국가에 반영하는 역할을 수행한다. 또한 이들 조직은 공산당의 정치적 지도를 받아야 하며, 이에 따라 공산당은 이들 조직의 지도부 구성과 관련한 인사권, 각 조직의 활동 방침과 관련된 정책 결정권을 행사한다.[30]

---

30) 中共中央, "關于加强和改善黨對工會共靑團婦聯工作領導的通知"(1989), 中國金融工會全國委員

업종협회나 기타 사회단체도 정부 관련 부서에 종속되어 있기는 마찬가지이다. 〈사회단체등록관리조례〉에 따라, 각 사회단체는 정부 유관 부서나 기존 사회단체(業務主管單位)의 사전 동의와, 정부 사회단체관리부서(登記管理機關)의 승인을 얻은 후에야 공식적으로 설립될 수 있다. 사회단체는 관련 기관의 동의와 승인을 얻기 위해 대개 전현직 정부 고위 관료로 지도부를 구성하며, 정부 관련 부서의 업무 지도를 받아야 하기 때문에 실제 활동은 정부의 강한 통제 아래에서 이루어진다.31) 이 같은 조건에서 사회단체가 공산당/정부와 대등한 협력 관계를 유지하는 것은 불가능하다.

이와는 다르게, 지방의회와 사회단체 사이의 관계는 법률상 '감독-피감독 관계'이지만, 사회단체는 의회의 실제적인 구속을 받지 않는다. 중국 헌법에 의하면, 모든 국가기관, 정당, 사회단체는 헌법과 법률을 준수해야 하고, 지방의회는 '국가 권력기관'으로 해당 지역에서 헌법과 법률의 집행을 감독하는 권한을 가지고 있다. 이런 면에서 사회단체는 지방의회의 법률 감독을 받아야 한다. 그러나 법률상의 감독-피감독 관계는 추상적인 차원의 규정으로, 양자 사이의 실제 관계에서는 큰 의미가 없다. 다시 말해, 사회단체는 인적 구성이나 활동 면에서 의회의 구속이나 통제를 받지 않는다. 그래서 사회단체는 비교적 자유롭고 평등한 입장에서 의회 활동에 참여할 수 있고, 이것이 양자 사이의 진정한 협력 관계를 형성하는 데에 기여한다.32)

둘째, 개혁기에 들어 지방의회와 사회단체 모두는 업무와 관련해서 상호 지원과 협력이 필요한 관계가 되었다. 중국 정치체제에서 기득권자인 공산당과 정부에 비해, 의회가 가지고 있는 정치적·인적·재정적 자원은 매우 빈약하다. 따라서 의회의 활동 영역이 확대되고 역할이 강화되면서 의회는 부족한 조직

會 編, 『工會工作重要文件選編』, pp. 195-206 ; 中華全國總工會, "關于貫徹執行〈中共中央關于加强和改善黨對工會共靑團婦聯工作領導的通知〉的意見"(1991), 中國金融工會全國委員會, 『工會工作重要文件選編』, pp. 247-267 ; 〈中國工會章程〉 ; 〈中華全國婦女聯合會章程〉.
31) Saich, "Negotiating the State," pp. 129-132 ; Gallagher, "China : The Limits of Civil Society," p. 424 ; 〈社會團體登記管理條例〉.
32) 상하이시, 광둥성, 톈진시 총공회·부녀연합회·공청단 고위 관계자와의 인터뷰 : 2004년 2월, 상하이시 ; 2004년 8월, 광저우시; 2001년 5월 톈진시.

능력을 어떤 방식으로든 보완해야 했다. 예를 들어, 제12기(2003~2007) 상하이시 인대 상무위원회 위원은 총 65명이고, 이 중 전임 위원은 30명으로 전체의 약 50% 정도이다(나머지는 겸직 위원). 또한, 현재 상하이시 인대의 직원은 총 160명이고, 이 중에서 입법 업무를 전담하는 직원은 30명 정도이다. 이것은 의회의 조직 역량이 전보다 증가된 결과이지만 이와 같은 인적 규모로는 의회가 담당해야 하는 막중한 입법 및 감독 업무를 제대로 처리할 수 없다. 이 같은 한계를 보완하기 위해 상하이시 인대는 사회단체가 의회의 입법 및 감독 활동에 적극 참여해 줄 것을 요청하고 있으며, 이들의 참여를 유도하기 위해 다양한 제도적 장치를 마련해 왔다.

의회의 정치적 지위 향상과 정당성 제고와 관련해서도 사회단체의 적극적인 참여는 중요한 의미를 갖는다. 개혁기에 들어 의회의 지위가 높아지고 역할이 강화되었다고는 하지만 중국 정치체제에서 의회는 공산당 및 정부에 비해 여전히 정치적으로 열세에 있기 때문에 의회가 입법 및 감독 활동을 전개할 때는 공산당과 정부의 저항에 직면하는 경우가 많다. 이때 '인민의 대표기관'으로서 의회가 동원할 수 있는 최대의 정치적 자원은 국민의 지지이다. 즉, 의회는 '인민의 이름'으로 공산당을 설득하고 정부의 저항을 어느 정도 막을 수 있는 것이다. 의회가 자신의 활동에 사회단체를 적극적으로 참여시키려고 하는 것은 이 때문이다.

사회단체의 입장에서 보았을 때에도 의회 활동에 참여하는 것은 자신의 권익 수호에 유리하다. 지난 20여 년 동안 중국이 시장제도를 도입하고 사적 소유제도를 허용한 이후, 사회집단 사이의 이익 분화와 갈등은 심화되어 왔다. 예를 들어, 국유기업 개혁 이후, 경영자가 시장 논리에 따라 이윤 극대화를 추구하면서 노동자는 기업의 주인이 아니라 단순한 피고용자로 전락하여 해고와 노동착취의 위험에 직면해 왔다.[33] 이에 따라 노동조합은 비록 법률이 허용하는 범위를 넘어설 수는 없지만 어떤 방식으로든 노동자의 권익 수호를 위해 노력하지

---

[33] Anita Chan, *China's Workers under Assault : The Exploitation of Labor in a Globalizing Economy*(Armonk : M.E. Sharpe, 2001).

않을 수 없었다.

이처럼 사회집단 사이의 이익 분화와 충돌이 심화됨에 따라 각 사회단체들은 소속 집단의 이익 확대를 위해 공산당과 국가기관의 정책 결정 과정에 적극적으로 참여하려고 했던 것이다. 사회단체가 의회의 입법 및 감독에 적극 참여하려고 하는 것도 이 같은 이유 때문이다. 특히 1990년대 중반 이후 법치가 국가의 기본 정책이 되고 법률이 사회집단 사이의 이익 조정 수단으로 점차 중요한 역할을 수행함에 따라 사회단체는 의회의 입법 과정에 적극적으로 참여하게 되었다.

마지막으로, 개혁기에 들어 지방의회와 사회단체 사이에는 비교적 안정적인 연결 기제가 형성됨으로써 양자의 일상적인 업무 협조와 협력이 가능하게 되었다. 이것은 크게 두 가지 차원에서 검토할 수 있다. 첫째, 주요 사회단체 책임자들은 지방의회의 고위직(부의장이나 위원)을 겸임함으로써 의회와 사회단체 사이를 매개하는 역할을 수행할 수 있게 되었다. 중국의 지방의회는 일반 대표와 이들 중에서 선출된 상무위원회 위원으로 구성되며, 실제 활동은 인대 상무위원회 위원이 주도한다. 그런데 총공회, 부녀연합회와 같은 군중조직과 공상련과 같은 주요 사회단체는 인대 상무위원회에 자신의 위원을 보유하고 있으며, 사회단체 출신의 의회 지도자들이 사회단체와 의회를 연결하는 매개 역할을 담당한다.[34]

총 65명으로 구성된 제12기 상하이시 인대 상무위원회를 예로 들면, 상하이시 총공회 주석이 상하이시 인대 상무위원회 부주임(副主任, 의회 부의장)을 겸임하는 등, 현재 총 4명의 전현직 총공회 지도자가 인대 상무위원회 위원으로 활동하고 있다. 현재는 아니지만 제11기(1998~2002)에는 부녀연합회 주석이 상하이시 인대 상무위원회 위원이었다. 그 밖에도 공상련 주석이 인대 상무위원회 부주임, 사영기업가협회, 청년지식분자연합회, 천주교협회 등의 주요 사회단체 책임자가 각각 상무위원회 위원이다.[35] 이런 상황은 광둥성도 마찬가지로, 현

---

[34] 공청단은 개혁기에 들어 정치적 지위가 하락하면서 지방의회 지도부 구성에는 참여할 수 없게 되었다. 대신 공청단 지도자가 의회 대표로 선출되어 활동하고 있다.
[35] 상하이시 인대 고위 관계자와의 인터뷰: 2004년 2월, 상하이시.

재 총공회 주석이 인대 상무위원회 부주임, 부녀연합회 주석이 상무위원회 위원이다.36)

이에 비해 인민단체의 공산당 내 지위는 계속 하락하고 있다. 단적인 예로, 개혁기에 들어 총공회 주석이 공산당 지역위원회의 상무위원인 경우는 극히 드물다.37) 따라서 인민단체 대표가 정식 구성원의 신분으로 공산당의 주요 회의에 참여하여 각 조직의 요구와 의견을 당정책에 반영하는 것은 점점 어렵게 되었다. 대신 총공회는 당조를 통해 공산당에 매년 1~2회 정기적으로 또는 중대 사안이 발생했을 때에는 수시로 업무를 보고한다.38) 또한, 공산당이 노동자와 관련된 중대 정책을 결정할 때에는 관련 회의에 배석(列席)하여 의견을 개진할 수 있을 뿐이다.39) 부녀연합회나 공청단의 상황도 이와 크게 다르지 않다.

둘째, 의회 상임위원회와 주요 사회단체가 일상적으로 서로 연계하는 제도가 갖추어졌다. 현재 성급 지방의회 안에는 6~7개의 전문위원회가 설치되어 있고, 사회단체는 자신의 업무와 관련된 의회 전문위원회를 통해 일상적으로 의회와 연계할 수 있다. 예를 들어, 총공회는 의회 법공위, 내무사법위원회와 일

---

36) 광동성 인대 및 사회단체 고위 관계자와의 인터뷰 : 2004년 8월, 광저우시. 참고로 제10기 전국인대 시기(2003~2007년)에 들어, 의회 지도부 구성에서는 두 가지 새로운 현상이 나타났다. 첫째, 공산당 서기가 지방인대 주임을 겸직하는 비율이 높아졌다. 전국 31개 성급 행정단위에서 23개 지역(전체의 74.1%)에서 당 서기가 인대 주임을 겸임하고 있는데, 이는 이전 시기보다 32.2%가 증가한 것이다. 이 같은 조치는, 의회의 정치적 지위를 제고하는 한편, 의회에 대한 공산당의 통제를 강화하려는 시도로 볼 수 있다. 둘째, 총공회 주석이 인대 부주임을 겸직하는 현상이다. 전국인대의 경우, 중화전국총공회 왕자오궈(王兆國) 주석이 전국인대 상무위원회 부위원장(의회 부의장)을 맡고 있고, 성급 및 현급 지방인대에서도 이와 같은 현상이 나타나고 있다. 상하이시와 광동성은 대표적인 사례이다. 이는 노동조합의 정치적 지위를 높이는 동시에, 의회 활동 과정에서 노동자의 요구와 의견을 좀 더 잘 반영하기 위한 조치로 해석할 수 있다.
37) 상하이시, 광동성 총공회 고위 관계자와의 인터뷰 : 2004년 2월, 상하이시 ; 2004년 8월 광저우시.
38) 총공회, 부녀연합회, 공청단 등 주요 대중조직에는 공산당 지도조직인 당조가 설치되어 있어, 각 조직에서 공산당 방침과 정책을 전달하고 그 집행을 감독하며, 동시에 각 조직의 업무를 공산당에 보고하는 역할을 수행한다. 총공회 안에도 주석과 부주석, 비서장(사무국장)으로 구성된 총공회 당조가 있다.
39) 中共中央, "關于加强和改善黨對工會共靑團婦聯工作領導的通知"(1989) ; 中華全國總工會, "關于貫徹執行《中共中央關于加强和改善黨對工會共靑團婦聯工作領導的通知》的意見"(1991).

상적으로 교류한다. 특히 의회 내무사법위원회에는 노동 관련 소위원회(勞動小組)가 구성되어 있고, 내무사법위원회 부주임 위원 중에서 1명이 이 소위원회 업무를 총괄한다. 총공회와의 일상적인 업무 교류는 이 소위원회가 전담한다. 부녀연합회나 공청단의 상황도 이와 같다.40)

뿐만 아니라 의회 상임위원회와 사회단체 사이에는 인적 교류가 있고, 이것이 이들 사이의 조직적 연계를 촉진시키는 역할을 한다. 전국인대와 지방인대 모두, 의회의 상임위원회 구성원은 정부 유관 부서나 유관 사회단체의 고위직 인사로 충원되는 경향이 있다. 예를 들어, 정부 재정 관련 부서의 책임자는 의회의 재경위 위원으로, 교육 관련 부서의 고위 공직자는 교육과학문화위생위원회 위원으로 선임되는 경우가 많다. 총공회나 부녀연합회 주석이 의회의 내무사법위원회 위원으로 선임되는 경우도 있다. 이렇게 되면서, 의회 상임위, 정부 부서, 사회단체 사이에는 업무에서뿐만 아니라 인적 구성에서도 친밀한 관계가 형성되고, 입법 과정에서는 이들이 상호 협력하는 철의 삼각형 현상이 나타나기도 한다(제3장 참조).

한편 사회단체는 일상적인 업무 협조를 위해 지방의회 외에 정부 관련 부서와도 다양한 협의기구를 운영하고 있다. 예를 들어, 총공회와 정부 노동 관련 부서 사이에는 주요 정책을 협의하고 업무를 조정하는 연석회의제도(連席會議制度)가 있고, 노동 문제에 대해 정부·기업가단체·노동조합이 함께 협의하는 노동관계조정제도(勞動關係三方協調制度)도 있다.41) 이와 비슷하게 부녀연합회와 정부 관련 부서 사이에는 부녀아동공작위원회(婦女兒童工作委員會)가, 공청단과 정부 관련 부서 사이에는 청소년보호위원회(未成年人保護委員會)가 구성되어 있다. 동시에 이들 인민단체 안에는 각 협의기구의 업무를 보조하기 위한 별도의 사무실을 두고 있다. 그러나 이와 같은 협의기구는 정부 관련 부서가 주도하여 여러 국가기관과 사회단체 사이의 업무를 조정하는 조직이기 때문에, 각 인민단체가 이를 통해 자신의 의견을 정부에 반영하는 데에는 분명한 한계가 있다.42)

---

40) 상하이시, 광둥성, 톈진시 총공회·부녀연합회·공청단 고위 관계자와의 인터뷰: 2004년 2월, 상하이시; 2004년 8월 광저우시; 2001년 5월, 톈진시.
41) 何士坤, "五年來工會工作的主要成績," 『中國工運』(2003年增刊), pp. 49-56, 96.

그런데 모든 사회단체가 동등한 지위와 정도로 지방의회와 연계를 맺고 의회 활동에 참여하는 것은 아니다. 단적으로 정치적 지위가 높고, 사회적 영향력이 크며, 실제 조직 능력이 강한 단체일수록 의회 안의 지위가 높고 의회 활동에 참여할 수 있는 기회가 더욱 많다. 이런 면에서 총공회와 부녀연합회와 같은 인민단체가 가장 유리한 위치에 있다. 앞에서 말했듯이, 총공회나 부녀연합회의 주석은 대개 의회 부의장이나 상무위원회 위원직을 겸임하며, 자신의 권익 확대를 위해 의회의 입법 및 감독 활동에 참여할 수 있다. 이에 비해 소비자단체, 환경단체, 업종별 직능단체 등 개혁기에 새롭게 등장한 각종 사회단체는 의회에서 지위가 낮을 뿐만 아니라 실제 의회 활동에도 제한적으로만 참여하고 있다. 전통적인 인민단체이지만 개혁기에 들어 지위가 하락한 공청단이나, 반대로 개혁기에 들어 정치적 지위가 높아진 공상련은 의회에서의 지위와 의회 활동 참여에서 중간 정도에 위치한다.

이는 중국 정치체제에서 사회단체의 정치적 지위와 영향력이 정치권력으로부터의 자율성 정도가 아니라 정치권력과의 밀접성 정도에 따라 결정된다는 사실을 보여 준다. 이에 따라 각 사회단체는 소속 구성원의 권익 확대를 위해 정치권력과 거리를 두고, 이들과 대립하기보다는 다양한 방식을 통해 정치권력과 좀 더 밀접한 관계를 유지하려고 노력하며, 이를 위해 최대한의 영역에서 협력하는 전략을 구사하게 된다. 총공회나 부녀연합회와 같은 군중조직뿐만 아니라 공상련이나 사영기업가협회와 같은 기업가단체가 공산당의 정치적 지도를 적극 수용하고 공산당 방침을 충실히 집행하기 위해 노력하는 것은 이 때문이다.

---

42) 상하이시, 광둥성, 톈진시 총공회·부녀연합회·공청단 고위 관계자와의 인터뷰 : 2004년 2월, 상하이시 ; 2004년 8월 광저우시 ; 2001년 5월, 톈진시.

3. 사회단체의 의회 입법정치 참여

제3장에서 자세히 검토했듯이 개혁기에 들어 전국인대와 지방인대의 입법 역할이 매우 강화되었다. 또한, 중국이 법치정책을 실시하면서 정치 과정에서 법률이 차지하는 중요성도 점점 커졌다. 이 같은 상황 속에서, 사회단체는 조직 권한과 소속 구성원의 이익 확대를 위해 경쟁적으로 의회의 입법 과정에 참여 하게 되었다. 그 결과 중국의 입법정치는 다양한 수준에서 공산당·정부·의회· 사회단체가 참여하는 복합적이고 중층적인 모습으로 변화했다.

(1) 배경

중국의 사회단체가 의회의 입법 과정에 적극적으로 참여하게 된 배경으로 는 크게 세 가지를 들 수 있다. 첫째는, 지방의회의 요청이고, 둘째는 공산당의 허용 및 장려이며, 셋째는 사회단체의 적극적인 노력이다.

중국의 입법 과정에서 가장 심각한 문제로 제기되는 것은 부서 이기주의이 다. 이는 정부 부서가 입법 과정을 통해 자신의 권한과 이익은 확대하고 책임과 의무는 회피하는 현상을 말한다(제3장 참조). 현대 행정국가에서 입법은 정부가 주도한다. 이는 중국에도 적용된다. 그런데 중국에서는 입법제도의 미비와 정 부와 의회 사이에 존재하는 심각한 능력의 불균형 문제로 인해, 정부의 입법 주도성은 더욱 강하게 나타난다. 예를 들어, 인적 규모·정보 수집 능력·조직 지원 면에서 의회는 입법 업무를 제대로 담당할 수 없고, 그래서 의회가 아니라 정부가 입법 과정 주도권을 갖게 되었다. 최근에는 의회가 입법 주도권을 서서 히 확보하는 과정에 있지만, 1980년대에는 의회가 자신의 권한과 능력으로 법 규를 제정하는 '입법기관'이라기보다는 정부가 제정한 법규를 통과시키는 '비준 기관'에 가까웠다.

중국의 지방의회는 부서 이기주의를 막기 위해 그동안 다양한 노력을 전개 해 왔다. '2심3독제도'와 '통일심의제도'의 도입, 법안심의 전문기관(법공위와 법제위)의 설립, 〈입법법〉과 입법조례 제정과 같은 입법 과정 제도화는 이런 노력의 일환이었다. 또한 지방의회는 자신의 부족한 인적·조직적 능력을 보완하기 위해 사회단체와 일반 국민들의 입법 참여를 장려했다.43) 입법 청문회와 전문가 좌담회 개최, 각종 대중의견수렴제도 등 소위 개방입법 또는 '민주입법'은 이를 잘 보여 준다.

1980년대 중반 이후 공산당도 총공회나 부녀연합회 같은 인민단체가 국가 정책 결정 과정에 좀 더 적극적으로 참여하도록 장려하는 정책을 실시했고, 이 것이 사회단체의 의회 활동 참여를 확대시켰다.44) 이는 공산당이 사회단체를 국가체제에 묶어 두는 일종의 포섭(inclusion) 전략이라고 할 수 있다. 예를 들어, 1985년에는 공산당 중앙 판공청(辦公廳)과 국무원 판공청 명의로 공산당과 정부가 노동자 관련 정책을 결정할 때 노동조합이 여기에 참여하여 의견을 개진할 수 있도록 보장하는 통지(通知)를 하달했다.45) 이 통지의 하달로 정부가 노동자 계층과 관련된 정책을 결정할 때 총공회가 직접 참여할 수 있는 정치적 근거가 마련되었고, 실제로 총공회는 정부의 정책 결정에 적극 참여했다.46)

더 나아가 공산당 중앙은 1989년 톈안먼사건 이후 인민단체에 대한 지도 관리를 강화하는 한편 동시에 이들 단체의 정책 결정 과정 참여를 더욱 확대하고 제도화하는 정책을 실시했다. 이에 따르면, 첫째, 정부가 노동자·여성·청소년과 관련된 중요 정책을 결정할 때에는 관련 인민단체의 대표를 참여시키고, 이들의 의견을 충분히 수렴한 후에 정책을 결정해야 한다. 둘째, 정부가 임금·물가 등 노동자 이익과 밀접히 관련된 전문기구를 설립할 때에는 노동조합 대

---

43) 姚岳絨, "立法過程中公衆參與問題硏究," 徐向華 主編, 『新時期中國立法思想』(上海: 學林出版社, 2004), pp. 156-157.
44) Anita Chan, "Revolution or Corporatism? Workers and Trade Unions in Post Mao China," David S. G. Goodman and Beverley Hooper eds., *China's Quiet Revolution: New Interactions between State and Society*(New York: St. Martin's Press, 1994), pp. 162-193 ; White, Howell and Shang, *In Search of Civil Society*, pp. 51-55.
45) 中共中央辦公廳·國務院辦公廳, "關于轉發全總黨組〈關于工會參加黨和政府有關會議和工作機構的請示〉的通知"(1985), 中國金融工會全國委員會, 『工會工作重要文件選編』, pp. 207-208.
46) 中華全國總工會 編, 『中華全國總工會七十年』(北京: 中國工人出版社, 1995), pp. 495-497.

표를, 여성과 청소년 관련 전문기구를 설립할 때에는 부녀연합회와 공청단의 대표를 참여시켜야 한다. 셋째, 정부가 군중 이익과 밀접히 관련된 중요 문건을 배포할 때에는 인민단체와 공동 명의로 발표한다. 넷째, 정부는 각 인민단체와의 연계를 전담하는 책임자를 선정하여 인민단체의 문제 해결을 지원한다. 다섯째, 지방정부는 정기적·부정기적으로 노동조합과 연석 회의 등을 개최하여 정부정책을 전달하고 노동조합의 요구와 의견을 반영한다.47) 이와 같은 공산당 중앙의 방침에 맞추어 각 인민단체는 구체적인 세부 실천 방안을 마련하고 집행했다.48)

마지막으로, 개혁기에 들어 각 사회단체도 국가의 정책 결정 과정에 적극 참여하기 위해 많은 노력을 기울였다. 특히 1990년대 들어 법률이 사회 이익 조정 수단으로 점차 중요한 역할을 수행함에 따라 사회단체의 의회 입법 참여는 더욱 적극적이었다. 구체적으로, 총공회, 부녀연합회, 공청단 등의 인민단체는 국가가 주요 정책을 결정하기 전에 적극 참여하여 자신의 요구와 의견을 국가정책에 반영하여 소속 구성원의 권익을 수호한다는 '원천적 참여를 통한 권익 수호'(源頭參與維權) 방침을 채택하고 적극 실천했다. 이는 의회의 입법에도 그대로 적용된다.49) 이렇게 되면서, 1990년대 중반 이후 의회 입법 과정 참여는 총공회와 부녀연합회의 핵심 사업이 되었다.50)

예를 들어, 상하이시 총공회는 의회 입법 업무를 전담 처리하는 '입법참여소조'(參與立法小組)를 신설했다. 이는 모두 12명으로 구성되는데, 총공회 부주석이 조장, 총공회 법률공작부(法律工作部) 부장이 부조장을 맡고 있으며, 법률공작

---

47) 中共中央, "關於加强和改善黨對工會共青團婦聯工作領導的通知"(1989).
48) 中華全國總工會, "關於貫徹執行〈中共中央關于加强和改善黨對工會共青團婦聯工作領導的通知〉的意見"(1991).
49) 編纂委員會, 『上海工會年鑑 : 1999』(上海 : 文匯出版社, 1999), pp. 35-36 ; 何士坤, "五年來工會工作的主要成績," p. 49 ; 孟燕坤, "以三個代表重要思想爲領導在推進現代化國際大都市建設中實現上海婦女的跨越式發展,"『上海婦運』 2003年 9期, pp. 8-13 ; 彭佩雲, "繼往開來 推動我國婦女運動深入發展,"『中國婦運』 2003年 9期, pp. 4-9.
50) 상하이시, 광둥성, 톈진시 총공회·부녀연합회·공청단 고위 관계자와의 인터뷰 : 2004년 2월, 상하이시 ; 2004년 8월 광저우시 ; 2001년 5월, 톈진시.

부와 조사 연구부(調査硏究部) 연구원, 기층 총공회 간부, 화동사범대학교(華東師範大學) 법학 교수 등이 조원으로 참여하고 있다. 노동자와 관련된 중요한 법규를 제정할 때에는 12명 모두가 조사 연구에 참여하고 그것에 기반하여 총공회의 종합 의견을 정리하여 의회의 입법 과정에 반영하려고 노력한다. 또한, 입법참여소조는 매년 의회가 의뢰한 법률초안을 검토하여 총공회의 공식 의견을 전달하는데, 이 경우에는 대개 5~6명이 하나의 초안을 전담하여 처리한다.51) 이와 같은 방식으로 총공회는 1990년대 이후 매년 10~20건 정도의 의회 법규제정에 참여했다. 예를 들어, 1996년에 총공회는 총 20건의 법규제정에 직간접으로 참여했다.52) 상하이시 부녀연합회도 이와 비슷한 방식과 규모로 의회의 입법 과정에 참여한다.

(2) 사회단체의 입법 참여 사례 분석

사회단체가 의회의 입법 과정에 참여하는 방식은 법안의 성격에 따라 크게 두 가지로 나뉜다. 첫째는 특정 사회단체의 이해와 밀접히 연관된 법안으로, 이 경우에는 해당 단체가 직접 입법 조사와 법안기초에 참여한다. 둘째는 특정 사회단체의 이해와 밀접한 연관이 없는 법안으로, 이 경우에는 사회단체가 의회의 요청에 따라 법안에 대한 의견을 제시하는 방식으로 입법 과정에 참여한다.

그런데, 법안의 성격과 함께 각 사회단체의 정치적 지위 및 조직 능력에 따라 사회단체의 입법 참여 방식과 정도가 결정되기도 한다. 예를 들어, 사영경제(私營經濟) 발전과 관련된 조례를 제정할 때, 이 법규의 성격상 공상련이나 사영기업가협회가 법안기초에 직접 참여해야 하지만, 실제로는 그렇지 못한 경우가 많다. 즉, 이 두 단체의 정치적 지위가 낮아 법안기초 권한을 갖고 있지 못할 뿐만 아니라 조직 능력의 한계 때문에 이 법안의 기초는 정부 관련 부서와 의회

---

51) 상하이시 총공회 고위 관계자와의 인터뷰 : 2004년 2월, 상하이시.
52) 編纂委員會, 『上海工會年鑑 : 1998』(上海 : 文匯出版社, 1998), pp. 160-161.

의 소관 상임위원회가 담당하고, 이 두 단체는 초안에 대해 의견을 제시하는 정도로 입법 과정에 참여한다는 것이다.

여기서는 각 사회단체의 이해와 직접적으로 관련되는 법규의 입법 과정에서 사회단체가 어떻게, 또한 어느 정도로 참여하는가를 분석하도록 하자. 이 경우, 사회단체의 입법 참여 방식과 정도는 크게 세 가지로 나눌 수 있다. 첫째는, 특정 사회단체가 입법제기와 법안기초에 적극 참여하여 중요한 역할을 수행하는 경우이다. 둘째는 제정되는 법규와 관련된 여러 사회단체가 정부 부서 및 의회 상임위원회와 함께 입법 과정에 참여하는 경우이다. 셋째는 제정되는 법규가 사회단체의 이해와 밀접히 연관되지만 정부 부서가 입법제기와 법안기초를 주도하고 사회단체는 작성된 초안에 의견을 제시하는 정도로 참여하는 경우이다.

우선, 특정 사회단체가 입법 과정에서 주도적인 역할을 담당하는 경우가 있다. 이런 사회단체로는 총공회·부녀연합회·공청단이 속하며, 이들은 노동자·여성·청소년 문제를 전문적으로 다루는 법규(전문법규)가 제정될 때 입법 조사와 법안기초에 주도적으로 참여하며, 의회는 법안심의 과정에서 이들 단체의 입장을 존중하여 이들이 기초한 법안을 대규모 수정 없이 통과시킨다. 이런 면에서 보면, 이 같은 전문법규제정 과정에서는 공산당·정부·의회가 각 인민단체의 입법 주도권을 어느 정도 보장하고 있다고 볼 수 있다. 이는 1980년대 중반에 시작하여 지금까지 이어져 오고 있는 관행이다.

우리는 이러한 상황을 상하이시 입법 사례 분석을 통해 확인할 수 있다. 우선, 상하이시 총공회가 입법 과정에서 주도적인 역할을 담당한 경우이다. 1989년 〈상하이시 중외(中外)합자기업노동조합조례〉가 제정될 때, 상하이시 총공회와 인대 법제위가 공식 법안기초기관으로 선정되었다. 그런데 1984년부터 시작된 조사 연구와 법안기초는 총공회가 주도했고, 의회 법제위는 이를 보조하는 역할을 담당했다. 1995년 〈노동조합조례〉가 제정될 때도 마찬가지였다. 총공회는 1993년 의회에 관련 조례제정을 요청하는 의안을 제출하여 의회의 승인을 받았고, 의회 결정에 따라 1993년부터 총공회와 의회 법제위가 법안기초기관으로 선정되었다. 이후 조사 연구와 법안기초 과정에서는 총공회가 주도적인 역할을 담당했다.53) 가장 최근의 사례로는, 제3장에서 살펴본 2002년 〈노동조합조례〉 수정이 있다.

상하이시 부녀연합회와 공청단의 경우도 마찬가지이다. 예를 들어, 부녀연합회는 1984년 의회에 "여성과 아동의 권익을 보호하는 법규제정"을 건의하여 의회의 승인을 받았고, 이후 의회의 위임을 받아 초안을 작성하였다(1985년에 〈상하이시 부녀아동합법권익보호규정〉 통과). 1994년 의회가 〈'부녀권익보장법'실시조례〉를 제정할 때에도 부녀연합회가 기초를 담당했다.54) 마지막으로, 1987년 의회가 〈청소년보호조례〉를 제정할 때에, 공청단이 주도적인 역할을 했다. 1985년 상하이시 인대 법제위는 공청단에 관련 법안기초를 위임했고, 공청단은 그 후 약 2년 동안의 조사와 연구를 통해 초안을 작성하여 의회에 제출했다. 이후 의회는 공청단이 제출한 초안을 큰 수정 없이 통과시켰다.55)

이와 같은 상황은 다른 지역도 크게 다르지 않다. 예를 들어, 톈진시 인대가 1990년 〈톈진시 미성년자보호조례〉를 제정할 때, 톈진시 정부 및 인대 관련 기관과 공청단이 공동으로 법안기초소조를 구성했지만, 실제 법안기초는 공청단이 주로 담당했다. 유사하게 광둥성 인대가 1994년 〈광둥성 '부녀권익보장법'규정〉을 제정할 때에는 부녀연합회가 법안기초를 담당했다.56) 이처럼 이미 1980년대 중반에, 지방의회가 특정 사회단체와 관련된 전문법규를 제정할 때에는 해당 사회단체의 주도권을 인정하고, 각 사회단체도 이에 따라 입법을 주도하는 관행이 형성되었던 것이다. 이는 사회단체가 입법정치에서 주요한 활동 주체로 등장했음을 의미한다.57)

---

53) 上海工運誌編纂委員會, 『上海工運誌』(上海 : 上海社會科學院出版社, 1997), pp. 412-413.
54) 荒沙·孟燕坤 主編, 『上海婦女誌』(上海 : 上海社會科學院出版社, 2000), p. 274.
55) 起草辦公室 主編, 『〈上海市靑少年保護條例〉立法記實』(上海 : 上海社會科學院出版社, 1987), pp. 92-101.
56) 광둥성과 톈진시 부녀연합회·공청단 고위 관계자와의 인터뷰 : 2004년 8월 광저우시 ; 2001년 5월, 톈진시.
57) 이런 관행은 전국인대의 입법에도 해당된다. 예를 들어, 1994년 〈노동조합법(工會法)〉 제정과, 2001년 〈노동조합법〉 수정에서 중화전국총공회는 법안기초 과정에 참여하여 중요한 역할을 담당했다. 中華全國總工會法律工作部, 『中華人民共和國工會法講話』, pp. 4-5. 1996년 전국인대에서 제정된 〈변호사법(律師法)〉도 이와 유사하다. 1989년 법안 작성에 필요한 조

두 번째는 여러 사회집단의 이해와 밀접히 연관된 법규를 제정하는 경우이다. 이때에는 특정 사회단체가 입법제기, 조사 연구, 법안기초를 주도하는 것이 아니라, 정부 유관 부서, 의회 상임위원회, 관련 사회단체가 공동으로 주관한다. 또한 의회의 법안심의 과정에서는 다양한 입법 주체, 즉 정부 부서, 의회 상임위원회, 사회단체 사이에 갈등과 대립, 제휴와 연대 현상이 빈번하게 일어난다. 그래서 최종 통과된 법안은 대개 이들의 입장이 절충되고 조정된 타협의 결과물일 경우가 많다. 또한 이와 같은 종류의 입법 과정에서는 사전에 정해진 법규 내용이나 참여 제한이 없기 때문에, 각 입법 주체는 최종 법규가 자신의 입장에 기초하여 제정되도록 하기 위해 쓸 수 있는 모든 자원을 총동원하여 서로 경쟁하는 현상이 발생한다. 이런 측면에서 보면, 사회단체의 입법 참여는 국가 조합주의의 틀을 벗어나고 있다고 할 수 있다.

우리는 이를 상하이시 인대에서 2001년 제정한 〈노동계약조례〉와 2002년에 수정한 〈소비자조례〉 사례를 통해 확인할 수 있다.58) 〈노동계약조례〉와 〈소비자조례〉는 모두 관련 사회집단의 이해가 첨예하게 대립하는 법규이다. 전자에는 노동자와 기업, 후자에는 소비자와 기업의 이해가 걸려 있었다. 그래서 법안기초 과정에서 어느 특정 사회단체에게 주도권을 보장해 줄 수 없었다. 구체적으로 〈노동계약조례〉의 경우에는 정부 노동국, 경제위원회, 법제판공실, 상하이시 총공회, 의회 재경위와 법공위가 공동으로 기초소조를 구성했고, 노동국이 소조 조장, 총공회가 부조장을 맡았다. 〈소비자조례〉의 법안기초에는 정부 공상행정관리국, 소비자협회, 의회 법공위가 참여했다.

법안기초 및 심의 과정에서는 입법 주체 사이에 심각한 대립과 갈등이 있었다. 〈노동계약조례〉의 경우에는, 노동자의 이익을 대변하는 상하이시 총공회와, 기업가단체의 이익을 대변하는 정부 노동국 및 공상련 사이에 대립이 있었

사 연구와 법안기초를 위한 기초공작소조가 구성되었을 때, 전국변호사협회(全國律師協會)는 국무원 사법부 관련 부서(律師司 및 法規司), 중국정법대학교(中國政法大學) 등과 함께 이에 참여했고, 법안기초 과정에서 중요한 역할을 담당했다. 張耕 主編, 『中國律師制度發展的里程碑: 〈中華人民共和國律師法〉立法過程回顧』(北京: 法律出版社, 1997), pp. 58-188.

58) 좀 더 자세한 내용은 이 책의 제3장 참조.

다. 의회 상임위원회 사이에도 대립이 있었는데, 인대 재경위는 총공회의 입장을 대변하려 노력했고, 법제위는 정부 경제 관련 부서 및 기업가단체의 입장에서 이를 조정하려고 노력했다. 그 결과 최종 통과된 〈노동계약조례〉는 총공회의 입장(노동자와 기업이 노동계약을 체결할 때 노동조합은 합법적인 개입 주체로 인정)과 기업가단체의 입장(입법 목적과 '10+3규정' 폐지)을 절충하는 형태가 되었다.

〈소비자조례〉의 상황도 마찬가지였다. 우선, 소비자협회의 조정 범위를 놓고 대립이 있었다. 정부 공상행정관리국과 소비자협회는 소비자의 불만이 많은 의료, 영리성 교육, 판매용 주택을 소비자협회의 조정 범위에 포함시킬 것을 주장한 반면, 정부의 경제위원회, 위생국, 교육위원회, 관련 기업가단체는 이에 반대했다. 또한, 소비자협회는 리콜제도의 도입을 주장한 반면 기업가단체 등은 이에 반대했다. 소비자협회는 조정 범위를 확대하고 리콜제도를 도입함으로써 자신의 권한을 증대시킬 수 있는 반면, 기업은 이로 인해 제품 생산 및 판매에 많은 제약을 받을 가능성이 있기 때문에 이 문제를 두고 양측이 서로 대립했던 것이다. 의회의 법안심의 과정에서도 의회 상임위원회 사이에 대립이 있었다. 재경위원회는 정부 공상국과 소비자협회 입장을, 교과문위는 교육 및 위생 관련 사회단체의 입장을 각각 대변했다. 그 결과 최종 통과된 〈소비자조례〉는 양자의 입장을 절충하는 형태로, 즉 소비자협회가 주장한 리콜제도는 도입하되 의료 및 교육 서비스는 소비자협회 조정 범위에서 제외하는 형태로 법안이 통과되었다.

한편, 〈노동계약조례〉와 〈소비자조례〉의 입법 과정에서는 관련 사회단체의 치열한 로비 활동(會外遊說)이 전개되었다. 그래서 의회에서는 입법 과정에서 사회단체가 행사하는 압력에 대해 어떻게 대응할 것인가 하는 문제가 심각하게 제기되었다.[59] 예를 들어, 소비자협회는 몇 차례에 걸쳐 전화 설문 조사를 실시하고 소비자협회의 권한 강화를 지지하는 여론조사 결과를 발표했다. 동시에 입법 자료 제공 명목으로 이를 인대 상무위원회 위원들에게도 전달함으로써 무언의 압력을 가했다. 또한, 소비자협회는 몇 차례의 정책 세미나를 조직했고, 이를 통해 자신의 입장을 적극 선전했다. 특히 소비자협회는 의회 상무위 위원,

---

[59] 上海市人大常委會研究室 編, 『實踐與探索第(四集)』(上海: 復旦大學出版社, 2003), p. 63.

정부 유관 부서 책임자 등을 초청하여 정책 토론회를 개최했는데, 이때 홍콩 소비자협회 사무국장이 기조 발제자로 나와 홍콩의 경험을 소개하면서 상하이시 소비자협회의 기능 강화를 역설했다. 의회 관계자의 입장에서 볼 때, 이는 자신들을 '교육'시키기 위한 특별 행사로 간주되었고, 일부 위원은 이에 대해 매우 불쾌하게 생각하기도 했다.[60]

〈노동계약조례〉 입법 과정에서 총공회도 비록 소비자협회의 정도는 아니지만 유사한 로비 활동을 전개했다. 노동자의 열악한 노동조건을 보여 주기 위해 현장 조사를 실시하고 그 결과를 공표했으며, 몇 차례에 걸쳐 정책 세미나를 개최하여 총공회의 입장이 타당함을 홍보했다. 또한, 의회가 주관한 입법 청문회에서 자신의 입장을 적극 논증하기 위해 충분한 자료를 확보하는 것은 물론 청문회 참여 인원 사이의 역할 분담을 통해 정부 경제 관련 부서와 기업가단체의 논리를 반박했다. 예를 들어, 총공회 대표로 나온 변호사는 법리적 측면에서 총공회 입장의 타당함을 논증했고, 현장 노동자는 열악한 노동조건을 고발하고 그것의 개선을 위해서는 총공회의 주장에 근거하여 법규가 제정되어야 함을 역설함으로써 참가자의 커다란 호응을 얻었다.[61] 이와 같은 사회단체의 로비 활동은 정도의 차이는 있지만 다른 지역에서도 보편적으로 나타나는 현상이다.

마지막으로, 사회단체의 이익과 밀접히 연관된 법규제정 과정에서 사회단체가 아니라 정부 유관 부서가 주도적인 역할을 담당하는 경우가 있다. 상하이시 인대가 2002년 제정한 〈업종협회발전촉진규정〉(促進行業協會發展規定)이 이에 해당된다.[62] 현재 상하이시에는 약 160개의 각종 업종협회가 있는데, 이들 단

---

[60] 상하이시 인대 및 소비자협회 고위 관계자와의 인터뷰 : 2003년 8월과 2004년 2월, 상하이시.
[61] 상하이시 인대 및 총공회 고위 관계자와의 인터뷰 : 2003년 8월과 2004년 2월, 상하이시.
[62] 上海市人民政府, "上海市行業協會暫行辦法"(2002) ; 周太彤, "關于〈上海市促進行業協會發展規定〉(草案)的說明,"『上海市人大常委會公報』153號(2002), http://www.spcsc.sh.cn(검색일 2003년 8월 3일) ; 崔善江, "市人大財經委關于〈上海市促進行業協會發展規定〉(草案)的審議意見報告,"『上海市人大常委會公報』153號(2002), http://www.spcsc.sh.cn(검색일 2003년 8월 3일) ; 沈國明, "市人大法制委關于〈上海市促進行業協會發展規定〉審議結果的阿報告,"『上海市人大常委會公報』153號(2002), http://www.spcsc.sh.cn(검색일 2003년 8월 3일) ; 상하이시 인대 고위 관계자와의 인터뷰 : 2003년 8월과 2004년 2월, 상하이시. 참고로 여기서

체는 수가 매우 적고 업종별 대표성도 떨어지며, 실제 구성과 운영도 정부 관련 부서의 강한 통제 아래에 있는 정부의 하부조직(二政府)에 불과하다는 문제가 있다.63) 이 때문에 정부의 사회 관리 기능을 축소하고 이들 단체의 역할을 강화하기 위해서는 업종협회의 규모를 늘리고 실제 활동도 강화해야 한다는 주장이 제기되었다. 그래서 정부는 2002년 1월 〈업종협회임시방법〉(行業協會暫行辦法)을 공포했고, 의회는 이에 기초하여 관련 법규를 제정하기로 결정했다.

그런데 이 법규는 업종협회의 이해와 밀접히 관련된 것으로, 입법 조사와 법안기초 등 입법 과정에서 이들 단체가 주도적으로 참여하는 것이 타당하지만, 실제로는 정부 법제판공실, 경제체제개혁판공실, 사회단체관리국(社會團體管理局) 등 정부 관련 부서가 주도했다. 이렇게 된 데에는 크게 두 가지 이유가 있었다. 우선, 이 규정은 전체 업종협회와 관련된 것으로, 법안의 성격상 어느 특정 단체가 입법을 주도하는 것은 적절하지 않고 실제 조직 능력 면에서도 어려움이 있었다. 그러나 이보다 더욱 중요한 것은, 업종협회의 설립과 운영은 정부 관련 부서의 이해와 밀접히 연관된 것으로, 정부 관련 부서는 이에 대한 통제권을 포기하지 않으려 했다는 점이다. 실제로 현재 존재하고 있는 대부분의 업종협회는 인원 구성·재정·활동 면에서 정부 유관 부서의 강한 통제 아래에 있다. 예를 들어, 업종협회 지도부는 전현직 고위 공직자 중에서 충원되었고, 업종협회의 활동을 통해 얻은 수익금은 정부 관련 부서의 재원으로 활용되었다.

이처럼 〈규정〉이 정부 관련 부서의 주도 아래 작성되었기 때문에, 입법 과정에서 제기되었던 쟁점 사항은 대개 정부의 요구대로 처리되었다. 예를 들어, 업종협회의 권한 및 기능에 대한 규정과 관련하여, 업종협회는 정부의 불필요한 간섭을 배제하기 위해 좀 더 분명하고 세분화된 규정을 요구했다. 이에 대해 정부는 중국이 이 문제에 관한 한 아직 과도기에 있기 때문에 세분화된 규정은 필요 없다고 주장했다. 또한, 업종협회는 앞으로 이 단체들이 제 기능을 수행하

업종협회는 업종별 직능단체로, 상하이시 인쇄업종협회(印刷行業協會), 혼례업종협회(婚慶行業協會), 악기업종협회(樂器行業協會), 전기업종협회(電力行業協會), 사료업종협회(飼料行業協會) 등을 가리킨다.
63) 참고로 1949년 이전 상하이시에는 약 400개의 각종 업종협회가 있었다.

기 위해서는 정부가 담당했던 사회 관리 직무 중에서 상당수를 업종협회에 이관해야 하고, 이에 대해 〈규정〉이 좀 더 명확하게 규정할 것을 요구했다. 이에 대해서도 정부는 반대 입장을 견지했다. 다만 의회가 법안을 심의하는 과정에서 정부의 통제를 견제하는 조항이 추가되었다. 즉, 업종협회의 독립성 제고를 위해 현직 정부 관료의 업종협회 지도부 겸직을 금지하는 조항이 추가되었다(전직 관료는 가능).

또한, 정부 부서의 치열한 로비 결과, 업종협회와 관련된 업무는 세 종류의 정부 부서(사실상은 정부 부서 전체)가 분담하는 방식으로 정부 부서 사이에 타협이 이루어졌다. 즉, 정부 업종협회발전서(行業協會發展署)는 업종협회의 발전 계획, 정책 및 업무 조정 기능을 담당하고, 사회단체관리국은 업종협회의 설립·등록·감독을 총괄하며, 그 밖의 정부 부서는 자신과 관련된 업종협회의 업무를 지도 및 관리하는 권한을 갖게 되었다. 이처럼 〈규정〉 제정이 정부 주도로 이루어지면서 업종협회의 문제로 지적된 행정 통제와 관여는 여전히 해결되지 않았다.[64]

이상에서 필자는 사회단체의 입법 참여를 검토했다. 중국의 일반적인 국가-사회단체의 관계에서처럼, 사회단체의 입법 참여도 기본적으로는 국가 조합주의의 틀 속에서 이루어진다. 구체적으로, 총공회, 부녀연합회, 공청단은 국가로부터 1980년대 중반 이후 입법을 포함한 정책 결정 과정에 참여할 수 있는 권한을 부여받았다. 특히 입법과 관련하여, 인민단체는 소속 집단의 이해와 밀접히 관련된 전문법규의 제정에서는 주도권을 갖게 되었다. 또한 제정되는 법규가 여러 사회집단의 이해와 밀접히 관련되는 경우에는 정부 관련 부서, 의회 상임위원회와 함께 해당 사회단체들이 입법 과정에 참여할 수 있었다. 그 밖에도 사회단체는 자신의 이해와 직접적으로는 관련되지 않지만 의회가 요청할 경우 초안에 의견을 제시하는 방식으로 의회 입법 과정에 참여했다. 이처럼 사회단체는 국가로부터 입법 과정에 대한 참여 권한을 부여받았고, 실제로 국가가 허용한 범위 안에서 입법 과정에 적극 참여할 수 있었다.

그런데, 일부 사회단체가 입법 과정에 참여하는 내용을 보면, 국가 조합주

---

[64] 王名, 『民間組織通論』, pp. 197-201.

의만으로는 설명할 수 없는 현상이 나타나고 있다. 앞에서 검토한 상하이시의 〈노동계약조례〉와 〈소비자조례〉 제정 사례는 대표적인 예이다. 우선, 이와 같은 법규의 제정 과정에서는 국가가 사전에 정한 참여 제한이나 통제가 없었다. 그래서 해당 사회단체는 정부 부서, 의회 상임위원회와 비교적 동등한 입장에서 자신의 정치적 지위와 조직 능력에 따라 자유롭고 경쟁적으로 입법 과정에 참여할 수 있었다.

또한, 이 같은 법규의 입법 과정에서는 '국가 대 사회단체'의 대립뿐만 아니라, '사회단체 대 사회단체'의 대립도 있었다. 예를 들어, 〈노동계약조례〉 제정 과정에서, 총공회는 정부 노동국이나 경제위원회와 대립했지만, 다른 한편으로는 공상련 등 기업가단체와도 대립했다. 유사하게, 〈소비자조례〉 제정 과정에서도 소비자협회는 교육 및 의료 관련 사회단체와 대립했다. 이는 국가 조합주의에서 말하는 국가의 사회단체 영역 보장과 사회단체의 독점적 권리 행사를 넘어서는 것이다.

마지막으로, 이 같은 법규의 입법 과정에서는 법규 내용과 관련하여 국가가 사전에 결정한 사항이 없기 때문에, 또한 정부 부서나 의회 상임위원회의 입법 독점권이 허용되지 않기 때문에, 최종 제정되는 법규의 내용은 매우 불확정적이라는 특징이 있다. 앞에서 보았듯이, 여러 사회집단의 이해가 첨예하게 대립되는 법규는 대개 다양한 입법 주체 사이의 입장이 타협 및 절충되는 형태로 제정된다. 이런 면에서도 사회단체의 의회 입법 참여는 국가-사회 관계에서 국가의 주도권을 주장하는 국가 조합주의의 틀을 벗어나고 있다고 할 수 있다.

4. 사회단체의 의회 감독 참여

사회단체의 감독 참여는 입법 참여에 비해 미흡한 것이 사실이다. 이것은 우선적으로 의회 감독이 갖는 한계에서 기인한다. 또한 중국 정치체제에서 사회단체가 처한 객관적인 조건, 특히 공산당 및 정부와의 관계로 인해 사회단체는 의회의 감독에 적극적으로 참여하기 어려운 면도 있다. 그렇지만 사회단체는 의회 감독에 참여하는 것을 매우 중요한 사업으로 간주하고 있고, 실제 다양한 방식으로 참여하고 있다. 마지막으로, 입법 참여에서와 마찬가지로, 사회단체 모두가 의회의 감독에 동등한 정도로 참여할 수 있는 것은 아니다. 의회의 감독에 참여할 수 있는 사회단체는, 정치적 지위가 높고 사회적 영향력이 비교적 큰 총공회, 부녀연합회, 공청단 정도라고 할 수 있다. 은 대표적인 기업가단체이지만 의회의 감독에 참여하는 경우는 극히 드물다.[65]

(1) 배경

사회단체가 의회의 감독 활동에 적극 참여하게 된 배경으로는 우선, 1990년대 이후 법률체제가 정비되면서 제정된 법률을 제대로 집행하는 것이 중요한 정치적 과제로 제기되었다는 점을 들 수 있다. 특히 1989년 톈안먼사건 이후, 정부 부서의 권력 남용과 관료주의, 고위 공직자의 부정부패가 만연하고, 지방정부의 지방 보호주의 문제가 심각한 정치 문제로 부각되면서, 이 문제 해결을 위해서는 공산당뿐만 아니라 국가기관, 사회단체, 여론이 좀 더 적극적으로 감독에 나서야 한다는 공감대가 형성되었다. 1990년 공산당 중앙의 결정 즉, "당과 인민 군중의 연계를 강화시킬 것에 관한 중공 중앙의 결정"은 이를 잘 보여준다. 이에 따라 전국인대와 지방인대는 1990년대 초부터 감독, 특히 법률집행 감독에 적극 나섰으며, 이를 입법과 동등하게 강조한다는 정책을 채택했다(제4장 참조).

사회단체의 입장에서 보았을 때에도 감독은 점점 중요한 의미를 갖게 되었다. 1990년대 들어 노동자·여성·청소년의 권익 보호와 관련된 법률 체제는 어느 정도 수립되었다. 〈청소년보호법〉(1991), 〈노동조합법〉(1992), 〈부녀권익보장

---

[65] 상하이시 및 광둥성 공상련 고위 관계자와의 인터뷰 : 2004년 2월, 상하이시 ; 2004년 8월 광저우시.

법)(1992), 〈소비자권익보호법〉(1993), 〈노동법〉(1994)의 제정은 이를 잘 보여 준다. 또한 공산당 중앙과 국무원은 개혁개방정책 실시와 함께 사회적 약자로 전락한 노동자·농민·여성의 권익 보호를 위해 다양한 정책을 실시하기 위해 노력했다. 그런데 문제는 이와 같은 법률과 정책이 기층 단위에서 제대로 집행되지 않는다는 것이었다. 따라서 사회단체에게는 관련 기관이 법률 및 정책을 충실히 집행하도록 독려하고, 법률집행 과정에서 나타나는 문제를 해결할 수 있도록 감독하는 것이 중요한 과제로 제기되었다.

실제로 총공회와 부녀연합회는 1990년대 들어 자체적으로 다양한 감독 활동을 전개했다. 상하이시 총공회의 예를 살펴보자. 〈노동조합법〉과 〈노동법〉에는 노동조합이 노동 관련 법률 및 법규의 집행 상황을 감독할 수 있다는 규정이 있는데, 총공회는 이 규정에 입각하여 1997년 '노동조합노동법률감독위원회'(工會勞動法律監督委員會)를 주요 기업과 기층 단위에 구성하였다.66) 초기에는 약 6,500명의 노동조합 간부를 법률감독관(法律監督員)으로 임명했고, 현재는 약 2만 명이 법률감독관으로 활동하고 있다. 총공회는 매년 노동계약 체결 상황, 퇴직금제도 집행 등 특정 항목(專題)을 선정하여 대대적인 법률집행감독을 전개해 왔다. 예를 들어, 2003년에는 약 한 달 동안 상하이시에 있는 약 2,000개의 기업을 대상으로 〈노동조합법〉과 〈노동법〉의 집행 상황을 조사 감독했다.67) 광둥성 총공회의 상황도 이와 유사하다. 2000년 의회가 제정한 〈노동조합노동법률감독조례〉에 입각하여, 총공회는 노동조합 간부를 중심으로 '노동조합 노동감독 위원'을 선정하였고, 이들이 노동 관련 법률과 지방성법규의 집행 상황을 상시적으로 감독했다.68) 상하이시와 광둥성의 부녀연합회도 방법은 조금 달라도 여성 및 아동 관련 법률 법규의 집행 상황에 대한 조사와 감독을 일상적으로 전개하고 있는 것은 마찬가지이다.

사회단체는 단독으로 감독 활동을 전개하기도 하지만, 동시에 공산당 및 정부 관련 부서와 함께 감독 활동을 전개하기도 한다. 일반적으로 말해, 이들 단

---

66) 編纂委員會, 『上海工會年鑑: 1998』, p. 173.
67) 상하이시 총공회 고위 관계자와의 인터뷰: 2004년 2월, 상하이시.
68) 광둥성 총공회 고위 관계자와의 인터뷰: 2004년 8월, 광저우시.

체는 사안의 성격에 따라 어느 기관과 함께 어떤 방식으로 감독 활동을 전개할 것인가를 결정한다. 중대한 문제의 경우, 또한 문제를 제기할 때 정부의 강한 반발이 예상된다면, 사회단체는 공산당과 함께 감독 활동을 전개하는 방식을 택한다. 만약 공산당이 문제의 심각성을 인식하여 관련된 문제의 해결에 나설 경우, 감독 효과는 매우 좋고 문제도 비교적 신속하게 해결된다. 그러나 공산당은 지역 안 다양한 국가기관과 단체의 입장을 고려해야 하기 때문에, 각 사회단체가 공산당과 함께 감독하는 방법을 통해 모든 문제를 해결할 수 있는 것은 아니다.

한편 사회단체는 경미한 사안으로 정부 부서가 큰 무리 없이 처리할 수 있을 문제에 대해서는 정부 관련 부서와 함께 감독을 진행하는 방식을 택한다. 그러나 이것이 여의치 않을 경우에는 의회와 함께 감독을 진행하는 방식을 택한다. 1990년대 이후 지방의회의 정치적 지위가 높아지고 감독 기능이 강화되면서, 설사 의회가 직접 감독에 나서지 않더라도 그 가능성을 언급하는 것만으로 사회단체는 정부에 일정한 압력을 가할 수 있다.

(2) 감독 참여 방식과 평가

1990년대 이후 지방의회가 실시하고 있는 대표적인 감독으로는 세 가지를 들 수 있다. 첫째는 국가기관의 법률 및 중앙정책의 집행을 감독하는 법률집행 감독이고, 둘째는 국가기관의 고위 공직자 및 주요 부서의 활동을 감독하는 직무평가이며, 셋째는 주로 법원의 판례를 대상으로 실시하는 개별안건감독이다(제4장 참조). 이 중에서 사회단체가 가장 빈번하게 참여하는 것은 법률집행감독이다.

사회단체는 일반적으로 다음과 같은 방식으로 의회의 감독 활동에 참여한다. 우선, 감독 의제 제기가 있다. 사회단체들은 매년 해당 조직과 관련된 주요 문제를 조사하고 그 결과를 공포함으로써 사회적 관심을 유도하려고 노력한다. 동시에 조사 결과를 의회 안 자신들의 대표를 통해 전달함으로써 의회가 그 문제를 감독 의제로 선정하도록 촉구한다. 예를 들어, 광둥성 부녀연합회는 최근 몇 년 동안 여성 농민공(農民工) 권익 보호와 농민공 자녀 교육 문제, 가정 폭력 문제, 〈혼인법〉 집행 상황, 특히 남편의 정부(情婦) 문제(包二奶) 등을 의회에 제기했고, 문제 해결을 위해 의회가 감독에 나설 것을 촉구했다. 실제로 의회는 부녀연합회의 요구를 받아들여 이 문제 해결을 위한 법률집행감독을 실시하기도 했다. 또한 부녀연합회는 법원이 이혼, 재산상속 등 여성과 관련된 안건 처리에서 법률에 위배되거나 불공정한 판결을 내릴 경우, 1차로는 법원에 직접 문제를 제기하고, 만약 법원이 이를 수용하지 않으면 의회에 문제를 제기하여 의회가 개별안건감독을 실시하여 문제를 해결하도록 하기도 했다.69) 2001년 톈진시 공청단도 조사를 통해 청소년의 컴퓨터 오락실(網吧) 이용 문제의 심각성을 제기했고, 이에 의회는 정부 공안부서, 정보통신부서 등과 함께 이에 대한 대대적인 감독 활동을 전개해서 불법 오락실 100여 곳을 폐쇄했다.70) 이처럼 사회단체가 문제를 제기하고, 의회가 이를 수용하여 감독 활동을 전개하는 사례는 많이 있다.

사회단체는 문제 제기를 통해 의회의 감독 의제 선정에 영향을 미칠 뿐만 아니라, 의회가 실시하는 감독에 직접 참여하기도 한다. 가장 대표적인 것이 법률집행감독이다. 총공회와 부녀연합회는 의회의 법률집행감독을 매우 중시한다. 그래서 '주동 제기, 적극 참여, 역량 집중'(主動提出 積極參與 集中力量) 방침에 근거하여 의회가 법률집행감독을 전개할 때 이에 적극 참여하려고 노력한다.71) 실제로, 최근 몇 년 동안 상하이시 및 광둥성의 총공회와 부녀연합회는 매년 해당 지역의 의회와 함께 주요 법률의 집행 상황에 대한 감독 활동을 전개했다. 예를 들어, 2003년 광둥성 총공회는 6월과 7월 두 달 동안, 의회와 함께 〈노동법〉, 〈노동조합법〉 실시 상황에 대한 법률집행감독을 전개했고, 이때에는 모두 8명의 관계자를 파견했으며, 2004년 6월 〈공장업무공개조례〉에 대한 법률집행

---

69) 광둥성 부녀연합회 고위 관계자와의 인터뷰 : 2004년 8월, 광저우시.
70) 톈진시 공청단 고위 관계자와의 인터뷰 : 2001년 5월, 톈진시.
71) 상하이시, 광둥성, 톈진시 총공회·부녀연합회·공청단 고위 관계자와의 인터뷰 : 2004년 2월, 상하이시 ; 2004년 8월 광저우시 ; 2001년 5월, 톈진시.

감독을 실시할 때에는 5명의 관계자를 파견했다. 그 밖에 사회단체는 의회의 직무평가와 개별안건감독 과정에서 의회에 필요한 자료를 제공하는 방식으로 참여하기도 한다.

사회단체가 의회의 감독 활동에 참여하여 문제를 해결하는 것이 실제로 어느 정도 효과가 있는가는 지역과 상황에 따라 다르기 때문에 일괄해서 말하기는 곤란하다. 그러나 최소한 사회단체가 독자적으로 감독 활동을 전개하는 경우보다는, 의회와 함께 감독 활동을 전개하는 경우, 또는 문제 제기를 통해 의회가 감독에 나서게 하는 경우에 효과가 더욱 크다는 사실은 분명하다.72) 이에는 몇 가지 이유가 있다. 우선, 의회는 국가 권력기관이기 때문에, 의회가 제기한 문제에 대해 정부나 관련 국가기관이 쉽게 무시할 수 없다. 설사 문제를 해결할 수 없는 경우에도 관련 기관은 최소한 타당한 이유나 근거를 제시해야 한다. 이에 비해 사회단체가 단독으로 제기한 문제에 대해 국가기관은 그것을 참고할 뿐이지 문제 해결에 나서거나 답변해야 할 의무는 없다.

또한, 의회의 결정 사항은 법적 구속력을 갖기 때문에 관련 기관은 어떤 방식으로든 문제 해결에 나서지 않을 수 없다. 특히 1990년대 중반 이후 지방의회의 감독 기능이 강화되면서, 또한 공산당이 의법치국을 국가정책으로 실시하면서, 정부 부서나 기타 국가기관이 의회의 문제 시정 요구를 무시하는 것은 결코 쉽지 않게 되었다. 실제로, 일부 지역에서는 의회의 시정 요구를 무시한 정부 부서나 법원 책임자가 파면 또는 면직되는 경우가 있었다(제4장 참조). 이 때문에 사회단체들은 자신들의 문제를 정부 부서나 법원에 직접 제기하기보다는, 의회를 통해 문제를 제기하고 해결하는 것을 선호하는 경향이 있다.73)

그렇다고 사회단체의 의회 감독 참여 효과를 지나치게 과장해서는 안 된다. 우선, 의회 감독이 갖는 한계가 있다. 중국 정치체제에서 공산당, 정부에 비해 의회는 여전히 정치적, 조직적으로 열세인 기관이고, 이 때문에 의회 감독은 일정한 한계를 갖고 있다. 단적으로, 의회가 정부를 통제할 수 있는 가장 강력한

---

72) 상하이시, 광둥성, 톈진시 총공회·부녀연합회·공청단 고위 관계자와의 인터뷰: 2004년 2월, 상하이시; 2004년 8월 광저우시; 2001년 5월, 톈진시.
73) Cho, "Public Supervisors and Reflectors," pp. 197-227.

수단인 인사권과 재정 감독권을 아직 제대로 행사하지 못하고 있다. '공산당 간부 관리 원칙'(黨管幹部原則)에 따라, 국가기관의 주요 책임자에 대한 인사권은 공산당이 행사하며, 예산편성 및 운영에 대한 권한은 여전히 정부가 장악하고 있다. 이처럼 의회의 감독 그 자체에 많은 한계가 있기 때문에, 사회단체의 의회 감독 참여를 통한 문제 해결에는 한계가 있을 수밖에 없다.

또한 사회단체의 입장에서 볼 때, 지방의회와의 관계보다 공산당/정부와의 관계가 더욱 중요한 것이 사실이다. 앞에서 말했듯이, 사회단체는 지도부 구성·업무·재정 면에서 공산당/정부의 강한 통제 아래에 놓여 있다. 따라서 사회단체가 의회의 감독에 참여할 경우에도 항상 공산당/정부의 입장을 고려해야 한다. 다시 말해, 사회단체는 공산당/정부와의 관계를 악화시켜 가면서 의회와 함께 정부를 압박하는 행동을 할 수는 없다는 것이다. 이런 이유로, 사회단체의 의회 감독 참여는 법률이 정한 범위 안에서, 또는 공산당이 허용한 범위 안에서 이루어지는 경향이 있다.

5. 요약과 평가

지금까지 필자는 주요 사회단체의 지방의회 입법 및 감독 활동 참여를 중심으로 지방의회와 사회단체 사이의 관계를 분석했다. 개혁기에 들어 중국의 지방의회는 정치적 지위가 높아졌고, 입법 및 감독 기능이 전에 비해 매우 강화되면서 공산당, 정부와 함께 중요한 권력기관이 되었다. 또한 1990년대 들어 공산당이 법치정책을 국가정책으로 실시하면서, 법률이 사회집단의 이익 갈등을 조정하는 중요한 수단으로 등장했다. 이외에도 공산당은 주요 사회단체가 국가정책 결정 과정에 참여하여 자신의 요구와 의견을 반영할 수 있도록 하는 다양한 포섭정책을 실시했다. 이 같은 배경 속에서 주요 사회단체는 원천적인 개입을 통해 각 단체의 권익을 수호한다는 방침 아래 지방의회의 입법 및 감독 활동에 적극 참여했다.

지방의회 활동에 대한 사회단체의 참여는 전체적으로 보면, 국가 조합주의의 틀 속에서 진행된다. 그러나 일부 영역, 특히 지방의회의 입법 과정에서는 사회단체가 국가 조합주의를 넘어서는 활동 모습을 보이고 있다. 의회에서 자신의 이해와 밀접히 연관된 법규가 제정될 때, 총공회, 부녀연합회, 공청단과 같은 사회단체는 정부 부서, 의회 상임위원회와 함께 비교적 동등한 입장에서 자신의 요구를 법규에 반영하기 위해 다양한 노력을 경주한다. 그 과정에서는 사회단체와 국가기관 사이의 대립과 갈등뿐만 아니라 사회단체와 사회단체 사이의 대립과 갈등이 빈번히 일어나며, 동시에 정부 부서, 의회 상임위원회, 사회단체와 같은 입법 주체 사이에는 상호 연대하고 대립하는 현상이 발생한다.

이 같은 모습은, 국가-사회 관계에서 국가의 주도권을 전제하고, 사회단체는 국가의 강한 통제 아래 주어진 범위 안에서 대표성을 인정받아 활동한다는 국가 조합주의 주장을 넘어서는 것이다. 특히 총공회, 부녀연합회, 공청단은 공산당이 노동자·여성·청년을 통제하는 가장 중요한 사회조직이라는 점을 고려할 때, 이 같은 현상은 중요한 의미를 가질 수 있다. 이는 개혁기에 들어 국가의 확장과 함께 새로운 정치 주체, 즉 의회가 등장하면서 기존의 국가-사회 관계도 새롭게 변화하고 있다는 사실을 보여 준다.

이와 같은 국가 사회관계의 변화는 중국의 정치 변화에 대한 이해와 관련하여 중요한 함의를 갖는다. 우선, 이는 시민사회론에서 상정하고 있는 방식과는 다른 정치 변화의 가능성을 보여 준다. 시민사회론은 시장제도의 도입과 함께 국가로부터 자율적인 시민사회가 형성되고, 이것이 국가권력을 제한하여 궁극적으로는 한 국가의 민주화를 촉진시킬 수 있다고 본다. 또한 시민사회론에서는 정치민주화를 위해서 시민사회가 국가로부터 독립해야 할 뿐만 아니라 정치적 자유, 인권, 법치의 확대를 위해 국가권력과 투쟁해야 하고, 실제로 그렇게 한다고 본다.

그런데 시민사회론은 국가를 단일 주체로 상정하고 있고, 시민사회가 국가 외부에서, 또는 주로 밑으로부터 형성 및 발전하는 것으로 간주하는 잘못을 범하고 있다. 개혁기 중국 지방의회의 발전이 보여 주듯이, 국가는 더 이상 단일 주체로 간주될 수 없다. 또한 의회와 같은 새로운 정치 주체의 등장과 함께 정치 공간(예를 들면, 입법정치)도 계속 확장되고 있으며, 사회세력은 이러한 공간에 참여함으로써 영향력을 확대할 수 있다. 다시 말해, 시민사회론에서 보는 것과는 달리, 사회세력은 국가로부터의 독립(자율성 확대)이 아니라 국가(예를 들어, 의회)와의 연대 강화를 통해, 또한 밑으로부터의 세력 확장 및 국가권력과의 대립을 통해서가 아니라 국가 활동에 적극적으로 참여(예를 들어, 의회의 입법 및 감독)함으로써 정치체제 내부로부터 정치 변화를 유도할 수 있다는 것이다. 중국의 지방의회-사회단체의 관계는 이런 가능성을 보여 주는 작지만 의미 있는 사례라고 할 수 있다.

한편, 이 연구는 1990년대 이후 중국의 정치 변화 과정을 좀 더 정확히 이해하는 데에도 중요한 의미를 갖는다. 그동안 중국 정치체제의 성격, 특히 정책 결정 구조와 과정에 대해서는 '분절된 권위주의'(fragmented authoritarianism) 개념이 널리 사용되었다. 그런데 이 개념의 제안자 중 한 사람이었던 마이클 옥센버그(Michel Oksenberg)가 밝히고 있듯이, 이것은 주로 1980년대 말기 중국의 국가기구가 어떻게 작동하고 있는가를 보여 주기 위해 고안된 정태적 모델이고, 그래서 1990년대 이후 변화된 중국의 상황, 특히 증대된 사회의 역할을 제대로 반영하고 있지 못하다는 문제가 있다. 따라서 좀 더 포괄적인 중국 정치체제 모델을 새롭게 만들기 위해서는 국가-사회의 상호 작용을 포함시켜야 한다.[74]

이것과 관련해서도 앞에서 분석한 지방의회-사회단체의 관계는 일정한 의미를 갖는다. 즉, 주요 사회단체의 의회 입법 및 감독 활동 참여는, 사회단체가 변화된 정치 환경 속에서 어떻게 국가정책 결정 과정에 참여하고 있고, 그 결과 중국의 국가-사회 관계가 어떻게 변화하고 있는가를 보여 주는 하나의 사례가 될 수 있다는 것이다.

---

[74] Michel Oksenberg, "China's Political System: Challenges of the Twenty First Century," *China Journal*, No. 45(2001), p. 28.

제6장

지방의회 대표선거

이 장은 중국 지방인대 대표선거를 분석하는 것이다. 지금까지 서방 연구자들은 이전 사회주의 국가의 의회선거에 대해 대체로 부정적인 견해를 갖고 있었다. 한마디로 국가마다 정도의 차이는 있지만 사회주의 국가에서의 선거란 대내적으로는 정치교육과 사회화를 통해 국민의 정권에 대한 정통성과 수용성을 높이는 정치 동원의 수단이었으며, 대외적으로는 정권의 민주성을 알리는 선전 수단의 성격이 강했다는 것이다.[1]

그렇다면 중국 지방의회선거는 어떠한가? 1979년 이후 직접선거가 실시되고 있는 현급 및 향급 지방인대 대표선거도 그 내용과 성격에서 이전 사회주의 국가의 의회선거와 크게 다르지 않은가? 이와 관련하여 1990년대 이후 본격적으로 실시된 농촌 지역의 촌민위원회 선거에서는 농민들의 적극적인 정치 참여가 이루어지고 있고, 그래서 중국에서도 '풀뿌리 민주주의'(草根民主, grass-root democracy)가 실현될 가능성이 있다는 믿음이 생기고 있는데, 이러한 현상이 지방인대 대표선거에서도 나타나고 있는가?

이에 대한 서방 연구자들의 견해는 크게 둘로 나뉜다. 하나는 그동안 약간의 변화는 있었지만 중국 의회선거도 이전 사회주의 국가의 의회선거처럼 여전히 정치 동원 및 대외 선전 수단의 성격이 강하다는 것이다.[2] 이에 비해 다른

---

[1] 알렉스 프라브다(Alex Pravda), "공산주의 국가에서의 선거," 스테판 화이트(Stephen White)와 다니엘 넬슨(Daniel Nelson) 편, 도성달·이명남 역, 『비교공산주의 정치론 : 그 변화와 전망』(서울 : 인간사랑, 1990), pp. 78-82 ; Vanneman, *The Supreme Soviet*, p. 74 ; "China's Leninist Parliament and Public Sphere : A Comparative Analysis," Barrett McCormick and Jonathan Unger eds., *China After Socialism : In the Footsteps of Eastern Europe or East Asia?*(Armonk : M.E. Sharpe, 1996), p. 43.

견해는 지방인대 대표선거의 변화에 주목한다. 이 견해에 의하면, 자유민주주의 국가의 의회선거와는 비교할 수 없지만, 지방인대 대표선거에서도 유권자의 능동적인 선거 참여가 있고, 이런 면에서 변화된 선거 내용과 성격에 주목해야 한다는 것이다.[3]

이 장은 후자의 관점에서 위에서 제기한 질문, 즉 현급 지방인대 대표선거의 변화 여부에 답하려고 한다. 이를 위해 이 장에서는 지난 20년 동안 실시된 현급 지방인대 대표선거의 실제 과정과 유권자의 선거 참여, 그리고 그것에 영향을 미친 요인을 분석할 것이다. 이러한 분석을 통해 필자는, 중국의 선거가 지역에 따라 편차는 있지만 정권의 정치 동원 및 대외 선전 수단에서 유권자의 적극적인 정치 참여의 통로로 변하고 있다고 주장할 것이다. 또한 필자는 유권자의 선거 참여 증대와 선거의 성격 변화를 초래한 요인으로 사회구조적 요인과 제도적 요인을 제시할 것이다.

한편 이 연구는 지방인대 대표선거에 대한 중국 연구자의 조사 자료와 필자의 면접 조사 자료를 주로 이용했고, 그 밖의 중국의 선거와 정치 참여에 대한 중국 안팎의 연구 성과를 참조했다. 필자가 주로 이용한 중국 내부 조사 자료는 두 가지이다. 하나는 베이징대학교 등 전국 11개 대학교가 참여하여 1987

---

[2] Barrett L. McCormick, *Political Reform in Post-Mao China : Democracy and Bureaucracy in a Leninist State*(Berkeley : University of California Press, 1990), pp. 130-156 ; McCormick, "China's Leninist Parliament and Public Sphere," pp. 130-156.

[3] Tianjian Shi, *Political Participation in Beijing*(Cambridge : Harvard University Press, 1997), p. 179 ; Shi, "Mass Political Behavior in Beijing," Merle Goldman and Roderick MacFarquhar eds., *The Paradox of China's Post-Mao Reforms*(Cambridge : Harvard University Press, 1999), pp. 152-157. 참고로 1980년 지방인대 대표선거를 분석한 앤드루 나단(Andrew Nathan)은 비판적인 관점을, 브랜들리 워맥(Brandly Womack)은 단정적으로 말하지는 않지만 비교적 희망적인 전망을 했다. Andrew Nathan, *Chinese Democracy*(Berkeley : University of California Press, Nathan 1986), p. 223 ; Brandly Womack, "The 1980 County-level Elections in China : Experiment in Democratic Modernization," *Asian Survey*, Vol. 22, No. 3(1982), p. 274. 한편 브루스 제이콥스(Bruce Jacobs)는 중국의 선거 과정을 상세히 소개하고는 있지만 그 성격에 대해서는 분명한 언급을 피하고 있다. Bruce Jacobs, "Election in China," *Australian Journal of Chinese Affairs*, No. 25(1991), pp. 171-199.

년 봄부터 1987년 8월 말까지 전국 11개 지역의 현급 지방인대를 조사한 자료이다.4) 이 자료는 지금까지 '내부 참고'로 분류되어 일반인이 쉽게 접근할 수 없다. 이는 이 자료가 외부로 알리기에는 '적절하지 않은' 중국 의회제도와 선거에 대한 실상을 담고 있기 때문이다.

다른 하나는 중국사회과학원(中國社會科學院), 런민(人民)대학교 등의 연구자가 중국 의회 관계자와 함께 1997년 8월부터 1998년 9월까지 전국 6개 지역의 현급 지방인대 대표선거를 조사한 자료[이하 '전국 6개 지역 조사(1997~1998)'로 약칭]이다.5) 이 자료는 중국의 농촌·대도시·중소 도시·소수민족 지역 등 전국적으로 대표성을 가질 수 있는 6개 지역을 대상으로 1997~1998년에 실시된 현급 지방인대 대표선거를 상세히 조사한 것이다. 이 자료는 이후 책으로 공개 발행되었는데, 공개 발간된 책에는 일부 핵심 내용이 제외되었다.6) 그래서 필자는 책 대신에 이 자료를 이용했다. 또한 필자는 2001년 2월부터 2002년 1월까지 1년 동안 톈진시 난카이대학교에서 방문 학자로 있을 때 톈진시 지역의 의회선거를 조사하기 위해 몇 차례에 걸친 면접 조사를 실시했다.

---

4) 趙寶煦 主編, 『民主政治與地方人大: 調查與思考之一』(西安: 陝西人民出版社, 1990).
5) 地方人大代表選擧硏究課題組, 『基層人大代表選擧硏究』(內部討論稿, 1998).
6) 史衛民·雷競璇, 『直接選擧: 制度與過政-縣(區)級人大代表選擧實證硏究』(北京: 中國社會科學出版社, 1999). 참고로 2000년 이후 중국에서는 국내외의 연구 기금을 받아 선거에 대한 각종 통계자료와 사례를 정리하여 발표하고 있다. 촌민위원회 선거에 대한 것은 이미 20여 종이 출간되었고, 지방의회선거와 향장·진장선거에 대한 것도 출간되었다. 이 중 후자의 예를 들면 다음과 같다. 史衛民, 『共選與直選: 鄕鎭人大選擧制度硏究』(北京: 中國社會科學出版社, 2000); 史衛民·劉智·周曉東·吳運浩, 『數據選擧: 人大代表選擧統計硏究』(北京: 中國社會科學出版社, 2001); 史衛民·劉智 主編, 『規範選擧: 2001~2002年制鄕級地方人大代表選擧硏究』(北京: 中國社會科學出版社, 2003); 史衛民·劉智, 『間接選擧(上·中·下)』(北京: 中國社會科學出版社, 2004); 蔡定劍 主編, 『中國選擧狀況的報告』(北京: 法律出版社, 2002); 黃衛平 主編, 『中國基層民主發展的最新突破: 深圳市大鵬鎭鎭長選擧制度改革的政治解讀』(北京: 社會科學文獻出版社, 2000); 李凡, 『乘風而來: 我所經歷的雲步鄕長直選』(西安: 西北大學出版社, 2003); 唐娟·鄒樹彬 主編, 『2003年深圳競選實錄』(西安: 西北大學出版社, 2003); 鄒樹彬 主編, 『2003年北京市區縣人大代表競選實錄』(西安: 西北大學出版社, 2004).

1. 지방의회 대표선거의 특징

　중국은 중앙, 성급, 현급, 향급의 네 단계―만약 지급을 추가하면 다섯 단계―의 행정체계로 구성되어 있다. 이에 맞추어 중앙과 지방에는 전국인대와 각급 지방인대가 있다. 전국인대와 지방인대 대표는 두 가지 방식으로 선출된다. 전국인대 및 성급 지방인대 대표는 하급 지방인대 대표에 의해 선출(간접선거)되고, 현급 및 향급 지방인대 대표는 지역 유권자의 직접선거에 의해 선출된다. 이 장에서는 현급 지방인대 대표선거를 분석하려고 한다.
　유권자의 선거 참여와 관련하여 중국의 선거제도에서는 다음 세 가지 사항이 중요하다. 첫째는 대표할당제(quota system)이다. 이것은 의회 대표 중에서 어느 집단이나 계층이 어느 정도의 비율을 차지할 것인가를 사전에 결정하여 그 비율에 맞추어 대표를 선출하는 제도를 말한다(다른 사회주의 국가에서도 실시). 대표 구성 비율은 선거 전에 공산당에 의해 결정되고, 이로 인해 각급 지방인대는 지역뿐만 아니라 사회 각계각층 및 소수민족의 대표를 모두 포괄할 수 있다. 이처럼 중국 의회선거에서 대표할당제를 실시하는 이유는 전국인대와 지방인대가 전체 국민을 포괄하는 국가 권력기관이 되도록 하기 위한 것(廣泛性)이다. 그러나 이 제도를 실시하는 또 다른 이유는 각급 지방인대가 공산당 밖의 중요 인사와 지식인, 소수민족을 정권 안으로 포섭하려는 것이다.
　공산당이 사회 각 집단에 대표를 할당할 때에는 특히 다음 사항에 주의한다. 먼저, 공산당원 대표 비율과 당정 간부 비율을 일정선 이하―공산당원 대표는 65% 이하, 간부 대표는 20% 정도―로 통제하는 것이다. 특히 각 지역의 당정 간부 중에서는 공산당 서기나 현장(縣長) 등 주요 책임자만 지방인대 대표로 선출하고 나머지는 그렇게 하지 말 것을 강조한다. 이처럼 이들 대표 비율을 통제하는 이유는 이렇게 해야만 민주당파(民主黨派)―8개의 정치조직(정당)으로 약 40만 명이 참여―나 지식인 집단의 정치 참여를 보장할 수 있기 때문이다. 동시에 이것은 지역 주민이 좀 더 많은 대표 후보를 추천하도록 장려하기 위한 조치이다. 또한, 공산당은 여성 대표와 소수민족 대표를 일정선 이상으로 유지하는 것에도 주의를 기울인다. 일반적으로 여성은 전체 대표 중에서 20% 이상,

소수민족 대표는 전국 인구 중에서 소수민족이 차지하는 비율인 8%보다 높게 선출되도록 할당한다.7)

그런데 대표할당제는 지방인대 대표선거에 나쁜 영향을 미친다. 간단히 말해 대표 구성 비율이 사전에 결정됨으로써, 후보 추천 및 대표 선출 과정은 주어진 틀에 적당한 사람을 끼워 맞추는 형식적인 인선 작업으로 전락할 가능성이 있기 때문이다. 특히 중앙의 정책을 집행하는 지역의 당정 간부가 대표 구성 비율을 맞추기 위해 각 선거구(選區)에 '특정한 조건'의 대표 선출을 강요할 경우에는 이러한 가능성이 더욱 높아진다. 이 때문에 중앙은 각 지역 당정 간부들에게 유권자의 예비 후보(初步侯選人) 추천 과정에서 이러한 대표 구성 비율을 절대로 강요하지 말 것을, 대신 이 문제를 유권자에 대한 '교육'과 '민주 협상'을 통해 해결할 것을 지시한다.8) 그러나 이러한 중앙의 지시가 그대로 집행되는 것은 아니다.

둘째는 제한적 경쟁선거(差額選擧)의 실시이다. 중국에서는 1979년 개정된 〈선거법〉에 의해, 대표 정원 수보다 후보 수를 많게 해서 후보들의 경쟁을 유도하는 경쟁선거를 실시하고 있다. 이에 따라 현급 지방인대 대표선거에서는 대표 정원보다 후보가 33~100% 비율(差額)만큼 많아야 한다. 예를 들어, 어느 지역 지방인대 대표 정원이 100명이라면, 후보는 130명에서 200명이 되어야 한다. 만약 이렇게 하지 않으면 그 선거는 무효가 된다. 이러한 제한적 경쟁선거는 역시 중국뿐 아니라 다른 이전 사회주의 국가에서도 실시했던 것이다.

중국 연구자들은 경쟁선거의 도입을 선거제도 개혁에서 중대한 의의를 갖는 것으로 평가한다. 즉, 경쟁선거를 실시함으로써 유권자의 선택 폭이 넓어졌고, 좀 더 우수한 자질의 대표가 선출될 가능성이 높아졌다는 것이다. 이러한 점에서 경쟁선거의 도입은 직접선거 범위의 확대(향급에서 현급까지), 유권자의 후보 추천권 보장과 함께 1979년 〈선거법〉 개혁의 핵심 내용이라고 할 수 있다.9)

---

7) 全國人大常委會辦公廳聯絡局 編, 『全國縣鄕人民代表大會換期選擧宣傳提綱: 1989~1990』(北京: 中國民主法制出版社, 1989), p. 21.
8) 全國人大常委會辦公廳研究室 編, 『中華人民共和國人民代表大會文獻資料滙編(1949~1990)』(北京: 中國民主法制出版社, 1990), p. 172.

경쟁선거의 도입으로 인해 실제로 현급 지방인대 대표선거는 중요한 변화를 겪었다. 즉, 유권자는 예비 후보 추천과 정식 후보(正式候選人) 결정 과정에 좀 더 적극적으로 참여하게 되었고, 일부 지역에서는 후보 사이에 또한 후보를 추천한 집단 사이에 치열한 경쟁이 벌어지게 되었다(자세한 내용은 뒤에서 검토).10)

셋째로 유권자의 후보 추천권 보장과 확대이다. 현급 지방인대 대표선거에서는 유권자 10명 이상이 연명(聯名)으로 예비 후보를 추천할 수 있다. 유권자들이 후보 추천권을 갖게 됨에 따라 현급 지방인대 대표선거에서는 공산당보다는 유권자의 선택이 더 중요한 의미를 갖게 되었다. 동시에 이로 인해 유권자들은 좀 더 적극적으로 선거에 참여하게 되었다. 실제 선거를 보면 일부 지역에서는 후보의 98%가 지역 유권자의 연명에 의해 추천되었고, 그들 대다수가 당선되었다(자세한 내용은 뒤에서 검토).

2. 지방의회 대표선거 과정과 유권자의 선거 참여

(1) 선거 과정

현급 지방인대 대표선거는 선거 준비, 후보 추천, 후보 소개(선거운동), 투표와 당선 발표의 네 단계로 진행된다. 지방인대 선거가 다가오면, 전국인대는 선거 방안을 작성하여 지방인대에 하달한다. 그러면 성급 지방인대와 현급 지방인대는 그것을 해당 지역에서 집행하기 위한 구체적인 선거 방안을 작성한다. 이와 함께 각 지역에는 선거를 주도할 선거기구가 구성된다. 일반적으로 성급 행정단위에는 선거공작위원회(選擧工作委員會, 選擧工作辦公室)가, 현급 행정단

---

9) 本書編寫組 編, 『中國的選擧制度與操作程序』(北京: 中國民主法制出版社, 1997), pp. 44-46.
10) 물론 이러한 경쟁선거에는 근본적인 한계가 있다. 이러한 경쟁선거는 정책 경쟁이 아니라 후보 개성 경쟁이기 때문에 참된 의미의 경쟁선거라고 할 수 없다. 조영남, 『중국 정치개혁과 전국인대』, pp. 97-121.

위에는 선거위원회가 구성된다. 이러한 각급 선거기구에는 지방인대뿐만 아니라 공산당 주요 부서(조직부·선전부·통일전선부)와 지방정부 유관 부서(民政局), 인민법원과 인민검찰원, 총공회·부녀연합회·공청단과 같은 사회단체와 민주당파가 참여한다. 대개 각급 공산당 위원회 부서기가 선거기구의 책임자 직책을, 지방인대 상무위원회 주임이나 부주임이 부책임자 직책을 맡는다.

선거 방안이 결정되고 선거기구가 구성되면 대대적인 선전 활동과 대중 교육이 시작된다. 선거를 지역 유권자의 관심과 적극적인 참여 아래 치르기 위해서는 선전 활동과 대중 교육이 매우 중요하다. 동시에 이를 통해 선거가 얻고자 하는 것, 즉 정권의 합법성과 수용성 제고, 사회 통합 등의 목표를 달성할 수 있다. 이러한 이유로 선전 활동과 교육은 매우 중요한 선거 사업의 하나로 간주된다.[11]

준비 단계에서는 또한 선거구가 획정되고, 각 선거구마다 인구 비례에 따라 보통 1~3명의 대표 정원이 할당된다. 〈선거법〉에 의하면 선거구는 거주 지역이나 생산(사업·산업) 단위를 기준으로 획정된다. 일반적으로 농촌 지역은 거주 지역, 즉 촌민위원회나 자연촌을 중심으로 선거구를 나누고, 도시 지역은 생산 단위를 중심으로 나눈다. 예를 들어, 대학은 대개 하나의 선거구로 나누고, 소속 교수나 직원, 학생은 이 선거구에서 선거 활동에 참여한다. 또한 각 선거구마다 선거를 책임지는 기층 단위의 선거기구, 즉 선거공작영도소조(選擧工作領導小組)나 선거공작조(選擧工作組)가 구성된다. 그리고 그 산하에는 일정수의 유권자로 구성되는 유권자 소모임(選民小組)이 조직된다.[12]

그런데 한 지역에 전체적으로 몇 개의 선거구와 각 선거구마다 몇 개의 유권자 소모임이 구성되는가는 지역마다 다르다. 이것은 기본적으로 현급 행정단위 유권자가 적게는 몇 만 명에서 많게는 수십만 명이 넘기 때문이다. 또한 각 선거구마다 몇 개의 유권자 소모임을 구성할 것인가는 지역 선거기구의 재량에

---

[11] 本書編寫組, 『中國的選擧制度與操作程序』, p. 8 ; 山東省人大常委會人事代表工作室 編, 『山東省 1990年縣鄕人大換期選擧工作文件選編』(濟南 : 山東人民出版社, 1991), pp. 85-86, 89-94.
[12] 本書編寫組, 『中國的選擧制度與操作程序』, pp. 69-74 ; 地方人大代表選擧研究課題組, 『基層人大代表選擧研究』, pp. 32-33.

달려 있기 때문이다. 예를 들어, 1997~1998년 선거에서, 톈진시 허시구(河西區)에서는 257명의 대표를 선출하기 위해 약 44만 9,000여 명의 유권자가 139개의 선거구(각 선거구당 평균 3,230명)와 1만 4,145개의 유권자 소모임(각 소모임당 평균 32명)이 조직되었다.13) 한편 윈난성(雲南省) 다리백족(大理白族) 자치주 외이산이족회족(巍山彛族回族) 자치현에서는 187명의 대표를 선출하기 위해 19만 5,000여 명의 유권자가 111개의 선거구(각 선거구당 평균 1,756명)와 685개의 유권자 소모임(각 소모임당 평균 약 285명)이 조직되었다.14) 두 지역을 비교하면 선거구는 인구 비례에 근거하여 비슷한 수로 나뉘었지만, 유권자 소모임은 톈진시 허시구가 훨씬 많았고, 따라서 각 유권자 소모임에 소속된 유권자 수도 훨씬 적었다.

준비 단계가 끝나면 후보 추천 단계에 들어간다. 현급 지방인대 대표의 후보 추천 과정은 예비 후보 추천과 정식 후보 결정이라는 두 단계로 이루어진다. 우선 〈선거법〉에 정해진 예비 후보 추천 방식은 두 가지이다. 하나는 공산당과 민주당파, 인민단체가 연합으로 예비 후보를 추천(政黨團體聯合推薦)하는 것이고, 다른 하나는 각 선거구에서 유권자 10명 이상이 연명으로 예비 후보를 추천(選民聯名推薦)하는 것이다.

실제 예비 후보 추천 상황은, 예비 후보 추천 과정에서 둘 중에 어느 것을 중심으로 할 것인가에 따라 세 경우로 나눈다. 첫째는 정당단체가 대부분의 예비 후보를 추천하고, 유권자는 예비 후보를 거의 추천하지 않는 경우이다. 둘째는 정당단체와 유권자가 같은 비중, 또는 전자가 조금 더 많은 후보를 추천하는 경우이다. 셋째는 유권자가 대부분의 예비 후보를 추천하는 경우이다. 1997년 선거를 예로 들면, 첫째에 해당하는 경우가 지린성 스핑리수현(四平梨樹縣)과 허베이성 랑팡시(廊坊市) 안츠구(安次區)이고, 둘째에 해당하는 경우가 산둥성(山東省) 칭다오시(靑島市) 청양구(城陽區)와 광둥성 포산시(佛山市), 난하이시(南海市)이며, 셋째에 해당되는 경우가 톈진시 허시구와 윈난성 외이산이족회족 자치현이다.15) 셋째의 두 지역에서는 유권자가 예비 후보의 98%를 추천했다.

---

13) 地方人大代表選舉硏究課題組, 『基層人大代表選舉硏究』, pp. 54-55.
14) 地方人大代表選舉硏究課題組, 『基層人大代表選舉硏究』, pp. 91-92.
15) 地方人大代表選舉硏究課題組, 『基層人大代表選舉硏究』, p. 24.

예비 후보 추천 방식이 지역에 따라 큰 차이가 나는 이유는, 해당 지역의 당정 지도부가 실시하는 선거정책이 다르기 때문이다. 공산당 중앙은 유권자가 예비 후보 추천에 적극적으로 참여하는 것이 직접선거의 성공에 매우 중요하다고 보고, 선거 때마다 각 지방에 유권자의 예비 후보 추천을 장려하는 선거정책을 실시하라고 지시한다.16) 그런데 각 지역에서 이러한 지시를 그대로 집행하는 것은 아니다. 즉, 일부 지역은 이것을 충실히 집행하는 반면 일부 지역은 그렇지 않다. 구체적으로 일부 지역에서는 지방성법규를 통해 정당단체가 추천하는 후보 수를 일정한 범위로 제한한다. 예를 들어, 톈진시에서는 〈선거 실시세칙〉(天津市區縣級以下人民代表大會代表選擧實施細則)을 통해 정당단체가 추천할 수 있는 후보 수를 대표 정원의 15% 이내라고 규정했다.17)

이 때문에 1997~1998년 지방인대 대표선거에서 톈진시 지역에서는 유권자가 예비 후보의 98%를 추천하게 된 것이다. 이 밖에도 베이징시, 상하이시, 저장성에서도 정당단체 추천 후보 수가 대표 정원의 15% 이내가 되도록 규정하고 있다.18) 또한 일부 지역에서는 다른 방식으로 중앙의 지시를 시행하기도 한다. 예를 들어, 유권자 후보 추천을 먼저 하고 정당단체 후보 추천을 뒤에 하는 식이다.

이처럼 일부 지역에서는 다양한 방식으로 유권자의 예비 후보 추천을 장려하기 때문에, 예비 후보 수는 대표 정원보다 적게는 5~6배, 많게는 100배 이상 많다. 예를 들어, 1990년 지방인대 대표선거에서 산둥성 지역에서는 예비 후보가 대표 정원보다 평균 6.06배 많았고, 칭다오해양대학교 선거구에서는 대표 정원보다 122배(대표 정원 2명에 예비 후보가 244명)나 많았다.19) 또한 1993년 지방인대 선거에서 산둥성 산둥사범대학교 선거구에서는 대표 정원의 113배에 달하

---

16) 예를 들어, 1980년 지방인대 선거 결과를 총괄 보고하면서 국무원 민정부 부장이었던 청즈화(程子華)는 대도시나 중간 규모의 도시, 그리고 기타 필요한 지역에서는 정당단체가 추천하는 후보 비율을 지방인대 대표 정원의 10% 정도로 할 것을 요구했다. 全國人大常委會, 『中華人民共和國人民代表大會文獻資料滙編』, p. 172.
17) 地方人大代表選擧硏究課題組, 『基層人大代表選擧硏究』, p. 61.
18) 全國人大常委會, 『全國縣鄕人民代表大會換期選擧宣傳提綱』, p. 37.
19) 山東省人大常委會, 『山東省1990年縣鄕人大換期選擧工作文件選編』, p. 116.

는 예비 후보가, 지노석유화학공사(齊魯石化公司) 선거구에서는 대표 정원의 45배에 달하는 예비 후보가 추천되었다.20)

그런데 이렇게 추천된 예비 후보 모두가 선거에 나가는 것은 아니다. 즉, 이들 중에서 대표 정원과 경선 비율(33~100%)을 합한 인원만큼만 정식 후보가 되어 선거에 나선다. 그래서 예비 후보 추천이 완료(투표일 15일 이전)되면 정식 후보 결정(투표일 5일 이전)에 들어간다. 정식 후보 결정 방식은 두 가지이다. 하나는 유권자 대표로 구성된 선거 모임에서 '토론'과 '민주 협상'을 통해 정식 후보를 결정하는 방식이다. 대부분의 지역에서는 이 방법을 사용한다. 예를 들어, 1990년 선거에서, 산둥성 칭다오해양대학교 선거구에서는 유권자 소모임 대표, 민주당파 대표, 학생 대표, 교직원 대표가 참여하는 '민주 협상 회의'를 수차례 개최하여 협상을 진행했다. 우선 학교 안 28개 단위가 민주 협상을 통해 244명(정원의 122배)의 예비 후보 중에서 1차로 38명(정원의 19배)의 후보를 결정했다. 이후 다시 민주 협상 회의를 개최하여 공산당원 직원 1명, 민주당파이며 지식인인 교수 1명, 학생 1명을 정식 후보로 결정하고, 각 집단별로 정식 후보를 결정하기 위한 토론과 협상에 들어갔다. 그래서 교수들은 5명의 최종 예비 후보들을 불러 정견을 듣고 그중에서 교수와 학생 사이에 평판이 좋은 1명을 정식 후보로 결정했다. 학생들도 역시 마찬가지로 4명의 최종 예비 후보 중에서 1명을 결정했다.21)

다른 하나는 '예선' 방식이다. 이것은 후보를 추천한 유권자들이 토론과 민주 협상 방식으로 이견을 해소할 수 없는 경우에 사용한다. 이때에는 유권자 대표 등으로 구성된 선거 회의가 소집되어 투표가 진행되고, 정식 후보는 득표순에 따라 결정된다. 예를 들어, 1997~1998년 선거에서는 톈진시 허시구와 윈난성 외이산이족회족 자치현에서 예선 방식을 사용하여 정식 후보를 결정했다.22) 1990년 선거에서도 산둥성 일부 지역에서 예선 방식으로 정식 후보를 결

---

20) 山東省人大常委會人事代表工作室, 『1993年山東省各級人大換期選擧文件選編』(濟南 : 山東人民出版社, 1994), pp. 147, 154.
21) 山東省人大常委會, 『山東省1990年縣鄕人大換期選擧工作文件選編』, pp. 116-117.
22) 地方人大代表選擧硏究課題組, 『基層人大代表選擧硏究』, pp. 63-64, 102.

정했다.23)

　그런데 후보 추천 과정에는 적지 않은 문제가 있다. 우선, 대표할당제에 의해 규정된 대표 구성 비율을 무리하게 적용하는 과정에서 발생하는 문제가 있다. 예를 들어, 1987년 지방인대 대표선거에서 베이징시 차오양구(朝陽區)의 한 선거구는 '순수한 지역 주민' 대표 후보를 선출하라는 '지침'을 받았다. 그런데 이 선거구는 그 지역에 위치한 한 공장의 전현직 직원들이 집단 거주하는 지역이라 그와 같은 순수한 지역 주민 후보를 찾기가 매우 어려웠다. 그래서 결국 말도 잘 못하는 노부인을 후보로 추천하여 대표로 선출했다.24)

　또한 일부 지역에서는 당정 간부들이 자신 또는 특정인을 대표로 당선시키기 위해 유권자의 후보 추천권을 아예 무시하는 경우가 있다. 예를 들어, 1995년 안후이성 타이후현(太湖縣)의 한 선거구에서는 촌민위원회와 촌 공산당 지부 지도부가 유권자의 후보 추천권을 무시하고 직접 후보를 결정해서 지역 유권자의 반발을 샀다.25) 또한 상당수 지역에서는 같은 목적으로 당정 간부가 유권자의 견해가 아니라 자신들의 의지에 따라 정식 후보를 결정한다. 그래서 유권자들 중에는 정식 후보는 당정 지도부의 의지에 따라 결정된다고 생각하는 사람들이 적지 않다.26)

　이런 문제로 인해, 2004년 10월 제10기 전국인대 상무위원회 제12차 회의에서는 〈선거법〉을 수정하여, 토론이나 민주 협상으로 정식 후보를 결정할 수 없을 때에는 예선을 실시한다고 규정했다(제31조). 이로써 앞으로 경선이 더욱

---

23) 山東省人大常委會, 『山東省1990年縣鄕人大換期選擧工作文件選編』, p. 269.
24) 全國人大常委會辦公廳硏究室 編, 『人民代表大會制度論叢(第1輯)』(北京: 中國民主法制出版社, 1992), p. 236.
25) 本書編寫組, 『中國的選擧制度與操作程序』, p. 195.
26) 1987년 지방인대 대표선거 때 산시성 바오지시(寶鷄市)와 메이현(眉縣) 지역 유권자 설문 조사에 의하면, "정식 후보는 최종적으로 지도부(領導)가 결정"한다고 생각하는 응답자가 24%나 되었다. 趙寶煦, 『民主政治與地方人大』, p. 275. 같은 시기 지린성 창춘시(長春市)와 지린시 유권자 설문 조사[이하 '지린성 조사(1986~1987)'로 약칭]에서도 그런 생각을 갖고 있는 응답자가 28.34%가 되었다. 趙寶煦, 『民主政治與地方人大』, p. 301. 이러한 문제는 1997년 선거에서도 나타났다. 地方人大代表選擧硏究課題組, 『基層人大代表選擧硏究』, p. 130.

확대되고 이를 통해 후보 조정 과정에서 발생했던 문제가 일부 해결될 것으로 기대된다.

후보 추천이 완료되면 후보 소개(선거운동)에 들어간다. 〈선거법〉에 규정된 후보 소개 방식은 두 가지이다. 하나는 서면 자료 소개이고, 다른 하나는 구두 소개이다. 후보를 추천한 집단이나 개인은 후보 추천과 함께 경력·학력·당적 등 후보 신상에 대한 간단한 소개 자료를 선거기구에 제출하면 선거기구는 이것을 인쇄해서 유권자 소모임에 배포한다(서면 자료 소개). 또한 후보를 추천한 집단이나 개인은 유권자 소모임이나 다른 장소에서 구두로 후보를 소개할 수 있다(구두 소개). 그런데 이러한 규정과는 상관없이 일부 지역에서는 자체 결정에 의해 다양한 후보 소개 방식을 사용한다. 예를 들어, 톈진시에서는 〈선거실시세칙〉에 유권자와 후보 사이의 직접 대면 방식을 사용한다고 명시되어 있어 후보는 다양한 방식으로 유권자에게 직접 지지를 호소할 수 있다.27) 또한 일부 지역에서는 지역 텔레비전이나 유선방송을 통해 후보를 소개하기도 한다.28)

그러나 현재의 선거운동에는 문제가 많다. 우선, 〈선거법〉은 후보가 자유롭게 선거운동을 할 수 있는 권한을 부여하지 않고 있다. 이것은 1980년 지방인대 선거에서 일부 민주 인사들이 선거운동을 이용해서 자신의 주장을 선전한 것이 문제가 되어 1986년 〈선거법〉 개정 과정에서 그것을 금지시킨 결과이다.29) 또한 일부 지역에서는 직접 소개 방식을 사용하지만 아직도 다수 지역에서는 간접 소개 방식을 사용하고 있다. 그래서 전체적으로 보면, 유권자가 후보를 제대로 이해하지 못하는 상황에서 맹목적으로 투표하는 경우(盲目票)가 적지 않다. 예를

---

27) 톈진시 선거에서 후보는 크게 세 가지 방식으로 유권자와 만난다. 첫째는 후보가 유권자 소모임 대표들과 좌담회를 개최하는 것(이 경우에는 보통 30~60명)이고, 둘째는 유권자대표대회를 개최(이 경우에는 100~600명)하는 것이고, 셋째는 후보가 각 사업 단위나 거주지를 방문하여 유권자 대표와 만나는 것이다. 이때 후보는 정견을 발표하고 유권자의 질문을 받는다. 그리고 이러한 후보의 선거운동은 당선에 결정적인 영향을 미친다. 이러한 선거운동을 소홀히 한 고위직 후보들이 낙선된 경우가 적지 않다. 地方人大代表選擧硏究課題組, 『基層人大代表選擧硏究』, pp. 64-66.
28) 王崇明·袁瑞良, 『中華人民共和國選擧制度』(北京: 中國民主法制出版社, 1990), p. 85 ; 本書編寫組, 『中國的選擧制度與操作程序』, p. 88.
29) Nathan, Chinese Democracy, pp. 193-223.

들어, '지린성 조사(1986~1987)'를 보면, "현재의 후보 소개는 내용이 일반적이고 간단해서 후보를 이해하는 데 충분하지 못하다."라는 응답이 47.22%가 나왔고, "후보를 잘 모르고 투표했다."라는 응답자가 32.12%나 되었다.30) 같은 시기 난징시(南京市) 시옌우구(玄武區), 바이시아구(白下區), 류허현(六合縣)의 유권자 설문 조사에서도 역시 같은 문제가 지적되었다.31) 또한 1997~1998년 지방인대 선거에서도 후보 소개가 불충분하다는 문제가 제기되었다.32)

이런 이유로 2004년 10월 〈선거법〉 개정에서는 "선거위원회는 후보자와 유권자의 직접 대면을 조직하고, (여기서) 유권자의 질문에 답할 수 있다."라는 규정을 신설했다(제33조). 이를 통해 앞으로 선거운동의 부족이라는 문제는 어느 정도 해결될 것으로 기대된다. 실제로 2003년 베이징시와 선전시 일부 지역에서는 후보자가 개인 선거 사무실을 두고 자원 봉사자의 협조 아래 거리 유세, 선전물 배포, 인터넷 사이트 개설, 후보 토론회 개최 등 다양한 방식을 동원하여 선거운동을 전개하기도 했다.33)

후보 소개(선거운동)가 끝나면 유권자는 각 선거구별로 투표한다. 지방인대 대표선거에서 사용하는 투표 방식은 세 가지이다. 하나는 유권자 소모임이 선거대회를 개최하여 집단적으로 투표하는 방식이다. 두 번째는 투표소를 설치하여 투표하는 방식이다. 세 번째는 이동 투표함(流動票箱)을 설치하여 투표하는 방식이다. 이동 투표함 방식은 노약자나 지체 부자유자를 위해 선거 담당자 2~3명이 투표함을 들고 유권자를 찾아가 투표하게 하는 것이다. 지역에 따라서 세 가지 방식 중에서 어느 것이 중심이 되는가는 큰 차이가 난다. 예를 들어, 1990년 지방인대 대표선거에서, 산둥성 모든 지역에서는 전체 유권자의 60%가 투표소에서 투표했다.34). 그런데 1997년 선거에서 산둥성 칭다오시 청양구에서는 전체 유권자 중 17.7%가 169곳에서 개최된 선거대회장에서 투표

---

30) 趙寶煦, 『民主政治與地方人大』, p. 302.
31) 趙寶煦, 『民主政治與地方人大』, p. 270.
32) 地方人大代表選擧硏究課題組, 『基層人大代表選擧硏究』, p. 25.
33) 이에 대해서는 唐娟・鄒樹彬, 『2003年深圳競選實錄』; 鄒樹彬, 『2003年北京市區縣人大代表競選實錄』 참조.
34) 山東省人大常委會, 『山東省1990年縣鄕人大換期選擧工作文件選編』, p. 133.

했고, 24.7%가 446곳에 설치된 투표소에서, 57.6%는 1,242개의 이동 투표함에 투표했다.35) 즉, 이때에는 이 지역 유권자의 반 이상이 이동 투표함에 투표했다.

실제 투표 과정을 보면, 유권자들은 비교적 자유로운 분위기에서 자신의 의사에 따라 투표한다. 그러나 지역에 따라서는 투표 과정에서 여러 가지 문제가 발생하기도 한다. 우선 이동 투표함 방식의 투표에서는 선거의 공정성과 비밀성이 보장되지 않기 때문에 많은 문제가 있다. 실제로 이 방식의 투표에서는 선거 담당자가 투표율을 높이기 위해 가족들에게 부재자 대신 투표할 것을 요구하는 경우가 적지 않다.36) 또한 선거대회를 개최하여 투표할 경우에도 대개 공개된 장소에서 기표하기 때문에 비밀이 보장되지 않는다는 문제가 있다. 1997~1998년 지방인대 선거에 대한 '전국 6개 지역 조사'에서도 이러한 문제점이 그대로 나타나고 있다. 이 조사에 의하면, 공개된 장소에서 기표한 유권자가 63.1%, 이동 투표함에 투표한 유권자가 28.9%, 밀폐된 기표소에서 기표한 유권자는 6.4%에 불과했다.37) 더 심한 경우에는 선거대회에서 선거 관리자가 유권자를 대신해서 기표해 주거나, 누구를 찍는 것이 좋은가에 대한 유권자의 질문에 대답해 주기도 했다.38)

또한 일부 지역에서는 '형식적 경선'(陪差)이 문제가 되기도 했다. 즉, 당정 간부는 자신이 추천한 후보가 낙선할 것을 우려해, 누가 보아도 뻔히 떨어질 것 같은 '들러리'(陪衫) 후보를 세워 놓고 경쟁선거를 실시한 것이다.39) 이러한

---

35) 地方人大代表選擧硏究課題組, 『基層人大代表選擧硏究』, p. 46.
36) 참고로, 촌민위원회 선거에서는 푸젠성이 1998년 〈촌민위원회실시방법〉 제정을 통해 대리 투표를 금지시키는 등 여러 지역이 이 문제를 해결하려고 노력하고 있다. 이는 촌민위원회가 농민들의 토지 분배, 가족계획 실시, 향진 기업의 이익 분배 등 농민 생활에 밀접히 연관된 많은 업무를 처리하기 때문에 촌민위원회 선거에서 최대한의 공정성을 확보하기 위한 것이다.
37) 地方人大代表選擧硏究課題組, 『基層人大代表選擧硏究』, p. 137.
38) 地方人大代表選擧硏究課題組, 『基層人大代表選擧硏究』, pp. 125-126.
39) 地方人大代表選擧硏究課題組, 『基層人大代表選擧硏究』, p. 44; 湖北省武穴市人大常委會 編著, 『縣鄕人大工作硏究』(北京: 中國民主法制出版社, 1994), pp. 114-115. 그러나 이렇게 한다고 당정 간부의 생각대로 되는 것은 아니다. 즉, 일부 지역에서는 유권자의 반발 심리 때문

이유로 '진정한' 경쟁선거를 실시해야 한다는 주장이 유권자와 중국 학자들 사이에서 제기되었다. 예를 들어, '지린성 조사(1986~1987)'에 의하면, 현재의 지방인대 대표선거에 대해 건의하고 싶은 내용으로 가장 많이 제기한 것이 바로 '(완전한) 경선제 실시'(전체 응답자의 67.5%)였다. 이것은 현재의 경쟁선거에 문제가 있다는 것을 보여 준다.40)

이밖에도 일부 지역에서는 투표 과정에서 당정 간부가 명시적으로 〈선거법〉을 위반하는 경우가 있었다. 예를 들어, 당정 간부가 자신이나 자신이 추천한 후보가 낙선할 경우에 투표가 법적 절차에 따라 제대로 실시되었는데도 무효로 선언하는 경우가 있었다. 또한 공산당지역위원회에서 당선을 '보장'해 줄 것을 요구한 후보―대개 당 서기나 현장 등 당정 고위직 후보―가 낙선할 경우에, 그 후보를 다른 선거구에 다시 추천해서 당선시키는, 다시 말해 한 후보를 두 곳에 추천하는 경우도 있었다. 이 외에도 유권자의 과반수 이상의 찬성표를 얻은 후보가 대표 정원에 미달인 경우 2차 선거를 실시해야 함에도 불구하고 행정적 편의를 위해 투표 용지를 조작해 당선시킨 사례도 있었다.41)

(2) 유권자의 선거 참여

유권자의 선거 참여는 크게 보아 후보 추천, 후보 소개(선거운동), 투표 등 세 단계에서 집중적으로 이루어진다. 〈표 6-1〉은 중국의 현급 지방인대 대표선거에서 유권자가 어떠한 내용에 어느 정도 참여하는가에 대해 조사한 자료를 정리한 것이다.

에 오히려 들러리 후보가 당선되는 경우가 적지 않다. 邵道生 主編, 『縣鄕人大工作實踐』(南京: 江蘇人民出版社, 1995), p. 18.
40) 趙寶煦, 『民主政治與地方人大』, pp. 303-304.
41) 湖北省武穴市人大常委會, 『縣鄕人大工作硏究』, p. 115 ; 本書編寫組, 『中國的選擧制度與操作程序』, p. 198.

⟨표 6-1⟩ 유권자의 선거 참여 내용과 정도(단위: %)

	지린성 조사[1] (1986~1987)	전국 6개 지역 조사[2] (1997~1998)		베이징시 조사[3]	
				1988~1989	1996
투표율	71.7	80.2	투표율	81	71.5
유권자 회의 참석	41.38	60.5	선거 모임 참여 권유	8.9	13
예비 후보 추천	14.03	29.7	투표 방식 권유	4.7	8
정식 후보 결정 — 민주 협상	6.2	8.2	불공정 선거에 대해 투표 보이콧 권유	3.7	6.8
정식 후보 결정 — 예선	8.15				
후보 소개	7.27	10.4			

자료: 1) 趙寶煦, 『民主政治與地方人大』, pp. 297-298.
  ① 조사 지역: 지린성 창춘시와 지린시의 현·구·진(鎭)의 유권자
  ② 조사 방식과 규모: 설문 조사/유효 설문지 2,144건
 2) 地方人大代表選擧硏究課題組, 『基層人大代表選擧硏究』, p. 136.
  ① 조사 지역: 산둥성 1개(칭다오시 청양구), 톈진시 1개(허시구), 윈난성 1개(와이산이족회 자치현), 광둥성 2개(포산시, 난하이시), 허베이성 1개(랑팡시 안츠구) 등 모두 6개 지역의 현급 행정단위(현·시·구) 유권자
  ② 조사 방식과 규모: 설문 조사/유효 설문지 599건
 3) Shi, "Mass Political Behavior in Beijing," p. 154.
  ① 조사 지역: 베이징시 유권자
  ② 조사 방식과 규모: 면접 조사/유효 설문지 757건(1988~1989), 895건(1996)

우선, ⟨표 6-1⟩에 의하면, 지금까지 다섯 차례 실시된 현급 지방인대 대표 선거의 투표율은 평균 70~80% 정도로, 비교적 높은 편이다.[42] 그런데 이것은 공식 투표율보다 15~20% 정도 낮은 것이다. 예를 들어, 1997~1998년 지방인 대 대표선거에서는 전국 평균 93.58%의 투표율을 보였고, 일부 지역에서는 평균 98%의 투표율을 기록하기도 했다.[43] 이렇게 두 통계에서 차이가 나는 것은 공식 투표율 작성에 문제가 있기 때문이다. 각 지역에서는 성공적인 선거를 위해 투표율 95% 유지를 목표로, 투표율을 높이기 위해 동원할 수 있는 다양한 수단을 동원한다. 앞에서 살펴본 이동 투표함을 설치하는 것이나, 부재자 투표를 실시하는 것은 바로 투표율을 높이기 위한 조치이다. 그 결과 공식 투표율

---

[42] ⟨표 6-1⟩에는 빠져 있지만 1987년 전국을 대상으로 실시한 다른 설문 조사에서도 투표율이 72.7%였다. 閔琦, 『中國政治文化: 民主政治難産的社會心理因素』(昆明: 雲南人民出版社, 1989), p. 229.
[43] 地方人大代表選擧硏究課題組, 『基層人大代表選擧硏究』, p. 9.

은 실제 투표율보다 높게 나온다. 물론 이것은 현행 〈선거법〉에 따르면 불법은 아니지만, 공식 투표율이 실제로 투표한 사람의 정확한 수를 보여 주는 것은 아니다.44)

투표 참여 외에 적지 않은 유권자들이 예비 후보 추천과 정식 후보 결정 과정에도 참여한다. 〈표 6-1〉에 의하면, '지린성 조사(1986~1987)'에서는 유권자의 14.03%가, '전국 6개 지역 조사(1997~1998)'에서는 29.7%가 예비 후보 추천에 참여했다. 앞에서 보았듯이, 일부 지역에서는 당정 간부들이 유권자의 예비 후보 추천을 적극 장려하지만, 일부 지역에서는 그렇지 않다는 사실을 염두에 둘 때, 유권자의 30% 정도가 예비 후보 추천에 참여한 것['전국 6개 지역 조사(1997~1998)']은 매우 높은 수치라고 할 수 있다. 또한 〈표 6-1〉에 의하면 유권자의 8~15% 정도는 정식 후보 결정에 참여했다. 그런데 정식 후보는 유권자 소모임 대표나 단위 대표, 사회단체 대표 등 주로 상층부 인사들이 참여하는 민주 협상에 의해 결정된다는 사실을 볼 때, 이것도 결코 낮은 수치는 아니다. 정리하면, 이 같은 조사 자료는 지역에 따라 편차는 있지만 적지 않은 수의 유권자가 후보 추천에 직접 참여하고 있다는 사실을 보여 준다.

그런데 이 경우에도 개별 유권자 설문 조사 수치가 공식 통계보다 낮다. 예를 들어, 공식 보고에 의하면 1990년 산둥성 르자오시(日照市) 지방인대 대표선거에서는 전체 유권자 중에서 82%가 예비 후보 추천에 참여했다.45) 또한 1987년 난징시 세 지역의 지방인대 대표선거에서는, 지역 유권자 중에서 80%가 예

---

44) 최근에는 투표율을 높이기 위한 무리한 동원은 줄고 있다. 이는 선거에 대한 중국 정부의 태도 변화에서 기인한다. 이전에는 투표율 제고가 최고의 선거 목표였다면, 최근에는 의법선거(依法選擧, 법에 의한 선거)가 가장 중요한 목표이며, 투표율 제고는 그 다음이다. 한편 일선 선거 관리조직이 투표율 제고에 주의를 기울이는 것은 단순히 선전을 위해서가 아니다. 〈선거법〉에 의하면, '2개의 50%'(兩個五十) 즉, "전체 유권자 중에서 50% 이상이 참여해야 선거가 유효하고, 전체 유효 투표 중에서 50% 이상을 득표해야 후보자가 당선된다."라는 규정이 있다. 만약 이를 충족시키지 못하면 재선거를 실시해야 하는데, 이것은 일선 담당자에게 행정적으로나 재정적으로 큰 부담이 아닐 수 없다. 그래서 일선 선거 담당조직은 투표율을 높이기 위해 노력한다. 지방의회 고위 관계자와의 인터뷰 : 2001년 3월과 10월, 2002년 1월, 톈진시.
45) 山東省人大常委會, 『1993年山東省各級人大換期選擧文件選編』, p. 229.

비 후보 추천에, 60%가 정식 후보 결정에 참여했다.46) 이처럼 양자가 차이가 나는 것은 투표율 통계에서와 비슷한 이유 때문이라고 생각된다. 즉, 상당수의 유권자가 실제로 예비후보 추천에는 참여하지 않고 단순히 명의만 빌려줌으로써 통계상으로는 참여한 것으로 계산된 것이다.

한편 유권자의 선거운동 참여 열기는 그렇게 높지 않다. 그것은 기본적으로 후보와 유권자의 적극적인 선거운동을 억제하고 있는 현행 〈선거법〉과, 현재 중국 정치체제에서 지방인대가 차지하는 지위가 공산당과 정부에 비해 낮다는 정치체제의 문제 때문에 발생하는 것이다. 또한 유권자들은 지방인대 대표선거에 '직접적인 이해'가 걸려 있지 않기 때문에 적극적으로 선거운동에 참여하지 않는 경향이 있다.47) 그렇지만 이러한 상황에서도 〈표 6-1〉에 의하면 유권자의 40~60% 정도는 선거와 관련된 각종 유권자 회의에 참여했고, 약 10% 전후의 유권자들은 후보 소개에도 참여했다. 이것 외에도 〈표 6-1〉의 '베이징시조사 (1988-1989, 1996)'에 의하면, 유권자 중 10% 정도는 다른 유권자에게 선거모임 참여를 독려하거나 누구에게 투표하라고 설득하는 등 좀 더 적극적인 선거운동을 전개했다. 이처럼 적극적인 선거운동에 참여하는 유권자는 시간이 지나면서 증가하고 있다.48)

그렇다면 유권자들은 어떠한 생각과 자세로 지방인대 대표선거에 참여하는가? 〈표 6-2〉는 유권자의 투표 동기와 태도에 대한 조사 자료를 정리한 것이다.

---

46) 趙寶煦, 『民主政治與地方人大』, pp. 261-262.
47) 촌민위원회 선거나 사업(생산) 단위 책임자를 선출하는 선거는 이와 다르다. 이 두 선거는 모두 지역 유권자의 이해관계와 밀접히 연관되어 있기 때문에, 유권자의 선거 참여는 지방인대 대표선거보다 훨씬 진지하고 열성적이다. Shi, *Political Participation in Beijing*, p. 97; 地方人大代表選擧硏究課題組, 『基層人大代表選擧硏究』, pp. 69-85.
48) '베이징시 조사'는 같은 지역 유권자를 대상으로 동일한 내용으로 약 7년의 시간 간격을 두고 조사한 것이기 때문에, 이를 근거로 유권자의 선거 참여가 증가하고 있다고 말할 수 있다.

〈표 6-2〉 유권자의 투표 동기와 태도(단위: %)

		1980년대 후반기 조사						전국 6개 지역 조사 (1997~1998)[4]	
		지린성 조사 (1986~1987)[1]		전국 조사 (1987)[2]		전국 13개 시 조사 (1988~1989)[3]			
투표 동기				신뢰·자원	61.78	개인·사회에 이익	21.7	시민 권리·의무	31.8
								원하는 후보 당선	6.2
				대세·강압	37.3	시민의 의무	35.4	간부의 권유	2.2
						대충	32.7	무응답	59.3
투표 태도	엄숙·진지	64.66	후보를 확인	30.65	이전 투표 기억은?	찬반 여부	45.1	엄숙·진지	90
	대충	25.17	모를 경우는?	대충 51.39		지지 후보 당선 여부	30.5	대충	7.2
	기권	6.75		불참 17.96					

자료: 1) 趙寶煦, 『民主政治與地方人大』, pp. 299-300.
   2) 閔琦, 『中國政治文化』, pp. 217-234.
      ① 조사 지역: 전국
      ② 조사 방식과 규모: 표본추출에 의한 설문 조사/유효 설문지 3,221건
   3) 張明澍, 『中國政治人: 中國公民政治素質調查報告』(北京: 中國社會科學出版社, 1994), pp. 52, 56.
      ① 조사 지역: 전국 13개 대도시
      ② 조사 방식과 규모: 표본추출에 의한 설문 조사/유효 설문지 1,995건
   4) 地方人大代表選舉研究課題組, 『基層人大代表選舉研究』, p. 140.

우선, 〈표 6-2〉에 의하면, 최소한 50~60% 정도의 유권자는 간부의 권유나 강압이 아니라 자원해서 투표에 참여했다. 특히 일부이기는 하지만 자신이 원하는 후보를 당선시키기 위해 투표에 참여한 유권자—'전국 6개 지역 조사(1997~1998)'에서 응답자의 6.2%—가 있고, 개인과 사회에 유익하기 때문에 투표한다는 유권자—'전국 13개 시 조사(1988~1989)'에서 응답자의 21.7%—가 있다는 사실을 볼 때, 일부 유권자는 좀 더 적극적인 동기에서 투표에 참여했다.

이에 비해 간부의 권유나 지시에 의해 투표에 참여하는 유권자는 비교적 소수였다.[49] 또한 투표에 참여하는 가장 큰 동기가 시민의 권리와 의무를 다하

---

[49] 〈표 6-2〉에는 나와 있지 않지만, '전국 6개 지역 조사(1997~1998)'에 의하면, 투표할 때 사전에 후보를 알고 스스로 결정하여 투표한다는 응답자가 70.2%였다. 이에 비해 간부의 지시에 따라 그 후보에 투표한다는 응답자는 3.4%, 다른 사람의 의견을 듣고 다시 결정하여 투표한다는 응답자는 3%에 불과했다(18.2%는 후보를 잘 모르는 상황에서 후보 소개를 듣고 스스로 결정, 그냥 투표 2.6%, 기타 2.6%). 地方人大代表選舉研究課題組, 『基層人大代表

기 위해서라는 사실을 볼 때, 선거를 통해 정치사회화와 대중 교육의 목적을 달성하려는 정권의 의도는 어느 정도 성공한 것 같다.50) 그렇지만 여전히 30%가 넘는 유권자가 남들이 투표하니까 나도 한다는 식으로 대세를 좇아서 투표하거나 간부의 권유로 투표에 참여했다.

한편, 〈표 6-2〉에 의하면, 대다수의 유권자(60~90%)는 '엄숙하고 진지하게' 투표했다고 한다. 그러나 이동 투표함 투표나 선거대회장에서의 공개투표 등 실제 투표가 진행되는 과정을 놓고 볼 때, 이러한 대답은 어느 정도 과장된 것이라고 생각된다. 예를 들어, 〈표 6-2〉의 '전국 13개 시 조사(1988~1989)'에 의하면, 이전 선거(直前)에서 어떻게 투표했는가에 대한 질문에, 자신이 던진 표(찬성 또는 반대)를 정확히 기억하는 응답자는 45%였고, 자신이 지지한 후보가 당선되었는가를 기억하는 응답자는 30.5%에 불과했다. 이것은 대다수 유권자가 엄숙하고 진지하게 투표한다는 조사 결과와는 배치되는 것이다. 그러나 이러한 사실을 감안하더라도, 지역에 따라 편차는 있지만, 상당수의 유권자는 비교적 진지하게 투표한다고 평가할 수 있다.

〈표 6-3〉은 유권자들이 지방인대 대표선거에 대해 어떻게 생각하고 있는가를 보여 주고 있다. 이에 의하면, 최근 들어 선거에 대한 유권자의 긍정적인 견해가 증가하고 있다는 사실을 알 수 있다. 구체적으로 〈표 6-3〉의 '지린성 조사(1986~1987)'에 의하면, 선거에 대해 긍정적으로 보는 유권자와 그렇지 않은 유권자가 반반 정도였다. 이에 비해 〈표 6-3〉의 '전국 6개 지역 조사(1997~1998)'에 의하면, 1997~1998년 선거에 대해 압도적 다수(응답자의 93%)가 '공정'하다고 생각하고 있고, '이번 선거가 매우 좋았고 앞으로도 이렇게 해야 한다'는 응답이 70.7%나 되었다. 이에 비해 현재의 선거가 형편없고, 그래서 선거규칙을 다시 제정해야 한다는 응답자는 1%에 불과했다. 이것은 1997~1998년 선거가 '민주

選擧硏究』, p. 138.
50) 〈표 6-2〉에는 없지만, '베이징시 조사(1988~1989)'에서도, 응답자의 36.7%는 시민의 의무를 다하기 위해, 14.1%는 자신의 이익을 대변하기 위해 투표에 참여한다고 대답했다. 이에 비해 간부의 권유에 의해 투표에 참여한다는 응답은 16.1%였다(모른다 2.4%, 별 생각 없다 6.1%, 불참했다 24.6%). Shi, *Political Participation in Beijing*, p. 100.

적'이고 '경쟁적'이지는 않지만, 최소한 '공정'하게 실시됐고, 그래서 대다수의 유권자가 선거에 대해 긍정적으로 평가하고 있다는 사실을 보여 준다.

〈표 6-3〉 유권자의 선거에 대한 총괄 평가(단위 : %)

지린성 조사(1986~1987)[1]			전국 6개 지역 조사(1997~1998)[2]			
현재의 지방인대 대표선거에 대한 견해는?	유권자 의지의 전달, 인민주권의 표현	52.3	이번 선거에서 감독이 있었나?	있었다		70.5
				없었다		16.8
	유권자 의지 전달이나 유권자의 권리 행사가 충분치 못함	19.95	이번 선거는 공정했는가?	공정	매우 공정	56.5
					93.2 공정	36.7
				불공정		3.4
				모르겠다		1.8
	당정 지도부의 의지 전달, 선거는 형식적	25.82	이번 선거에 대한 총괄적 견해는?	매우 좋았고, 다음에도 이렇게		70.7
				비교적 좋았고, 부분 개선 필요		24.8
				좋지 않았고, 많은 개선 필요		2.4
				형편없고, 선거규칙 재제정 필요		1

자료 : 1) 趙寶煦, 『民主政治與地方人大』, p. 300.
   2) 地方人大代表選舉研究課題組, 『基層人大代表選舉研究』, pp. 141-142.

이상에서 필자는 유권자 조사 자료에 대한 분석을 통해 유권자의 선거 참여 내용과 정도, 투표 동기와 태도, 선거에 대한 견해에 대해 살펴보았다. 그렇다면 그동안 모두 다섯 차례 실시된 현급 지방인대 대표선거를 어떻게 평가할 수 있을까? 먼저, 1980년대 중반 이후의 선거에서 유권자 중 최소한 반 이상은 자발적인 동기나 목적에서 선거에 참여했다. 또한 일부 유권자는 자신이 원하는 후보 혹은, 자신의 이익을 위해 후보 추천이나 각종 선거운동에 적극적으로 참여했다. 그리고 이러한 유권자의 비율은 시간이 지나면서 증가하고 있다. 마지막으로 유권자 중 다수는 간부의 지시나 권유가 아니라 스스로 판단하고 결정해서 투표했다.

이러한 여러 가지 사실을 종합해 볼 때, 필자는 현급 지방인대 대표선거가 지역에 따라 편차는 있지만 지난 20년의 개혁과 실행을 통해 정권의 정치 동원 및 대외 선전의 수단에서 유권자의 적극적인 정치 참여의 통로로 변화하고 있다고 생각한다. 동시에 유권자의 선거 참여도 당정 간부의 동원에 의한 '소극적' 참여에서 자신의 의지와 요구를 관철시키려고 하는 '적극적' 참여로 서서히 변화하고 있다고 생각한다.[51]

3. 지방의회 대표선거의 성격 변화 요인 분석

지금까지의 분석을 통해 필자는 현급 지방인대 대표선거와 유권자의 선거 참여가 변화하고 있다고 주장했다. 그렇다면 이러한 변화를 초래한 요인은 무엇인가? 필자는 크게 두 가지, 즉 사회구조적 요인과 제도적 요인을 들고 싶다.

중국이 시장제도, 소유의 다양화, 경제의 대외개방, 분권화를 주요 내용으로 하는 개혁개방정책을 실시한 이후, 중국의 사회경제체제는 많은 변화를 겪었다. 단적으로 자원의 생산과 분배를 담당하는 주된 수단이 국가의 계획과 명령에서 시장으로 바뀌었고, 이에 따라 계층간·지역간·집단간 이익 분화 현상이 심화되었다. 동시에 이것은 전 사회에 집단 이기주의(本位主義, 部門主義)와 경쟁을 강화시켰다.

우선, 이러한 사회집단 사이의 이익 분화와 경쟁 심화는 유권자의 선거 참여를 촉진시킨 하나의 요인이 되었다. 예를 들어, 계획경제체제에서는 원래 같은 행정기관에 속해 있던 기업이 시장경쟁체제에서는 상대적으로 독립된 경제 주체가 되었다. 동시에 이들 기업들은 신속하게 변화하는 환경에서 자신의 경제적 이익을 지키기 위해, 혹은 새로운 이익을 확보하기 위해 가능한 모든 정치 참여 수단을 동원하게 되었다. 그래서 각 기업(단위)들은 새로운 권력 주체로 등장한 지방의회의 정책 결정 과정에서 발언권을 갖기를, 아니면 최소한 관련 정책과 각종 정보를 제때에 얻기를 원했다.

지방인대 대표선거에서 '단위 사이에 치열한 후보 추천과 선거운동'(單位之間 的競選)이 전개되는 것이나, 정식 후보 결정과 투표 과정에서 '큰 단위(유권자가 많은 단위)가 작은 단위를 잡아먹는 현상'(大吃小)이 보편적으로 발생한 것은 바로 이러한 이유 때문이다.52) 또한 일부 지역에서 예선 방식으로 정식 후보를 결정한 것도 사실은 토론이나 민주 협상으로는 도저히 집단간·지역간 이견을 해소하

---

51) 지방의회 고위 관계자와의 인터뷰: 2001년 3월과 10월, 2002년 1월, 톈진시.
52) 全國人大常委會辦公廳硏究室 編, 『人民代表大會成立40周年紀念文集』, p. 342; 邵道生, 『縣鄕人大工作實踐』, p. 16.

지 못했기 때문이다.53) 그 밖에 대표 구성에서 공산당원 비율을 65% 이하로 유지하라는 중앙의 계속되는 지시에도 불구하고, 실제 선거 결과에서는 공산당원 대표 비율이 적게는 70%, 많게는 85% 이상 나오는 것도 이 때문이다. 왜냐하면 정책 결정 과정에서 영향력을 발휘하는 데에는 민주당파 출신보다는 공산당 출신이 훨씬 유리하기 때문이다.54)

또한, 시장경제의 도입은 유권자의 경제 이익과 관련된 권리 의식과 정치 참여 요구를 신장시켰다. 시장경제의 도입 이후 국가가 개인에게 줄 수 있는 것은 점점 축소되었다. 개인도 국가에 모든 것을 맡기고 기다리는 것이 아니라 자신의 이익은 자신이 지켜야 하며, 이를 위해서는 주어진 정치 공간을 최대한 활용해야 한다는 생각을 갖게 되었다. 특히 분권화정책 실시 이후, 지방정부가 지역 주민의 이해가 걸린 중요 정책을 결정하고 집행하는 주체가 되면서 지방정부에 대한 지역 주민의 관심도 더욱 증가했다.55)

이러한 상황에서 지방인대 대표선거는 유권자가 권리 의식과 정치 참여 욕구를 실현하는 하나의 도구가 된 것이다. 즉, 유권자들은 자신들이 직접 선출한 대표를 통해 정책 결정과 국가기관 책임자 선출에 참여하기를, 동시에 대표를 통해 간부 및 정부에 대한 감독 활동에 참여하기를 바라게 된 것이다. 이러한 유권자의 생각은 '전국 6개 지역 조사(1997~1998)'에 잘 나타나 있다. 이에 의하면, 유권자가 신임 대표에게 바라는 가장 큰 일은, 대표가 지역 주민의 요구를

---

53) 地方人大代表選擧硏究課題組,『基層人大代表選擧硏究』, pp. 63-64.
54) 1997년 지방인대 대표선거 결과를 보면, 대표 중에서 공산당원이 차지하는 비율은 평균 70.4%였으나, 지역에 따라서는 더 높은 비율이 나오기도 했다. 예를 들어, 톈진시 허시구에서는 그 비율이 78.6%였고, 허베이성 랑팡시 안츠구에서는 80%였다. 地方人大代表選擧硏究課題組,『基層人大代表選擧硏究』, p. 9.
55) 全國人大常委會,『人民代表大會成立40周年紀念文集』, p. 342 ; Shi, "Mass Political Behavior in Beijing," pp. 150, 153-154. '베이징시 조사(1988~1989, 1996)'에 의하면, 중앙 및 지방정부가 자신의 생활에 어느 정도 영향을 미치는가에 대한 조사에서 중앙정부가 영향을 미친다는 응답은 60.6%(1988~1989년 조사)에서 52.4%(1996년 조사)로 감소한 반면, 지방정부가 영향을 미친다는 응답은 30.1%(1988~1989년)에서 54%(1996년)로 거의 2배 가까이 증가했다. Shi, "Mass Political Behavior in Beijing," p. 150. 이와 함께 이 조사에 따르면 베이징 시민의 정치에 대한 관심과 이해, 정치 효능감도 모두 증가했다. Shi, "Mass Political Behavior in Beijing," pp. 152-154.

대표 활동에 반영하는 것이다(응답자의 88.2%). 또한 유권자들은 대표들이 국가기관 책임자를 잘 선출해 줄 것(응답자의 42.3%)과 공직자 및 정부 부서를 잘 감독할 것(34.4%와 32.9%)을 기대하고 있다.56)

또한 이러한 유권자의 생각은 대표의 역할 인식에도 그대로 나타나고 있다. 예를 들어, 전국 6개 지역의 지방인대 대표 설문 조사(1997~1998)에 의하면,57) 전체 8개의 항목 중에서, 의회 대표들이 가장 중요하게 생각하는 자신들의 역할은 지역 주민의 문제를 수렴해서 활동에 반영하는 것(응답자의 28.3%)이었다. 그 다음으로는 국가기관 책임자를 잘 선출하는 것(응답자의 19.5%)이었고, 세 번째는 정부 부서와 관료를 감독하는 것(응답자의 9.9%)이었다.58) 또한 같은 조사에서 앞으로 지방인대가 해야 할 가장 중요한 일로는 정부 부서에 대한 감독 강화(응답자의 40%)를 들었고, 그 다음으로 법률집행감독(응답자의 30.8%)과 좋은 국가기관 책임자 선출(응답자의 17.3%)을 들었다.59)

그러나 사회경제체제 변화가 유권자의 선거 참여 증가와 어떻게 연결되는가는 좀 더 많은 검토가 필요하다. 왜냐하면 중국의 촌민위원회 선거와 시민의 정치 참여에 대한 기존 연구에 의하면, 근대화론이나 사회동원 이론으로는 이 문제를 제대로 설명할 수 없기 때문이다.60) 지방인대 선거에서도, 사회경제체제의 변화가 유권자의 선거 참여에 직접적으로 영향을 미치기보다는 제도를 매개로 간접적으로 영향을 미치는 것으로 보는 것이 타당하다. 즉, 사회경제체제의 변화는 단위의 분화와 경쟁이나 분권화정책 등을 매개로 유권자의 선거 참여에 영향을 미쳤다는 것이다.

---

56) 地方人大代表選擧研究課題組, 『基層人大代表選擧研究』, p. 141.
57) 조사 지역과 시기, 방법은 '전국 6개 지역 조사(1997~1998)'와 같고, 유효 설문지는 299건이다. 地方人大代表選擧研究課題組, 『基層人大代表選擧研究』, p. 144.
58) 地方人大代表選擧研究課題組, 『基層人大代表選擧研究』, p. 151.
59) 地方人大代表選擧研究課題組, 『基層人大代表選擧研究』, p. 153.
60) O'Brien, "Implementing Political Reform in China's Villages," pp. 33-60 ; Lawrence, "Village Representative Assemblies," pp. 61-68 ; Oi, "Economic Development, Stability and Democratic Village Self-governance," pp. 125-144 ; Shi, "Economic Development and Villagers' Elections in Rural China," pp. 425-442 ; Oi and Rozelle, "Elections and Power," pp. 513-539.

사회경제체제의 변화가 유권자의 선거 참여에 간접적인 방식으로 영향을 미쳤다면, 의회 및 선거제도 변화는 좀 더 직접적으로 영향을 미쳤다. 이러한 제도적 요인 중에서 중요한 것이 지방인대 선거제도의 변화와 지방인대의 역할 강화이다.61)

우선, 선거제도 변화는 유권자의 선거 참여 증가와 선거의 성격 변화에 직접적인 영향을 미쳤다. 앞에서 보았듯이, 1979년 〈선거법〉 개정과 함께 도입된 경쟁선거, 유권자 후보 추천권 보장 등은 유권자들의 선거에 대한 관심과 참여 욕구를 증대시켰을 뿐만 아니라 동시에 유권자들의 선거 참여 공간도 확대시켰다. 그래서 지역에 따라 편차는 있지만, 유권자들은 이렇게 변화된 제도를 이용하여 자신의 의지와 요구를 표현하기 시작했고, 선거에 대한 태도도 적극적으로 변화하기 시작했다. 이것은 1987년 〈촌민위원회조직법(시행)〉이 제정된 이후, 적지 않은 지역의 농민들이 변화된 제도를 이용하여 촌민위원회 선거와 운영에 적극적으로 참여한 것과 같은 이치라고 할 수 있다.

선거제도의 변화 외에도 지방인대의 역할 강화는 유권자의 선거 참여를 증대시킨 중요한 요인으로 작용했다. 유권자가 지방인대 대표선거에 관심을 갖고 참여하기 위해서는 먼저 지방인대가 무엇인가 할 수 있는 권력기관이어야 한다. 즉, 지방인대가 이전처럼 공산당과 정부의 정책 결정이나 인선을 정당화시켜 주는 '고무도장'에 불과하다면, 지역 유권자가 지방인대 대표선거에 관심도 없고 적극적으로 참여하지도 않는 것은 당연하다. 그런데 제3장과 제4장에서 검토했듯이, 지난 20년 동안의 권한 확대와 조직 능력 강화를 통해 지방인대는 아직 공산당이나 정부의 권위에는 미치지 못하지만 무엇인가를 할 수 있는 중요한 국가기관으로 변화했다.

이렇게 지방인대의 역할이 강화되면서 지역 주민들이 의회를 통해 문제를 해결하려고 하는 경향도 증대했다. 예를 들어, '베이징시 조사(1988~1989, 1996)'에 의하면, 시간이 지나면서 베이징 시민들이 어떤 문제가 생겼을 때 의회 대표를 찾아가는 경향이 늘어났다. 즉, 1988~1989년 조사에서는 응답자의 8.6%가 의

---

61) 지방의회 고위 관계자와의 인터뷰 : 2001년 3월과 10월, 2002년 1월, 톈진시.

회 대표를 통해 문제를 해결했는데, 1996년 조사에서는 14.1%가 그랬다.62) 다른 지역 상황도 이와 유사하다.63)

이와 동시에 국민과 의회 대표들의 대표직에 대한 선호도 최근 들어서는 상당히 긍정적으로 바뀌었다. '전국 13개 시 조사(1988~1989)'에 의하면, 조사 대상자(시민) 중에서 적극적으로 의회 대표가 되고 싶다고 답한 사람은 22.4%인 것에 비해, 되고 싶지 않다고 답한 사람은 35%나 되었다(35%는 유권자가 뽑아 주면 맡을 수도 있다).64) 이에 비해, 지방인대 대표를 대상으로 실시한 '전국 6개 지역 조사(1997~1998)'에 의하면, 연임을 적극적으로 희망한 의회 대표(응답자의 66.7%)가 연임을 희망하지 않은 의회 대표(응답자의 3.7%)보다 월등히 많았다.65) 이 두 조사는 조사 대상자가 다르기 때문(전자는 일반 유권자, 후자는 의회 대표)에 단순 비교가 불가능하지만, 그러나 최소한 대표직에 대한 선호가 상당히 긍정적으로 바뀌었다는 사실은 확인할 수 있다.66)

---

62) Shi, "Mass Political Behavior in Beijing," p. 154.
63) 지방의회 관계자들도 이점을 공통적으로 지적하고 있다. 지방의회 고위 관계자와의 인터뷰: 2001년 3월과 10월, 2002년 1월, 톈진시. 한편 지역 주민들의 의회 대표에 대한 기대와 의회를 통한 문제를 해결하려는 경향에 대해서는 Cho, "Public Supervisors and Reflectors," pp. 197-227 ; Cho, "Symbiotic Neighbor or Extra-Court Judge?," pp. 1068-1083 참조.
64) 張明澍, 『中國政治人』, p. 63.
65) 地方人大代表選擧硏究課題組, 『基層人大代表選擧硏究』, p. 151.
66) 의회 관계자에 따르면, 여러 사회 계층 중에서도 사영기업가가 의회 대표가 되기를 가장 희망한다. 이에는 그만한 이유가 있다. 우선, 1990년대 들어 지방의회의 지위가 높아지고 역할이 강화되면서 의회 대표로 당선되는 것은 상당한 정치적 자원을 획득하는 것을 의미한다. 또한 의회 대표가 되면 각종 의회 활동에 참여하면서 해당 지역의 당정 지도자—당정 지도자는 모두 의회 대표로서 연례 회의 등 의회 활동에 참여한다—와 교류할 수 있다. 정치적 기반이 약한 사영기업가들에게는 당정 지도자들을 안다는 것 그 자체만으로도 의회 대표가 될 충분한 이유가 된다. 마지막으로, 현급 지방인대 대표는 면책특권과 불체포특권(형사 범죄의 경우에도 지방인대 상무위원회의 동의 아래 체포 및 구금)을 향유하기 때문에 공안기관이나 사법기관과 상대해야 할 때 매우 유리하다. 다시 말해 최소한 공안기관이나 사법기관이 의회 대표에게 횡포를 부릴 수는 없다는 것이다. 그래서 의회 대표 지위는 종종 '호신부'라고 불린다. 지방의회 관계자들도 이 점을 공통적으로 지적하고 있다. 지방의회 고위 관계자와의 인터뷰: 2001년 3월과 10월, 2002년 1월, 톈진시.

4. 요약과 평가

개혁개방정책의 실시 이후, 중국의 사회경제체제는 많은 변화를 겪었다. 이에 비해 정치체제는 커다란 변화 없이 지금까지 이어지고 있다. 단적으로 중국의 정치체제는 공산당 일당지배체제로, 공산당은 '유일한 집권당'으로 국가기관과 사회단체를 '지도'한다. 이러한 측면에서 바라보면, 중국의 현급 지방인대 선거도 근본적으로 바뀐 것이 없다. 대표할당제는 여전히 유지되고 있고, 경쟁선거도 어디까지나 정해진 비율 안에서 공산당의 정당정책을 지지하는 비슷한 후보끼리의 개성 경쟁에 지나지 않는다. 따라서 이러한 '근본적 관점'에서 중국의 선거를 분석하고 비판하는 것은 타당하다.

그러나 이 관점에서 중국의 선거를 바라볼 때에는 커다란 문제가 있다. 이 관점은 '사소하지만 중요한 변화'를 놓칠 수 있기 때문이다. 특히 그러한 변화가 비교적 장기간에 걸쳐 점진적으로 이루어질 때, 또한 그것이 정치체제 안에서 조용하게 일어날 때, 근본적 관점은 그것을 무시하기 쉽다. 따라서 근본적 관점의 필요성은 인정할지라도 사소하지만 중요한 변화를 포착하고 그 의미를 분석하려는 노력이 필요하다.

이 글은 이러한 변화의 관점에서 지난 20여 년 동안 실시된 지방인대 대표선거의 실제 과정과 유권자의 선거 참여를 분석했다. 이러한 분석을 통해 필자는 사회구조적 조건과 제도적 변화로 인해, 중국 의회선거는 공산당 정권에 의한 대중 동원에서 유권자의 자발성에 근거한 적극적 정치 참여로 그 성격이 변화하고 있다는 사실을 제기했다.

그런데 2003년 전국적으로 실시된 제6차 현급 지방인대 대표선거에서는 이런 성향이 더욱 두드러지게 나타났다. 소위 '선전(深圳) 현상'과 '베이징 현상'은 이를 잘 보여 주는 대표적인 사례이다. 우선, 이 두 지역에서는 10여 명의 자천후보(自薦候補)가 선거에 출마하여 다양한 선거운동을 전개했고 최종적으로는 3명이 당선되었다. 또한, 두 지역에서 이렇게 자천 후보가 집단적으로 출마하여 선거에 참여함으로써 두 지역의 선거 열기는 어느 때보다 고조되었고, 유권자의 선거 참여도 더욱 활발했다.67) 전에도 일부 지역에서 한두 명의 자천 후보가 출마하여 당선된 경우는 있었지만, 이번처럼 대규모로 출마하여 당선된 경우는 없었다. 그래서 중국 학자들은 이를 중국 의회선거 발전에서 매우 중요한 역사적 사건으로 평가했다. 이는 이 글에서 검토한 중국 의회선거의 변화가 2000년대에 들어 더욱 분명하게 나타나고 있음을 보여 준다.

마지막으로, 중국 의회선거와 관련하여 다음 두 가지 사항을 지적하고자 한다. 우선, 유권자의 선거 참여 증대와 선거의 성격 변화는 공산당 중앙의 정책에 '반하여' 이루어진 것이 아니라, 공산당 중앙의 정책 '때문에' 이루어졌다. 그동안 공산당 중앙은 유권자의 선거 참여가 일정한 범위 이상으로 벗어날 경우에는 그것을 억제하고 통제하려고 했다(1986년 〈선거법〉 개정). 그러나 동시에 공산당 중앙은 유권자의 적극적인 선거 참여를 장려하는 정책을 비교적 일관되게 실시했다. 공산당 중앙이 그렇게 한 이유는 국민의 선거 참여를 통해 정권의 합법성과 정통성을 높이려는 것과, 국민의 참여를 통해 지방정부의 관료주의 문제를 해결하려는 것이었다. 이것은 촌민위원회 선거를 실시한 이유와 동일한 것이다. 따라서 유권자의 선거 참여 증대와 선거의 성격 변화를 공산당 일당지배체제와 대립시켜 파악하는 것은 잘못이다. 다만 앞으로 선거가 어떤 '의도하지 않은 결과'를 초래할지는 좀 더 두고 보아야 한다.

또한, 중국 의회선거는 지역에 따라 매우 커다란 편차를 보이는데, 이런 편차는 주로 지역 당정 간부의 정책집행에서 차이가 났기 때문에 발생한 것이다. 중국의 현급 행정단위는 약 3,000개에 달하고, 각 지역은 지정학적 조건이나 사회경제적 발전 정도에서 큰 편차가 있다. 따라서 이러한 지역적 차이, 특히 사회경제적 발전 정도가 유권자의 선거 참여에 영향을 미쳤다고 추론할 수 있다(근대화론이나 사회동원 이론). 그런데 앞에서 말했듯이 지금까지의 연구에 의하면 이러한 추론은 검증되지 않았다. 지방인대 선거의 경우에도, 사회경제 구조의 변화는 간접적으로 유권자의 선거 참여에 영향을 미친 것으로 보는 것이

---

67) 두 지역의 구체적인 사례와 그 정치적 의미에 대해서는 唐娟·鄒樹彬, 『2003年深圳競選實錄』; 鄒樹彬, 『2003年北京市區縣人大代表競選實錄』; 黃衛平·汪永成 主編, 『當代中國政治硏究報告 III』(北京: 社會科學文獻出版社, 2004), pp. 224-240 참조.

타당하다. 대신 각 지역 당정 간부들이 중앙의 정책을 어떻게 집행하느냐 하는 것은 유권자의 선거 참여와 선거의 성격 변화에 직접적인 영향을 미쳤다. 결국 이것은 유권자의 선거 참여와 선거의 성격 변화에서도 선거제도나 정책 그 자체뿐만 아니라, 그것을 집행하는 간부들의 역할이 매우 중요하다는 사실을 보여 준다.

제7장
결론

1. 중국 지방의회의 발전

　개혁기 중국의 지방의회는 입법과 감독 영역에서 의미 있는 역할을 수행하는 국가기관으로 발전하면서 공산당, 정부와 함께 중요한 정치 주체가 되었다. 이는 중국이 개혁개방정책을 실시하면서 그동안 유명무실했던 의회의 역할 강화를 요구했기 때문에 가능했던 것이다. 즉, 시장제도의 도입(시장화)과 통치 방식의 합리화(법제화)는 법률체제의 정비와 집행을 위해 의회의 입법 및 감독 역할 강화를 필요로 했다는 것이다. 그 결과 지방의회의 입법 자율성은 크게 신장되었고, 입법 산출도 급속도록 증가했다. 또한 법률집행감독과 직무평가를 중심으로 한 지방의회의 감독 역할도 강화될 수 있었다. 다만 공산당이 전체 인민과 민족을 대변한다는 중국 정치체제의 특성(당-국가체제)으로 인해 국민의 요구와 의사를 대변하는 의회의 대의 역할은 아직도 강화되지 않았다.

　이처럼 지방의회의 역할 강화는 국민의 정치 참여를 보장함으로써 정치민주화를 촉진시키는 것과는 큰 관련이 없이 권력기관(공산당·정부·의회) 사이의 역할 분담 강화를 통해 현행 공산당 통치체제를 강화하려는 목적으로 추진되었다. 따라서 의회발전을 중국의 정치민주화로 해석하기에는 아직 이르다고 판단된다.[1]

　중국 의회는 다른 국가의 의회처럼 특정한 정치 환경 속에서 활동한다. 중국 정치체제의 가장 큰 특징은 당-국가체제라는 사실이며, 이로 인해 의회-공

---

[1] 조영남, 『중국 정치개혁과 전국인대』, pp. 461-471.

산당 관계, 의회-정부 관계에서는 법적 관계와 실제 권력관계가 괴리되는 현상이 발생한다. 구체적으로 의회-공산당 관계에서 의회는 법적으로는 국가 권력기관으로 공산당에 대해서 법률 감독을 실시할 수 있지만, 실제로는 공산당의 지도 아래 자신에게 주어진 역할을 수행하는 국가기관일 뿐이다. 의회-정부 관계에서 의회는 법적으로는 정부보다 우위에 있지만 정치적으로는 하위에 있으며, 이로 인해 실제 양자 관계는 권력기관-집행기관의 관계가 아니라 각기 다른 역할을 수행하는 국가기관 사이의 협력 관계, 또는 정부 우위 아래의 상호 경쟁 관계일 뿐이다.

이처럼 법적 관계와 권력관계가 괴리되는 현상은 의회발전에 중요한 영향을 미쳤다. 우리는 이를 두 가지 측면에서 살펴볼 수 있다. 첫째, 이로 인해 의회의 역할 강화는 매우 불균등하게 이루어졌다. 우선, 의회 역할 중에서 권력관계가 크게 문제되지 않는 입법 영역에서, 의회는 공산당으로부터 입법 자율성을 확보하고 이를 바탕으로 정부와 경쟁하면서 서서히 입법 주도권을 회복하기 시작했다. 또한 이에 따라 입법정치는 공산당이 통제하고 정부가 주도하는 닫힌 정치 과정에서, 정부·의회·사회단체가 비교적 동등한 활동 주체로 참여하여 자신에게 유리한 입법 산출을 위해 서로 경쟁을 벌이는 열린 정치 과정으로 변화했다. 그러나 감독 영역에서 의회는 여전히 많은 제약을 받고 있고, 이것은 상층부로 갈수록 더욱 심각하다. 예를 들어, 현급 지방인대는 직무평가 등 새로운 감독 방법을 도입함으로써 대정부 감독에서 일정한 성과를 거두었지만, 전국인대는 그렇지 못하다는 것이다. 또한, 이로 인해 중국 의회는 행정단위별로 수행하는 주된 역할이 다르고, 의회의 역할 강화도 행정단위별로 다르게 나타나는 현상이 발생했다. 즉, 전국인대는 입법 활동, 현급 지방인대는 감독 활동을 주로 전개하며, 실제 역할 강화도 이것을 중심으로 이루어졌다. 성급 지방인대는 그 중간에 위치한다.

둘째, 의회와 공산당/정부 사이에 법적 관계와 실제 권력관계가 괴리되는 현상은 의회의 발전 전략에도 커다란 영향을 미쳤다. 중국 정치체제에서 의회는 정치적 지위가 낮고 명확한 권한도 확보하지 못한 상황, 여기에 더해 법적·제도적 장치도 미비하고 조직 능력도 부족한 상황에서 자율성 확대를 위해 공산당 및 정부와 대립하는 전략을 채택할 수 없었다. 대신 의회는 1980년대에 공산당에 대해서는 지지 획득 전략, 정부에 대해서는 협력 전략을 주로 사용했다. 그러나 1990년대에 들어 변화가 발생하기 시작했다. 즉, 의회는 공산당에 대해서는 여전히 지지 획득 전략을 사용하지만 정부에 대해서는 협력 전략과 함께 경쟁 전략을 구사한다는 것이다. 이것은 공산당과의 관계에서 의회의 정치적 자율성이 증가하면서 의회-정부의 권력관계에서도 변화가 발생하고, 의회의 조직 능력이 증대되고 활동 경험이 축적되면서 의회가 일정한 자신감을 갖게 되면서 나타난 것이다. 현재의 결과를 놓고 볼 때, 이와 같은 의회의 발전 전략은 현명한 것이었고, 비교적 성공적이라고 평가할 수 있다.

마지막으로, 중국 지방의회는 열악한 초기 조건을 극복하고 새로운 의회 유형을 창출하기 위해 다양한 노력을 경주해야 했다. 1979년 다시 부활한 의회는 활동에 필요한 경험도 없었고, 그렇다고 다른 국가의 경험을 수입할 수도 없었다. 이런 조건에서 지방의회는 각자의 조건과 상황에 맞추어 다양한 실험을 진행하고 이를 통해 새로운 활동 모델을 스스로 만들어 갈 수밖에 없었다.

우선, 일부 지역의 지방의회가 특정한 활동 방법을 시험하고 그것이 효과적인 것으로 입증되면 그 방법은 다른 지역으로 서서히 확산되었다. 일부 지방의회는 '선진 지역'의 경험을 배우기 위해 사람을 파견하기도 했고, 성급 지방인대는 자기 관할 안의 지방의회에 선진 경험을 확대하기 위해 연수나 세미나를 개최하기도 했다. 이후 전국인대가 일부 지방의회의 새로운 활동 방법을 인정하면서 그것은 전국적으로 급속히 확산될 수 있었다. 전국인대의 인정은 곧 '중앙'의 정치적 보증을 의미했기 때문에, 지방의회는 정치적으로 안전하게 그 방법을 채택할 수 있었던 것이다.

또한, 전국인대와 성급 지방인대는 법률제정을 통해 새로운 활동 방법을 공식제도 속으로 편입하기도 했다. 입법 절차와 규범의 제도화, 의회기구의 확대와 정비, 법률집행감독이나 직무평가감독 등 새로운 감독 방식의 도입 등은 모두 이런 방식을 통해 이루어졌다. 그 결과 1980년대 지방의회의 역할 강화는 지역적으로 큰 차이가 있었고, 동일한 지역 안의 지방의회 사이에도 이런 편차가 발생하기도 했다. 이런 지방의회 사이의 편차는 새로운 활동 방법이 법률제정을 통해 의회제도 안으로 수용됨으로써 축소되었고, 1990년대에 들어서는 의회 활동이 전국적으로 평준화되는 현상이 나타났다.

또한 중국 의회의 초기 조건으로 인해, 정치적 지도력이 의회의 역할 강화에서 결정적인 요소로 작용했다. 의회 활동에 필요한 법적·제도적 장치가 미비하고, 의회의 정치적 지위도 낮은 상황에서 의회가 새로운 방법을 통해 역할을 강화하려고 시도하는 것은 정부 및 공산당과 충돌할 가능성(감독의 경우)이 있고, 의회의 조직 이기주의(입법의 경우)로 보일 수도 있었다. 이 때문에 의회 지도자에게 새로운 시도는 정치적으로 위험한 것이었다. 따라서 지방의회가 새로운 시도를 할 때에는 이를 정치적으로 승인하고 보장하는 공산당 지역 지도자가 필요했고, 어느 정도의 정치적 위험을 감수하려는 의회 지도자가 존재해야 했다.

이처럼 새로운 정치적 시도에서 정치 지도력이 중요하다는 사실은 지방의회의 역할 강화에만 국한된 것이 아니었다. 기존 연구가 밝히고 있듯이, 촌민위원회 선거가 전국적으로 확산되고, 일부 지역에서 기층 정부 직접선거가 시험 실시될 수 있었던 데에는 이를 추진하는 당정 지도자가 있었기 때문이다.2)

또한 정치 지도력의 중요성은 행정단위별 및 지역별로 의회의 역할 강화가 매우 불균등하게 이루어지는 현상을 초래한 하나의 원인이 되었다. 입법의 경우, 경제발전 수준과 의회의 역할 강화 사이에는 긍정적인 관계가 있다. 즉, 경제발전 수준이 높은 지역일수록 의회의 입법 활동은 활발했고, 그 결과 의회의 입법 역할은 강화될 수 있었다. 경제가 발전한 지역일수록 시장경제의 확대와 함께 이를 규제할 수 있는 새로운 법률이 더 많이 필요했기 때문이다. 그러나 의회의 대정부 감독 활동의 경우에는 경제발전 수준보다 정치적 지도력이 더 중요한 요소로 작용했다. 즉, 공산당 지도자의 정치적 승인 및 보장과, 의회 지도자의 기업가 정신이 있어야만 의회는 새로운 감독 수단을 개발하고 정부에 대해 강력한 감독 활동을 전개할 수 있었다는 것이다.

---

2) Shi, "Village Committee Elections in China," pp. 410-411 ; Lianjiang Li, "The Politics of Introducing Direct Township Elections in China," *China Quarterly*, No. 171(September 2002), pp. 707-710 ; 黃衛平·汪永成 主編, 『當代中國政治發展報告』(北京 : 社會科學文獻出版社, 2003), p. 305.

이상의 사실은 향후 중국의 정치민주화는 경제발전 유무보다는 개혁 지향적인 정치 지도력의 존재 여부에 의해 결정될 것임을 시사한다.

2. 중국 의회발전과 정치발전

기존의 연구가 주장하듯이, 의회제도는 현대 민주주의 정치체제의 필수 요소이다. 이는 중국에도 적용된다. 이런 의미에서 중국의 민주화를 위해서는 의회발전이 매우 중요하다. 이는 의회가 갖는 세 가지 특징에서 기인한다. 첫째, 의회는 정부 등 다른 국가조직과는 달리 국민에 의해 선출된 대표로 구성되는 국민의 대표기구이다. 가장 원론적 차원에서 민주주의를 '인민에 의한 통치'라고 할 때, 현대 민주주의 정치제도 중에서 이를 실현하는 기관이 바로 의회라는 것이다.[3] 둘째, 의회가 수행하는 입법·감독·대의·체제 유지 기능은 한 정치체제가 민주적으로 운영되는 데에 꼭 필요한 것이다. 민주주의는 국가정책이 국민의 요구와 의사에 기초하여 결정되고, 정부의 자의적인 권력 행사를 통제함으로써 국민의 기본권을 수호할 것을 요구한다. 의회는 입법과 대의 기능을 통해 국가정책이 국민의 요구와 의사에 기초하여 결정되도록 만들고, 감독 기능을 통해 정부의 자의적인 권력 행사를 견제한다.[4]

셋째, 의회는 국민의 대표기구로서 국민의 접근이 비교적 용이하고 국민의 요구에 가장 민감하게 반응하는 국가기관이다. 의회는 대개 공개적으로 활동하고 국민은 개인이나 집단으로 여기에 참여할 수 있다. 이에 비해 정부의 정책 결정은 비공개이며, 그 과정은 공무원과 소수의 전문가 집단에 의해 주도된다. 법원의 경우도 마찬가지이다.[5] 또한 정부 공무원이나 법원 판사와는 달리 의회

---

[3] Olson, *Democratic Legislative Institutions*, pp. 3-4 ; David Close ed., *Legislatures and the New Democracies in Latin America*, p. 4.
[4] Blondel, *Comparative Legislatures*, p. 5.
[5] Olson, *Democratic Legislative Institutions*, p. 1.

대표들은 정기적인 선거를 통해 대표 자격을 획득하기 때문에 국민의 요구에 민감할 수밖에 없다.

그런데 주의할 것은, 원론적인 차원에서 강조되는 의회의 역할이 실제 정치 과정에서 그대로 발휘되는 것은 아니라는 점이다. 단적으로 현행 '행정국가'에서는 의회가 아니라 정부가 통치의 중심에 있으며, 이런 면에서 의회의 중요성은 감소된다. 예를 들어, 의회의 핵심 기능인 입법은 미국 의회를 제외하면 의회가 아니라 정부가 주도한다. 이러한 현상에 대해 데이비드 올슨(David M. Olson)은 '90% 규칙'이라고 했다. 법안의 90%는 정부가 제안하고, 정부가 제안한 법안의 90%는 통과된다는 것이다.6) 의회의 대정부 감독과 정책 결정도 마찬가지이다. 이는 선진국의 자유민주주의체제에도 해당되는 것이다. 그래서 1960년대 이후 지금까지 '허약한 의회 문제'가 지속적으로 제기되었다.7) 이런 면에서 현대 민주주의 정치체제에서 의회가 갖는 중요성을 과대평가해서는 안 된다.

여기에 더해, 제3세계 국가에서는 의회의 역할이 더욱 제한적이었다는 사실을 기억해야 한다. 예를 들어, 한국과 대만 등 '발전국가'(developmental state)에서는 민주주의 정치체제 수립이 아니라 경제성장이 최고의 국정 목표로 간주되었다. 이들 국가에서는 국민을 경제성장에 동원하기 위해 권위주의 정치체제가 유지되었고, 정부 안에는 한국의 경제기획원과 같은 선도조직(pilot organization)을 설치해 산업정책을 주도했다. 또한 이들 발전국가에서는 정부와 기업 사이에 '관민협조체제'라고 하는 상호 융합적 연계체제가 형성되었다.

이처럼 발전국가에서는 정부가 정치의 중심이었고, 의회의 역할은 아주 미미했다.8) 이는 의회가 경제정책 추진이나 급변하는 사회경제체제 관리에 취약

---

6) Olson, *Democratic Legislative Institutions*, p. 84.
7) Blondel, *Comparative Legislatures*, p. 3.
8) Chalmers Johnson, *MITI and the Japanese Miracle : The Growth of Industrial Policy, 1925~1975*(Stanford : Stanford Unviersity Press, 1982), pp. 305, 311, 315-320 ; Chalmers Johnson, "The Developmental State : Odyssey of a Concept," Meredith Woo-Cumings ed., *The Developmental State*(Ithaca : Cornell University Press, 1999), pp. 32-60 ; Xia, *The Dual Developmental State*, pp. 27-30.

한 조직이기 때문이다. 이들 국가에서 의회가 중요한 국가기관으로 등장한 것은 민주화 이후의 일이었다. 이 같은 의회 역할의 제한성은 중국처럼 급속한 경제발전을 추구하는 사회주의 국가에도 적용된다.

한편 의회발전이 정치발전에서 얼마나 중요한가는 정치발전을 어떻게 해석하느냐에 따라 달라진다. 즉, 정치발전을 민주화로 해석할 경우 의회발전은 제한적인 의미만 갖지만, 정치발전을 정치조직과 과정의 제도화로 해석할 경우에는 의회발전이 이보다는 더욱 큰 의미를 갖는다.

기존 연구가 제시하듯이, 정치발전의 의미는 학자마다 달리 해석한다.[9] 그 중에서 가장 대표적인 견해는 정치발전을 민주화로 간주하는 것이다. 민주주의에 대한 최소 정의(절차적 정의)에 따르면, 민주주의는 국민의 포괄적인 정치 참여를 보장하고 국가의 주요 공직자에 대해 자유경쟁선거를 실시하는 정치체제이다. 또한 이를 위해서는 언론·출판·집회·결사·사상의 자유 등 국민의 정치적 기본권을 보장하는 것이 필요하다.[10]

이처럼 정치발전을 민주화로 해석할 경우, 정치발전을 위해 가장 중요하고 필요한 것은 자유경쟁선거를 도입하는 일이다. 즉, 국민의 포괄적인 정치 참여를 보장하는 조건에서 치러지는 자유경쟁선거의 실시 여부가 민주주의와 권위주의를 구분하는 기준이라는 것이다. 의회대표선거도 선거 중의 하나이며, 정치발전을 민주화로 해석할 경우에도 의회발전은 일정한 의미를 갖는다. 그러나 이때의 강조점은 의회발전 그 자체가 아니라 자유경쟁선거의 실시 여부이다.

---

[9] 서울대학교 정치학과 교수 공저, 『정치학의 이해』(서울: 박영사, 2002), pp. 306-309 ; Samuel P. Huntington, "The Goals of Development," Myron Weiner and Samuel P. Huntington eds., *Understanding Political Development*(Prospect Heights : Waveland Press, 1987), pp. 3-32 ; Samuel P. Huntington and Jorge I. Dominguez, "Political Development," Fred I. Greenstein and Nelson W. Polsby eds., *Handbook of Political Science : Macropolitical Theory*, Vol. 3(Reading : Addison-Wesley Publishing Company, 1975), pp. 1-11.

[10] Robert A. Dahl, *Polyarchy : Participation and Opposition*(New Haven : Yale University Press, 1971), pp. 4-5, 7-8 ; Robert A. Dahl, *On Democracy*(New Haven : Yale University Press, 1998), pp. 37-38, 85-86 ; Samuel P. Huntington, *The Third Wave : Democratization in the Late Twentieth Century*(Norman : University of Oklahoma Press, 1991), p. 7.

이처럼 정치발전을 민주화로 해석할 경우 의회발전은 정치발전에서 제한된 의미만 갖는다.

이를 중국에 적용할 경우, 중국의 정치민주화를 위해서는 의회의 역할 강화 그 자체보다는 자유경쟁선거의 도입이 더욱 중요하다. 예를 들어, 현재 중국에서 시험 실시되고 있는 향장 및 진장 직접선거를 전국적으로 확대하고, 동시에 그 범위를 현재의 기층 단위에서 현급과 성급 단위로, 궁극적으로는 국가 최고 지도자(대통령과 총리, 의회 의장)에까지 확대 실시하는 것이다. 또한, 의회대표선거 제도도 개혁해야 한다. 현재는 향급 및 현급 지방인대까지만 직접선거를 실시하고 있는데, 이것을 성급 지방인대와 전국인대까지 확대 실시해야 한다는 것이다. 마지막으로, 중국에서 자유경쟁선거가 실시되기 위해서는 현행 공산당 일당지배체제를 개혁하여 다당제를 도입하는 것이 필요하다.

이처럼 자유경쟁선거와 다당제가 보장된 상황에서 국민이 선출한 대표로 구성하는 의회가 존재할 때, 의회발전은 중국의 민주화에서 중요한 의미를 가질 수 있을 것이다. 반대로 이런 조건이 갖추어지지 않은 상태에서 개혁개방정책의 실시에 필요한 법률체제 수립과 통치 방식의 합리화를 위해 추진되는 의회발전은 중국의 민주화에서 제한적인 의미만 가질 뿐이다.

제3세계 및 동구 사회주의 국가의 민주주의 이행에서도 의회의 역할은 그렇게 중요한 것이 아니었다. 사실 지금까지의 민주주의 이행 연구에서 의회발전 그 자체는 주된 연구 주제가 아니었다. 경제발전과 민주화의 상관관계(co-relation) 또는 인과관계(causal relation)를 주장하는 근대화론은 말할 것도 없고, 1980년대 중반 이후 제기된 '행위자 중심론'에서도 민주주의 이행에서 중요한 것은 다양한 정치세력의 존재(집권세력과 반대세력)와 시민사회의 발전 여부였다.11)

---

11) 근대화론에 대해서는 Lipset, "Some Social Requisites of Democracy," pp. 69-105 ; Shin, "On the Third Wave of Democracy," pp. 135-170 ; Przeworski and Limongi, "Modernization," pp. 155-183을 참조. 1980년대 이후의 행위자 중심론에 대해서는 O'Donnell and Schmitter, *Transitions from Authoritarian Rule* ; Przeworski, *Democracy and The Market* ; Shin, "On the Third Wave of Democracy." ; Przeworski and

그렇다고 의회가 민주화 과정에서 아무런 역할을 하지 않는 것은 아니다. 지난 200여 년의 서구 민주주의 발전 과정이 보여 주는 것처럼, 의회는 정부의 자의적인 권력 행사를 제한하고 국민의 요구와 의견을 국가정책 결정에 반영하는 대의 역할을 통해 민주주의 발전에 기여할 수 있었다.12) 제3세계 및 동구 사회주의 국가의 민주화에서도 의회는 일정한 역할을 수행했다. 이들 국가에서의 민주화는 대개 의회 밖에서 시작되었다. 즉, 국민의 대규모 민주화 시위와 다양한 반체제 정치조직 및 사회단체의 활동이 권위주의 정치체제의 해체와 민주주의로의 이행을 이끌었다는 것이다. 반면 의회는 권위주의체제가 퇴장하고 새로운 민주주의 정치체제의 수립을 위한 논의가 시작될 때 의미 있는 정치 공간으로 등장했다. 새로운 정치체제의 게임 규칙 즉, 헌법을 제정하는 곳이 바로 의회이기 때문이다.13) 또한, 의회는 다양한 정치세력을 흡수하는 자석으로서, 정치세력이 자신의 견해를 표출하는 논의 공간을 제공함으로써 정치 투쟁을 거리에서 토론장으로 수렴하는 역할을 수행했다.14)

물론 중국의 민주화 과정에서 의회가 이 정도의 역할이라도 수행할 수 있을지는 미지수이다. 단적으로 1986~1987년 학생운동과 1989년 톈안먼사건에서 전국인대와 지방인대가 어떤 의미 있는 역할을 했다는 보도는 없었다. 다만 1989년 톈안먼사건 당시 전국인대 상무위원회 위원이었던 후지웨이(胡繼偉)가 공산당의 계엄령 선포에 반대하여 전국인대를 통해 이 문제를 해결하려고 시도한 적은 있었다. 즉, 그는 전국인대 상무위원회에서 계엄령 철폐를 논의하기 위해 위원들을 상대로 전국인대 상무위원회 회의 소집을 요구하는 서명운동을 전개했는데, 공산당 중앙이 이를 반대하고 탄압함으로써 결국 실패로 끝났다. 앞으로 중국에서 민주화운동이 다시 전개된다면 후지웨이와 같은 인물이 출현하고, 의회는 이것과 관련된 일정한 역할을 할 수도 있을 것이다. 다만 현재 이런

Limongi, "Modernization"을 참조.
12) Close, *Legislatures and the New Democracies in Latin America*, p. 5.
13) Przeworski, *Democracy and The Market*, pp. 51-99.
14) David M. Olson and Philip Norton eds., *The New Parliaments of Central and Eastern Europe*(London : Frank Cass, 1996), pp. 241-242.

가능성에 대해 구체적으로 전망하는 것은 어렵다.

다른 한편으로, 정치발전을 민주화보다 더 넓은 개념으로 해석한다면, 의회발전은 중국의 정치발전에서 큰 의미를 가질 수 있다. 사실 제3세계 및 사회주의 국가의 경우, 정치발전을 정치민주화, 그것도 미국이나 서구식 자유민주주의체제의 도입으로 국한시켜 해석할 필요는 없다. 이들 국가에서는 국가 통합, 정부 능력과 권위의 확립, 최소한의 국민 기본권 보장, 경제적·사회적 가치의 평등한 분배 등이 미국식 민주주의의 도입보다 더 중요한 의미를 가질 수 있기 때문이다.15)

이런 관점에 따르면, 정치발전은 정치체제가 자신에게 부과된 요구를 수용하기 위해 능력을 배양하는 것을 의미한다.16) 좀 더 고전적인 새뮤얼 헌팅턴(Samuel P. Huntington)의 해석에 따르면, 정치발전은 정치조직과 절차의 제도화를 의미한다. 여기서 제도는 안정적이고 가치 있는 반복되는 행위 유형을, 제도화는 조직과 절차가 가치와 안정성을 획득하는 과정을 가리키며, 제도화 정도는 적응성, 복합성, 자율성 및 일관성의 기준으로 평가할 수 있다.17) 이런 관점은 정치민주화(정치 참여 확대)보다 정치 안정에 우선적 가치를 둔다. 또한 이 관점은, 근대화는 국민의 정치 참여를 증가시키고 이를 포용할 수 있는 정치제도가 마련되지 않음으로써 정치 혼란을 초래할 수 있으며, 그래서 정치 안정을 위해서는 정치민주화 이전에 정치제도화가 필요하다고 본다.18)

이상의 제도화 관점에 따를 때, 중국의 정치발전을 위해서는 의회발전이 매우 중요하고, 지금까지 상황을 놓고 볼 때 지방의회의 발전은 중국의 정치발전

---

15) Robert A. Packenham, "Legislature and Political Development," Allan Kornberg and Lloyd D. Musolf eds., *Legislatures in Developmental Perspective*(Durham: Duke University Press, 1970), pp. 576-577.
16) Allan Kornberg and Lloyd D. Musolf, "On Legislature in Developmental Perspective," Kornberg and Musolf, *Legislatures in Developmental Perspective*, p. 6.
17) Samuel P. Huntiongton, *Political Order in Changing Societies*(New Haven: Yale University Press, 1968), pp. 12-24.
18) Huntiongton, *Political Order in Changing Societies*, pp. 4-5; Huntiongton and Dominguez, "Political Development," p. 14.

에 큰 기여를 했다고 할 수 있다. 시장제도와 사적 소유제도의 도입과 함께 중국 사회는 더욱 다양화되고 복잡해졌으며, 이를 수용하기 위해 국가 기능도 좀더 세분화되고 국가기관도 더욱 전문화될 것을 요구했다. 즉, 중국 정치가 이전처럼 공산당과 정부가 주도하던 것에서 벗어나 의회와 법원도 일정한 역할을 수행할 것을 요구하는 상황으로 변화했다는 것이다. 중국에서 의회의 권한이 확대되고, 의회의 조직 능력이 증대되며, 특정한 절차와 규범에 따라 의회 활동이 전개됨으로써 결국은 의회 역할이 강화된 것은 이에 부응하는 것이었다. 중국에는 아직 자유경쟁선거나 다당제가 도입되지 않았고, 그래서 정치민주화는 매우 더디게 진행되었지만, 정치조직과 절차의 제도화라는 측면에서 보았을 때, 의회제도의 발전은 중국 정치가 전보다 발전했다는 것을 보여 주는 중요한 사례가 될 수 있다. 이런 점에서 우리는 중국 의회발전을 높이 평가할 수 있다.

마지막으로, 중국 의회가 향후 어떻게 발전할 것이며, 그것이 중국의 정치민주화에 어떤 의미를 갖는가를 살펴보자. 세계 각국의 의회발전 경험에 기초해 볼 때, 중국 의회는 앞으로 의회제도의 정착 단계, 의회 주권의 확립 단계, 국민주권의 구현체로서의 의회 확립 단계라는 세 단계를 거쳐 발전할 것이다.

첫 번째, 의회제도의 정착 단계는 의회가 중국 정치체제에서 하나의 독립적인 국가기관으로 인정받고 정착되는 단계를 의미한다. 이 단계에서 의회는 공산당 및 정부와는 구별되는 분명한 권한을 확보하고, 이를 수행할 수 있는 조직 능력을 갖추며, 정해진 절차와 규정에 따라 업무를 수행한다. 현재 중국 의회는 이미 이 단계에 진입했다.

이 단계에서 의회발전을 추동한 주된 요소는 시장제도의 도입(시장화)과 통치 방식의 합리화(법제화) 정책이었다. 시장화와 법제화의 요구에 의해 의회는 입법 및 감독 역할과 관련한 권한을 확보할 수 있었고, 이를 수행하기 위한 조직 능력과 제도를 갖추어 나갈 수 있었던 것이다. 또한 이 단계에는 의회의 조직 이기주의(의회 지도자의 정치적 기반 강화)와 의회 대표 및 일반 유권자의 요구도 의회발전을 추동하는 부수적 요인으로 작용했다.

한편, 이 단계에서 의회발전은 정치민주화와는 큰 관련이 없이 진행되었다. 의회발전은 국민의 정치 참여 확대를 동반하지 않았고, 의회의 역할 강화도 국민의 요구와 참여에 의한 것이라기보다는 국가기관 사이의 역할 분담 차원(입법의 경우)에서, 공산당이 정부를 통제하기 위한 법적 수단 확보 차원(감독의 경우)에서 이루어졌기 때문이다.

두 번째 의회주권의 확립 단계는 중국 정치체제에서 공산당과 정부가 아니라 의회가 정치의 중심이 되는 것을 의미한다. 이 단계에서는 의회-공산당 관계, 의회-정부 관계에서 법적 관계와 권력관계가 괴리되는 현상이 해소되며, 그 결과 의회는 법적·실제적 의미에서 헌법이 규정한 최고 권력기관, 공산당 지배에 통치 정당성을 부여하는 유일한 국가기관이 된다.

이렇게 되기 위해서는 첫째, 의회가 공산당으로부터 정치적 자율성을 확보해야 한다. 현재 중국 의회는 입법 역할에 필요한 자율성은 어느 정도 확보했지만 감독이나 대의 역할과 관련해서는 아직 그렇지 못하다. 둘째, 이 단계에서는 국민과의 관계에서 공산당이 아니라 의회가 명실상부한 국민의 대표 기관이 되어야 한다. 이를 위해서 의회가 현재 상징적(symbolic) 대의 역할을 주로 수행하는 것에서 정책·서비스·자원 분배 대의 역할도 수행할 수 있도록 발전해야 한다.19) 셋째, 이 단계에서는 의회 대표에 대한 직접선거와 경쟁선거가 전면적으로 실시되어야 한다. 이렇게 되어야만 의회 대표는 국민의 대표로서 활동할 수 있고, 의회는 명실상부한 권력 정당성 제공자로서의 역할을 수행할 수 있다. 한편, 이 단계에서 의회발전은 정치민주화와 밀접한 연관성을 갖게 될 것이다. 의회 대표에 대한 직접선거 및 경쟁선거의 실시, 의회의 대의 역할 확대와 강화는 이를 잘 보여 준다.

세 번째, 국민주권 구현체로서의 의회 확립 단계는 중국 의회가 자유민주주의 정치체제의 의회처럼 국민주권을 실현하는 국가기관이 되는 것을 의미한다.

---

19) 네 가지 대의 역할에 대해서는 Heinz Eulau and Paul D. Karps, "The Puzzle of Representation : Specifying Components of Responsiveness," *Legislative Studies Quarterly*, Vol. 2, No. 3(August 1977), pp. 233-254 참조. 터키 의회의 이러한 발전 과정에 대해서는 Ilter Turan, "The Turkish Legislature : From Symbolic to Substantive Representation," Gary W. Copeland and Smuel C. Patterson eds., *Parliaments in the Modern World : Changing Institutions*(Ann Arbor : The University of Michigan Press, 1994), pp. 105-128 참조.

이는 국민의 완전한 정치 참여가 보장되고, 다당제와 자유경쟁선거가 전면적으로 실시되어야 가능한 것이다. 또한 이럴 경우 의회는 중국 민주주의의 핵심 요소로 등장할 것이다.

이상에서 살펴본 의회발전의 세 단계에서 중국 의회는 현재 첫 번째 단계에 진입했다. 현행 공산당 일당지배체제가 유지되는 조건 아래에서 의회는 최대한으로 발전할 경우 두 번째 초기 단계까지 갈 수 있을 것이지만, 두 번째 단계를 완성하거나 세 번째 단계로 발전하는 것은 불가능하다. 결국 의회발전은 중국의 정치민주화가 어느 정도로 진행될 것인가에 의해 결정될 것이며, 그 반대는 아닐 것이다.

참고 문헌

1. 한글

김도희 편, 『새로운 중국의 모색 Ⅱ: 정체성의 문화적 담론』(서울: 폴리테이아, 2005).
김영진, 『중국의 도시 노동시장과 사회: 상해시를 예로』(서울: 한울아카데미, 2002).
김재철 편, 『새로운 중국의 모색 Ⅰ: 발전과 안전의 변행』(서울: 폴리테이아, 2005).
김재철, 『중국의 정치개혁: 지도부, 당의 지도력 그리고 정치체제』(서울: 한울아카데미, 2002).
백승욱, 『중국의 노동자와 노동정책: '단위체제'의 해체』(서울: 문학과지성사, 2001).
이민자, 『중국 농민공과 국가-사회 관계』(서울: 나남출판, 2001).
전성흥 편, 『전환기의 중국 사회 Ⅱ: 발전과 위기의 정치경제』(서울: 오름, 2004).
정재호 편, 『중국정치연구론: 영역, 쟁점, 방법 및 교류』(서울: 나남출판, 2000).
_____, 『중국 개혁-개방의 정치경제 1980~2000』(서울: 까치글방, 2002).
조영남, 『중국 정치개혁과 전국인대: 개혁기 구조와 역할의 변화』(서울: 나남출판, 2000).

2. 영문

Alagappa, Muthiah ed., *Civil Society and Political Change in Asia: Expanding and Contracting Democratic Space*(Stanford: Stanford University Press, 2004).
Brook, Timothy and B. Michael Frolic eds., *Civil Society in China*(Armonk: M. E. Sharpe, 1997).
Chamberlain, Health B., "On the Search for Civil Society in China," *Modern China* 19: 2(1993), pp. 199-215.
_____, "Civil Society with Chinese Characteristics?," *China Journal* 39(1998), pp. 69-81.
Chan, Anita, "Revolution or Corporatism? Workers and Trade Unions in Post Mao China," David S. G. Goodman and Beverley Hooper eds., *China's Quiet Revolution: New Interactions between State and Society*(New York: St. Martin's Press, 1994), pp. 162-193.
Chan, Sylvia, "Research Notes on Villagers' Committee Election: Chinese-style Democracy," *Journal of Contemporary China* 7: 19(1998), pp. 507-521.
Chang, Ta kuang, "The Making of the Chinese Bankruptcy Law: A Study in the Chinese

Legislative Process," *Harvard International Law Journal* 28 : 2(1987), pp. 333-372.
Cheek, Timothy, "From Market to Democracy in China : Gaps in the Civil Society Model," Juan D. Lindau and Timothy Cheek eds., *Market Economics and Political Change : Comparing China and Mexico* (Lanham : Rowman & Littlefield Publishers, 1998), pp. 219-252.
Chen, An, *Restructuring Political Power in China : Alliance and Opposition, 1978~1998*, (Boulder : Lynne Rienner Publishers, 2000).
Chen, Feng, "Between the State and Labour : The Conflict of Chinese Trade Unions' Double Identity in Market Reform," *China Quarterly* 176(2003), pp. 1006-1028.
_____, "Legal Mobilization by Trade Unions : The Case of Shanghai," *China Journal* 52(2004), pp. 27-45.
Cho, Young Nam, "Implementation of Anticorruption Policies in Reform-Era China : The Case of the 1993~1997 Anticorruption Struggle'," *Issues & Studies* 37 : 1(2001), pp. 49-72.
_____, "From 'Rubber Stamps' to 'Iron Stamps' : the Emergence of Chinese People's Congresses as Supervisory Powerhouses," *China Quarterly* 171(2002), pp. 724-740.
_____, "Public Supervisors and Reflectors : Role Fulfillment of Chinese People's Congresses Deputies in the Socialist Reform Era," *Development and Society* 32 : 2(2003a), pp. 197-227.
_____, "Symbiotic Neighbor or Extra-court Judge? The Supervision over Courts by Chinese Local People's Congresses," *China Quarterly* 176(2003b), pp. 1068-1083.
_____, "Legislative Initiative in the Making : The Politics of Lawmaking in Chinese Local People's Congresses," *China Quarterly* 187(2006)(in print)
Davidson, Roger H. and Oleszek, Walter J, *Congress and Its Members*(4th edition)(Washington D.C. : CQ Press, 1994).
Diamant, Neil J., Stanley B. Lubman, and Kevin J. O'Brien eds., *Engaging the Law in China : State, Society, and Possibilities for Justice*(Stanford : Stanford University Press, 2005).
Dickson, Bruce J., "Do Good Businessmen Make Good Citizen? An Emerging Collective Identity among China's Private Entrepreneurs," Merle Goldman and Elizabeth J. Perry eds. *Changing Meanings of Citizenship in Modern China*(Cambridge : Harvard University Press, 2002), pp. 255-287.
_____, *Red Capitalists in China : The Party, Private Entrepreneurs, and Prospects for Political Change*(Cambridge : Cambridge University Press, 2003).
Ding, Yijiang, *Chinese Democracy after Tiananmen*(New York : Columbia University Press, 2001).
Dowdle, Michael William, "Constructing Citizenship : The NPC as Catalyst for Political

Participation,"(2002), Goldman and Perry eds., pp. 330-349.

Economy, Elizabeth C., *The River Runs Black: The Environmental Challenge to China's Future*(Ithaca: Cornell University Press, 2003).

Foster, Kenneth W., "Associations in the Embrace of an Authoritarian State: State Domination of Society?," *Studies in Comparative International Development* 35: 4(2001), pp. 84-109.

_____, "Embedded within State Agencies: Business Associations in Yantai," *China Journal* 47(2002), pp. 41-65.

Gallagher, Marry Elizabeth, *Contagious Capitalism: Globalization and the Politics of Labor in China*(Princeton: Princeton University Press, 2005).

Goldman, Merle and Roderick MacFarquhar eds., *The Paradox of China's Post-Mao Reforms*(Cambridge: Harvard University Press, 1999).

He, Baogang, *The Democratic Implications of Civil Society in China*(London: Macmillan Press, 1997).

Hook, Biran Hook ed., *The Individual and the State in China*(Oxford: Clarendon Press, 1996).

Howell, Jude ed., *Governance in China*(Lanham: Rowman & Littlefield Publishers, 2004).

Kennedy, Scott, *The Business of Lobbying in China*(Cambridge: Harvard University Press, 2005).

Lin, Sen, "A New Pattern of Decentralization in China: The Increase of Provincial Powers in Economic Legislation," *China Information* 7: 3(1992/03), pp. 27-38.

MacFarquhar, Roderick, "Reports from the Field: Provincial People's Congresses," *China Quarterly* 155(1998), pp. 656-667.

McCormick, Barrett L., *Political Reform in Post-Mao China: Democracy and Bureaucracy in a Leninist State*(Berkeley: University of California Press, 1990).

_____, "China's Leninist Parliament and Public Sphere: A Comparative Analysis," Barrett McCormick and Jonathan Unger eds., *China After Socialism: In the Footsteps of Eastern Europe or East Asia?*(Armonk: M.E. Sharpe, 1996), pp. 29-53.

_____, Su Shaozhi and Xiao Xiaoming, "The 1989 Democracy Movement: A Review of the Prospects for Civil Society in China," *Pacific Affairs* 65: 2(1992), pp. 182-202.

Migdal, Joel S., Atul Kohli and Vivienne Shue eds., *State Power and Social Forces: Domination and Transformation in the Third World*(Cambridge: Cambridge University Press, 1994).

Nathan, Andrew, *Chinese Democracy*(Berkeley: University of California Press, 1985).

Nevitt, Christopher Earle, "Private Business Associations in China: Evidence of Civil

Society or Local State Power?," *China Journal* 36(1996), pp. 25-43.

O'Brien, Kevin and Laura M. Luehrmann, "Institutionalizing Chinese Legislatures : Trde-offs between Autonomy and Capacity," *Legislative Studies Quarterly* 23 : 1 (1998), pp. 91-108.

_____, *Reform Without Liberalization : China's National People's Congress and the Politics of Institutional Change*(Cambridge : Cambridge University Press, 1990).

_____, "Implementing Political Reform in China's Villages," *Australian Journal of Chinese Affairs* 32(1994a), pp. 33-60.

_____, "Agents and Remonstrators : Role Accumulation by Chinese People's Congress Deputies," *China Quarterly* 138(1994b), pp. 359-379.

_____, "Chinese People's Congresses and Legislative Embeddedness : Under-standing Early Organizational Development," *Comparative Political Studies* 27 : 1(1994c), pp. 80-109.

Oi, Jean C., "Economic Development, Stability and Democratic Village Self-governance," Maurice Brosseau, Suzanne Pepper and Tsang Shu-ki eds., *China Review 1996*(Hong Kong : Chinese University Press, 1996), pp. 125-144.

Oi, Jean C. and Scott Rozelle, "Elections and Power : The Locus of Decision-Making in Chinese Village," *China Quarterly* 162(2000), pp. 513-39.

Olson, David M., *Democratic Legislative Institutions : A Comparative View*(Armonk : M. E. Sharpe, 1994).

Paler, Laur, "China's Legislation Law and the Making of a More Orderly and Representative Legislative System," *China Quarterly* 182(2005), pp. 301-318.

Parker, Glenn R., *Characteristics of Congress : Patterns in Congressional Behavior*(Englewood Cliffs : Prentice Hall, 1989).

Pearson, Margaret M., *China's New Business Elite : The Political Consequences of Economic Reform*(Berkeley : University of California Press, 1997).

Pei, Minxin, "Chinese Civic Associations : An Empirical Analysis," *Modern China* 24 : 3(1998), pp. 285-318.

Perry, Elizabeth J., "Trends in the Study of Chinese Politics : State-Society Relations," *China Quarterly* 139(1994), pp. 704-713.

Rosebaum, Arthur Lewis ed., *State and Society in China : The Consequences of Reform*(Boulder : Westview Press, 1992).

Saich, Tony, "Negotiating the State : The Development of Social Organizations in China," *China Quarterly* 161(2000), pp. 124-141.

Shi, Tianjian, *Political Participation in Beijing*(Cambridge : Harvard University Press, 1997).

_____, "Economic Development and Villagers' Elections in Rural China," *Journal of Contemporary China* 8 : 22(1999a), pp. 425-442.

_____, "Mass Political Behavior in Beijing," Merle Goldman and Roderick MacFarquhar eds., *The Paradox of China's Post Mao Reforms*(Cambridge : Harvard University Press, 1999b), pp. 145-169.

_____, "Village Committee Elections in China : Institutionalist Tactics for Democracy," *World Politics* 51(1999c), pp. 385-412.

Tanner, Murray Scot, "Organization and politics in China's post Mao lawmaking system," Putman B. Potter ed., *Domestic Law Reforms in Post Mao China*(Armonk : M.E. Sharpe, 1994a), pp. 56-93.

_____, "The Erosion of Communist Party Control over Lawmaking in China," *China Quarterly* 138(1994b), pp. 381-403.

_____, *The Politics of Lawmaking in China : Institutions, Processes, and Democratic Prospects*(Oxford : Oxford University Press, 1999a).

_____, "The National People's Congress," Merle Goldman and Roderick MacFarquhar eds., *The Paradox of China's Post Mao Reforms*(Cambridge : Harvard University Press, 1999b), pp. 100-128.

Unger, Jonathan, "'Bridges' : Private Business, the Chinese Government and the Rise of New Associations," *China Quarterly* 147(1996), pp. 795-819.

Unger, Jonathan and Anita Chan, "Corporatism in China : A Developmental State in an East Asian Context," Barrett L. McCormick and Jonathan Unger eds., *China after Socialism : In the Footsteps of Eastern Europe or East Asia?*(Armonk : M.E. Sharpe, 1996), pp. 95-129.

Vanneman, Peter, *The Supreme Soviet : Politics and the Legislative Process in the Soviet Political System*(Durham : Duke University Press, 1977).

Volger, David J., *The Politics of Congress*(6th edition)(Madison : Brown & Benchmark Publishers, 1993).

Walder, Andrew G. and Gong Xiaoxia, "Workers in the Tiananmen Protests : The Politics of the Beijing Workers' Autonomous Federation," *Australian Journal of Chinese Affairs* 29 (1993), pp. 1-29.

Wank, David L., "Private Business, Bureaucracy, and Political Alliance in a Chinese City," *Australian Journal of Chinese Affairs* 33(1995), pp. 55-71.

_____, *Commodifying Communism : Business, Trust, and Politics in a Chinese City* (Cambridge : Cambridge University Press, 1999).

White, Jr. Gordon, Jude Howell and Shang Xiaoyuan, *In Search of Civil Society : Market Reform and Social Change in Contemporary China*(Oxford : Clarendon Press, 1996).

Womack, Brandly, "The 1980 County-level Elections in China : Experiment in

Democratic Modernization," *Asian Survey* 22 : 3(1982), pp. 261-277.

Xia, Ming, "Informational Efficiency, Organizational Development and the Institutional Linkage of the Provincial People's Congresses in China," *Journal of Legislative Studies* 3 : 3(1997), pp. 10-38.

_____, *The Dual Developmental State : Development Strategy and Institutional Arrangements for China's Transition*(Aldershot : Ashgate, 2000a).

_____, "Political Contestation and the Emergence of the Provincial People's Congresses As Power in Chinese Politics : A Network Explanation," *Journal of Contemporary China* 9 : 24(2000b), pp. 185-214.

Yang, Guobin, "Environmental NGOs and Institutional Dynamics in China," *China Quarterly* 181(2005), pp. 46-66.

Yep, Ray, "The Limitations of Corporatism for Understanding Reforming China : An Empirical Analysis in a Rural County," *Journal of Contemporary China* 9 : 25(2000), pp. 547-566.

Zhang, Xin and Richard Baum, "Civil Society and the Anatomy of a Rural NGO," *China Journal* 52(2004), pp. 97-107.

3. 중문

〈上海工運誌〉編纂委員會, 『上海工運誌』(上海：上海社會科學院出版社, 1997).

廣東省人大制度研究會 外 主編, 『依法治省的探討』(北京：中國民主法制出版社, 1997).

起草辦公室 編, 『上海市靑少年保護條例立法紀實』(上海：上海社會科學院出版社, 1987).

金牛區人大誌編纂委員會 編, 『成都市金牛區人民代表大會志』(成都：四川人民出版社, 1995).

閔琦, 『中國政治文化：民主政治難産的社會心理因素』(昆明：雲南人民出版社, 1989).

白廣全 主編, 『開創城市區級人大工作的新局面』(北京：中國民主法制出版社, 1997).

范麗珠 主編, 『全球化下的社會變遷與非政府組織』(上海：上海人民出版社, 2003).

本書編寫組 編, 『中國的選舉制度與操作程序』(北京：中國民主法制出版社, 1997).

山東省人大常委會人事代表工作室 編, 『山東省1990年縣鄉人大換期選舉工作文件選編』(濟南：山東人民出版社, 1991).

_____, 『1993年山東省各級人大換期選舉文件選編』(濟南：山東人民出版社, 1994).

上海市人大常委會 法制工作委員會 編, 『〈上海市勞動合同條例〉釋義』(上海：上海人民出版社, 2002).

_____, 『〈上海市消費者權益保護條例〉釋義』(上海：上海人民出版社, 2003).

上海市人大常委會研究室 編, 『實踐與探索』(第四集)(上海：復旦大學出版社, 2003).

徐向華 主編, 『新時期中國立法思想』(上海：學林出版社, 2004).

邵道生 主編, 『縣鄉人大工作實踐』(南京：江蘇人民出版社, 1995).

孫維本 主編, 『人大工作手冊』(北京: 中國民主法制出版社, 1997).
崇連山 主編, 『選舉工作實用全書』(北京: 中國民主法制出版社, 1997).
楊逢春 主編, 『在省級人大工作崗位上』(北京: 中國民主法制出版社, 1997).
連玉明 主編, 『中國國政報告-體驗"兩會"問題中國新語態』(北京: 中國時代經濟出版社, 2003).
王名 外, 『民間組織通論』(北京: 時事出版社, 2004).
王名·劉國翰·何建宇, 『中國社團改革: 從政府選擇到社會選擇』(北京: 社會科學文獻出版社, 2001).
王崇明·袁瑞良, 『中華人民共和國選舉制度』(北京: 中國民主法制出版社, 1990).
王胜明·孫禮海 主編, 『〈中華人民共和國婚姻法〉修改立法資料選』(北京: 法律出版社, 2001).
衛乃斌, 『人大主任工作崗位上的思考與實踐』(北京: 中國民主法制出版社, 1994).
張耕 主編, 『中國律師制度發展的里程碑: 〈中華人民共和國律師法〉立法過程回顧』(北京: 法律出版社, 1997).
張明澍, 『中國政治人: 中國公民政治素質調查報告』(北京: 中國社會科學出版社, 1994).
全國人大內務司法委員會司法室 編, 『社會主義民主法制建設的有益探索』(北京: 中國民主法制出版社, 1993).
全國人大常委秘書處秘書組, 『中華人民共和國法律總目(2003年版)』(北京: 中國民主法制出版社, 2003).
全國人大常委會辦公廳聯絡局 編, 『全國縣鄉人民代表大會換期選舉宣傳提綱: 1989~1990』(北京: 中國民主法制出版社, 1989).
全國人大常委會辦公廳研究室 編, 『中華人民共和國人民代表大會文獻資料滙編(1949~1990)』(北京: 中國民主法制出版社, 1990).
_____, 『人民代表大會制度論叢(第1輯)』(北京: 中國民主法制出版社, 1992).
_____, 『地方人大是怎樣行使職權的』(北京: 中國民主法制出版社, 1992).
_____, 『人民代表大會成立40周年紀念文集』(北京: 中國民主法制出版社, 1995).
_____, 『地方人大行使職權實例選編』(北京: 中國民主法制出版社, 1996).
_____, 『我國當前法律實施的問題和對策』(北京: 中國民主法制出版社, 1997a).
_____, 『地方人大監督工作探索』(北京: 中國民主法制出版社, 1997b).
_____, 『總結探索展望: 8屆全國人大工作研究報告』(北京: 中國民主法制出版社, 1998).
程湘清 外, 『國家權力機關的監督制度和監督工作』(北京: 中國民主法制出版社, 1999).
鳥杰 主編, 『中國政府與機構改革(上)』(北京: 國家行政學院出版社, 1998).
趙寶煦 主編, 『民主政治與地方人大: 調查與思考之一』(西安: 陝西人民出版社, 1990).
朱光磊, 『當代中國政府過政』(天津: 天津人民出版社, 1997).
中華全國總工會 法律工作部, 『中華人民共和國工會法講話』(北京: 中國工人出版社, 2001).
中國金融工會全國委員會 編, 『工會工作重要文件選編』(北京: 中國金融出版社, 2002).
中華全國總工會 編, 『中華全國總工會七十年』(北京: 中國工人出版社, 1995).
喬曉陽 主編, 『立法法講話』(北京: 中國民主法制出版, 2000).
地方人大代表選舉研究課題組, 『基層人大代表選舉研究』(內部討論稿, 1998).

陳耀良 主編, 『銳意進取的縣級人大工作』(北京: 中國民主法制出版社, 1997).

蔡定劍, 『中國人大制度』(北京: 中國社會科學文獻出版社, 1993).

_____, 『中國人民代表大會制度』(北京: 法律出版社, 1998).

蔡定劍・王晨光 主編, 『人民代表大會二十年發展與改革』(北京: 中國檢察出版社, 2001).

泉州市鯉城區人民代表大會志編纂委員會 編, 『泉州市鯉城區人民代表大會志』(北京: 中國民主法制出版社, 1994).

劉政・程湘清, 『人民代表大會制度的理論和實踐』(北京: 中國民主法制出版社, 2003).

呂鳳太 主編, 『社會中介組織研究』(上海: 學林出版社, 1998).

彭遲, 『民主法治論集』(北京: 中國民主法治出版社, 1993).

彭眞, 『論新時期的社會主義民主與法治建設』(北京: 中央文獻出版社, 1989).

編纂委員會, 『上海工會年鑑: 1998』(上海: 文匯出版社, 1998).

_____, 『上海工會年鑑: 1999』(上海: 文匯出版社, 1999).

河北省地方人大建設研究會 編, 『地方人大建立硏討文集』(石家庄: 河北人民出版社, 1993).

杭州市人大 主編, 『中心成市人大工作的新進展』(北京: 中國民主法制出版社, 1997).

許祖雄・朱言文 主編, 『民主法制與人大制度』(上海: 復旦大學出版社, 1999).

湖北省武穴市人大常委會 編著, 『縣鄕人大工作硏究』(北京: 中國民主法制出版社, 1994).

荒沙・孟燕坤, 『上海婦女誌』(上海: 上海社會科學院出版社, 2000).

張静 主編, 『國家與社會』(杭州: 浙江人民出版社, 1998).

畢監武, 『社團革命: 中國社團發展的經濟學分析』(濟南: 山東人民出版, 2003).

찾아보기

ㄱ

간접선거 31, 164
감독 전략 110
감독권 16
감독서(監督書) 106
개방입법(開門立法) 76, 142
개별안건감독(個案監督) 30, 44, 100, 110, 155, 157
개인인사카드(檔案) 109
개혁개방정책 7, 18, 22, 26, 28, 45, 55, 58, 60, 61, 63, 73, 113, 123, 154, 182, 187, 191, 198
견제와 균형(checks and balances) 18
경로 의존(path dependence) 19, 20, 23, 29, 35, 37, 45, 95, 99, 111, 120, 129, 163, 187, 188, 198
경험입법(經驗立法) 73~75
고무도장 12
공산당 간부 관리 원칙(黨管幹部原則) 158
공산당 일당지배체제 13
공산당 제14차 당대회 26, 71
공산당 제15차 당대회 27, 68
공산당 제16차 당대회 47
공산당/정부-사회단체의 관계 125, 133, 134
의회를 통한 공산당의 국가관리 121
공산당이 간부를 관리한다는 원칙(黨管幹部原則) 46, 109
공상업연합회(工商業聯合會) 83, 126, 137, 140, 144, 147, 152, 153

공상행정관리국(工商行政管理局) 90~94, 147, 148, 148
공작위원회(工作委員會) 116
공장업무공개조례 157
공청단(共青團) 76, 126, 134, 138~140, 143, 145, 146, 151, 153, 156, 159, 167
관료정치(bureaucratic politics) 모델 17
관시(關係) 130
광동 현상 12
광둥성 '부녀권익보장법'규정 146
광둥성 '소비자권익보호법'실시방법 92
광둥성 건설공정공개입찰관리조례 76, 156
광둥성 중개인관리조례 75
괴리 16, 23, 24, 46, 60, 96, 192, 202
교육과학문화위생위원회(教育科學文化衛生委員會) 87, 93, 139
90% 규칙(90% rule) 70, 196
구조주의적(structuralist) 접근법 16
국가 조합주의(state corporatism) 125, 129~131, 133, 151, 159
국가배상법(1994) 74
근대화론 50, 184, 189, 198
기금(基金會) 123, 126, 127
기금회관리조례 126
기능주의적 접근법(functionalist approach) 15, 16

ㄴ

내무사법위원회(內務司法委員會) 36, 82, 87, 138, 139
네트워크 접근법(network approach) 17, 18
노동관계조정제도(勞動關係三方協調制度) 139
노동법(勞動法) 83, 84, 88, 154, 156
노동사회보장국(勞動和社會保障局) 84, 88, 147, 152
노동쟁의 83
노동조합(總工會) 76, 81, 83, 85, 88, 89, 126, 134, 137~140
노동조합노동법률감독위원회(工會勞動法律監督委員會) 154
노동조합법 154
농민공(農民工) 156

ㄷ

당-국가체제 95, 96, 132, 133, 191
당정 관계 46, 60, 61
당정분리 60, 122
대약진운동 21, 25, 39, 133
대중의견수렴제도 77, 142
대표직무평가(代表評議) 42, 44, 106, 107
대표할당제(quota system) 164, 165, 171, 187
더글러스 노스(Douglass C. North) 19, 20
데이비드 올슨(David M. Olson) 196
도로교통안전법 72
도시건설환경보호위원회(城市建設環境保護委員會) 87

ㄹ

랴오닝성(遼寧省) 11, 56, 62
로비 활동(會外遊說) 148, 149
리콜(召回)제도 91~94, 148

ㅁ

마오쩌둥(毛澤東) 7, 12, 21, 203
마이클 옥센버그(Michel Oksenberg) 160
머리 태너(Murray S. Tanner) 17
명령(command) 모델 17
모허 전략 24
문화대혁명 21
민간조직(民間組織) 126, 127
민영비기업단위(民辦非企業單位) 123, 126, 127
민영비기업단위관리조례 126
민주당파(民主黨派) 164, 167, 168, 170, 183
민주입법 142
민주주의 이행 50, 61, 198
민주집중제(民主集中制) 20, 21
민주화 8, 50, 61, 127, 128, 132, 159, 195, 197~200
밍 시아(Ming Xia) 17, 18, 25, 97

ㅂ

바이인시(白銀市) 121
반우파투쟁 21
발전국가(developmental state) 196
배석제도(列席制度) 47
배태 전략 24
법률 도구주의 74
법률감독관(法律監督員) 154
법률감독서(法律監督書)제도 42, 58, 100, 106

법률이 부여한 감독 수단(法定手段) 41, 100
법률집행감독(執法檢查) 22
법률집행책임제(部門執法責任制) 42, 57, 100, 110
법안기초 주체 다원화 75, 77, 79
법안심의 22, 67, 76~78, 85~88, 93, 141, 145, 147, 148
법안통일심의(統一審議) 22, 30, 42, 88, 98, 100, 102, 103
법적 관계와 권력관계 192, 202
법제공작위원회(法制工作委員會) 65, 78, 79, 82, 84, 90, 138, 141, 147
법제위원회(法制委員會) 78, 79, 83, 86~89, 93, 94, 141, 145, 148
법제판공실(法制辦公室) 66, 73, 75, 84, 90, 147, 150
법제화 19, 25~27, 31, 132, 191, 201
변호사협회(律師協會) 134
보고비준제도((請示匯報制度) 65, 112
부녀권익보장법 154
부녀아동공작위원회(婦女兒童工作委員會) 139
부녀연합회(婦女聯合會) 76, 126, 134, 137~140, 142~146, 151, 153, 154, 156, 159, 167
부서 이기주의 69, 71~73, 75~79, 87, 92, 95, 141
분절된 권위주의(fragmented authoritarianism) 160
비공식 관계망(informal personnel ties) 130
비정부조직(NGO) 126, 127, 131, 134

ㅅ

사영기업가협회(私營企業家協會) 83, 133, 137, 140, 144
사전 개입(提前介入) 115
사전입법(超前立法) 73~75

사회단체관리국(社會團體管理局) 150, 151
사회단체등기관리조례 126
사회단체등록관리조례 135
산시성(山西省) 56, 57, 59
산시성(陝西省) 44, 45, 57, 60, 102, 107, 171
상무위원회(standing committee) 32, 36, 41, 78, 80, 82, 84~87, 89, 92~94, 138
상하 협력 전략 117
상하이시 '부녀권익보장법'실시조례 76, 146
상하이시 건축시장관리조례 75, 95
상하이시 노동계약조례 82~86, 88, 89, 147~149, 152
상하이시 노동조합조례(工會條例) 66, 76, 81~83, 89, 92, 94, 145~148, 152
상하이시 민방조례(民防條例) 66
상하이시 부녀아동합법권익보호규정 146
상하이시 소비자보호조례 76
상하이시 소비자합법권익보호조례 90
상하이시 소비자협회(消費者協會) 76, 89, 90, 149
상하이시 종교업무관리조례 66
상하이시 중소학교학생상해사고처리조례 77
상하이시 중외(中外)합자기업노동조합조례 145
상하이시 징병업무조례(徵兵工作條例) 66
상하이시 청소년보호조례 76, 146
상하이시 총공회 81, 82, 84, 88, 137, 143, 145, 147, 154
상하이시 폭죽안전관리조례(煙花爆竹安全管理條例) 66
새뮤얼 헌팅턴(Samuel P. Huntington) 200
선거공작영도소조(選擧工作領導小組) 167
선거공작위원회(選擧工作委員會) 166
선거구(選區) 165, 167~171, 173, 175
선거대회 173, 174, 180
선거법 165, 167, 168, 171~173, 175, 177,

178, 185, 188
선양사건 11, 12, 26, 33, 39, 42, 43, 51, 54, 58, 62, 67, 71, 115, 125, 185, 191, 192
선전시(深圳市) 28, 38, 57, 173
세계무역기구(WTO) 86, 90
세이무어 립셋(Seymour M. Lipset) 50
소비자권익보호법 74, 154
소비자단체 126, 134, 140
시민사회론(civil society) 125~131, 133, 159, 160
시범 지역(試驗田) 28, 55, 57
실시성법규(實施性法規) 55, 81
시장화 19, 25, 27, 30, 132, 191, 201
시찰 41, 100, 102
10+3규정 85, 86, 88, 148
쓰레기통(garbage can) 모델 17
쓰촨성(四川省) 44, 115, 116

ㅇ

아마추어 대표(兼職代表) 36
안 천(An Chen) 18
업무보고 11, 41, 47, 62, 100, 107~110, 113, 114, 117~119, 193
업종협회(行業協會) 83, 84, 88, 91, 135, 149~151
업종협회발전서(行業協會發展署) 151
업종협회발전촉진규정(促進行業協會發展規定) 149
업종협회임시방법(行業協會暫行辦法) 150
연례 회의 11, 12, 36, 41, 49, 62, 81, 101, 103, 111, 115, 186
연명(聯名) 166, 168
연석회의제도(連席會議制度) 139
예비 후보(初步侯選人) 165, 166, 168~170, 177, 178
예산공작위원회(豫算工作委員會) 40

예산안 심의 40
예선 170, 171, 183
5년 장기입법 계획 65
오심책임추궁제(錯案責任追究制) 42
완리(萬里) 25, 103
유권자 소모임(選民小組) 167, 168, 170, 172, 173, 177
유권자 연명 추천(選民聯名推薦) 168
의법치국(依法治國) 27, 28, 43, 48, 57, 62, 69, 107, 113, 132, 157
의행합일제(議行合一制) 20, 21
의회 입법 역량 강화 79, 95
2심3독(兩審三讀)제도 77~79, 95, 141
이동 투표함(流動票箱) 173, 174, 176, 180
인대회(人代會) 32
인민단체(人民團體) 116, 126, 133, 138~140, 142, 143, 145, 151, 168
인민대표대회(人民代表大會) 11, 31
인민대표대회제도 20
인민의 대표기관 136
인민정치협상회의(人民政治協商會議) 126
인사 임면권 36
인사직무평가(述職評議) 42, 44, 45, 56, 106, 107
1년 단기계획 65
입법 계획 66, 67, 70, 74, 75, 82, 83, 90, 95
입법 과정 공개화 77
입법 산출 26
입법 자율성 26, 30, 39, 42, 44, 58, 65, 67, 69, 73, 79, 94~96, 191, 192
입법 청문회(立法廳證會) 76~78, 86, 90, 142, 149
입법권 16, 24, 36~38, 40, 41, 43, 45, 49, 62, 69~71, 97, 98
입법법 74~76, 78, 142
입법정치 17, 30, 63, 64, 69, 80, 82, 94~96, 126, 141, 146, 160, 192

ㅈ

자천 후보(自薦候補) 188
장쩌민(江澤民) 68
재정경제위원회(財政經濟委員會) 83~88, 93, 94, 139, 147, 148
전국인대 상무위원회 36, 40, 55, 58, 72, 73, 81, 90, 91, 103, 107, 138, 171, 199
전국인민대표대회 8, 32
전문위원회(專門委員會) 32
전임(專職) 위원 79, 116, 136
정기분리(政企分開) 60
정당단체 연합 추천(政黨團體聯合推薦) 168
정식 후보(正式候選人) 166, 168, 170, 171, 177, 178, 182, 183
정책 결정 13, 17, 30, 39, 121, 137, 142~143, 151, 158, 160, 182, 184, 185, 195, 196, 199
정치개혁의 기본 특징 62
정치발전 50, 120, 122, 128, 195, 197, 198, 200
제도화 18, 22, 73, 75, 79, 95, 142, 193, 197, 200, 201
제한적 경쟁선거(差額選擧) 165
주동 제기, 적극 참여, 역량 집중(主動提出 積極參與 集中力量) 156
주민 지지 극대화 전략 111, 117, 118
준조세 징수(三亂風) 118
중국 의회제도 8
중국의 정치민주화 191, 195, 198, 201, 203
중대 사항 결정권 36
중앙8호문건 39
지도-피지도 관계(領導關係) 134
지방성법규 38, 43, 44, 49, 52~55, 69, 113, 154, 169
지방의회와 사회단체 사이의 관계 14, 30, 125, 135, 158
지방인민대표대회(地方人民代表大會) 12, 32

지지 획득 및 협조 전략 24
직무평가(評議) 22, 30, 42, 59, 106~109, 114, 155, 157, 191, 192
직무평가감독(評議) 57, 59, 98, 100, 106, 107
직접선거 15, 31, 41, 61, 98, 118, 120, 161, 164, 165, 169, 194
진장(鎭長) 15
질문권(質詢權) 12, 41, 44, 100, 101, 111, 113
집권당(執政黨) 23
집단 이기주의(本位主義, 部門主義) 182
집법검사(執法檢査) 102

ㅊ

차오스(喬石) 55, 58
창설성(創設性)규장 70
창조성법규(創造性法規) 55, 56, 64
1990년 공산당 중앙의 결정 153
철의 삼각형(iron triangle) 64, 90, 139
청소년보호법 154
청소년보호위원회(未成年人保護委員會) 139
체제 유지(regime-maintenance) 13, 34, 37, 195
초기 단계(nascent) 의회 37
촌민위원회(村民委員會) 15, 50, 61, 161, 163, 167, 171, 174, 178, 184, 188, 194, 198
촌민위원회조직법(시행) 185
최소(minimal) 의회 37

ㅋ

케빈 오브라이언(Kevin J. O'Brien) 17, 22, 25

ㅌ

톈안먼사건 103, 124, 128, 133, 142, 153, 199
톈진시 미성년자보호조례 146
통일심의제도 78, 79, 95, 141
투표율 174, 176~178
특별조사위원회(特定問題的調査委員會) 100, 101, 111, 113
특정문제조사위원회 41, 44
티베트 자치구 44

ㅍ

파면 12, 42, 47, 48, 81, 101, 108, 157
파벌정치(leadership struggle) 모델 17
펑전(彭眞) 25, 73
펑충(彭沖) 107
포섭(inclusion) 전략 142
풀뿌리 민주주의(草根民主) 161
필립 슈미터(Philippe C. Schmitter) 129

ㅎ

행정국가 141, 196
행정규칙(行政規章) 43, 44, 69, 70, 83
행정소송법 74
행정재심(復議)법 74
행정처벌법 74
향장(鄕長) 15
허난성(河南省) 44, 56, 57, 59, 102, 106, 115, 117
허약한 의회 문제 196
현급 지방인대 15, 28~31, 33, 34, 36, 37, 41, 44, 45, 48, 49, 60, 61, 97~99, 101, 102, 105, 107, 112, 115~118, 162~166
협조 관계(業務關係) 64, 80, 87, 134
협조를 동반한 경쟁 전략 24
형사소송법 74
형식적 경선(軟差) 174
혼입법 76
환경단체 140
황쥐(黃菊) 44, 67
후견인주의(clientalism) 130
후베이성 56, 57, 59, 75
후베이성 '노인인권보장법'실시방법 75
후보 소개 166, 172, 173, 175, 178
후진타오(胡錦濤) 121